中国师资文化的
历史特点与现实问题

陈桂生 著

上海教育出版社
SHANGHAI EDUCATIONAL
PUBLISHING HOUSE

序
中国师资文化的历史特点

　　本书以中国师资文化的历史特点与现实问题为主要课题，不能不从何谓"师资文化"谈起。

　　师资文化为什么成为问题呢？因为在现代职业社会中，"教师"为职业概念，不过并非每个教师都堪称学校及社会中的教师职业资源，这意味着唯有具备一定师资文化的人，才堪称"师资"。由此发生的问题是，师资文化究竟何所指？

　　中国虽有长达五千余年的教育传统，然而自古以来未见"教育学"的建树。由此不能不考虑：中国自古以来难道没有师资文化么？中国师资文化何所指？中国师资文化的历史特点及现实问题便由此发生。

　　中国师资文化的历史特点何在呢？中国自古以来的习俗中早就形成"事在人为"观念，在正统的价值观念中又有"以人传道"的价值追求。其中教师更是"传道之人"，即"道之所存，师之所存"（韩愈：《师说》）。

　　如此教师观念，有别于现代流行的教师看法。如果说中国古代以道（伦理）为师资文化，那么现代职业社会中通常以人行事，以知（事理）权衡于教师，即"知之所存，师之所存"，一般教师为"教书匠"。

　　如果现代师资文化集中表现为教育之学，那么中国古代师资文化何所指呢？在中国，早在先秦时期就萌生"天地君亲师"之见，并且一脉相传于世。从唐代韩愈《师说》开始，"师说"之作代有所出，以致历史留下的各代"师说"之作，多达七十余篇。可惜那些当事人对史事的见证，大都弥散于当今中国教育历史研究者的视野之外。不妨注意的是，其中虽以"师道"为核心价值观念，也不乏为师事理之见，如"不愤不启，不悱不发"便属于学程中的为师之理。不过那毕竟是一种明智的口诀，而不成其为授业"规则"，因为在学程中不发生如何使学生从不愤到愤、从不悱到悱的问题。又如"因材施教"也属明智的口诀，而在学程中不存在对什么"材"施什么"教"问题。那么现代教育学是否只论"事理"而未涉及"伦（人）理"呢？这又涉及现代所谓"教育学"究竟是怎么一回事。

其实，中国自西学东渐开始，就把英语education（原义为"引出"）译为"教育"，并把德语Pädagogik译为"教育学"。至于education及Pädagogik究竟是怎么一回事，并未介意。其实education与其说近于"教育"，毋宁说更近于"教养"，即通过教-学活动把现代学生应当掌握的基础性质的文化知识与技能，转化为学生自己的文化知识与技能。在教养基础上，形成理性的自律的教育。Pädagogik基本上就属于这种学问。

这就说远了。回到本题，中国从西学东渐开始，虽参照education及Pädagogik先例，引进外国师资文化，不过并未忽视本国师资文化传统，特别是从革命根据地时期开始，中国师资文化又有新的改变和发展。其中自然存在有待延续探求的问题。

若问中国师资文化的价值如何，中国长达五千余年历史中教育事业的超常发展，以及中华人民共和国各级各类教育大规模地正常地运作和发展，便是强有力的回答。如问中国教育理论成就如何，则须弄清现代教育理论是怎么一回事以后再说。

陈桂生

2020 年 11 月 10 日

目录

IV
虚虚实实的教师话题平议/281

I

教师职业与教师专业化

教师职业的来龙去脉

在现代，尽管谁都知道教师是干什么的，而如果谈起教师的固有职能，教师职业是怎么一回事，教师职业从什么时代开始形成，教师社会地位如何变化，中国尊师传统如何，要作出恰当的解释，恐怕并不容易。研究这些问题，虽像是在翻陈年旧账，但其实是为了澄清今人的教师观念。

一、中国的教师观念

中国古代所谓"师"，即使单就"教育领域"中的"师"而论，也是一个既清楚又很模糊的概念。这是由于中国的"师"一词指称的对象，涵盖职能、社会身份与地位不同的族群与人物。古代如此，现今依然如此。何况教师的境况又不是一成不变的，故对教师问题须进行历史的具体的分析。

1. 中国古代所谓"教"，有读平声（今第一声）与读去声（今第四声）的区别。前者相当于今之"教学"，后者相当于今之狭义"教育"。从"教"这一角度看来，凡是向别人传授经验，或对别人的行为（甚至人格）发生积极影响的，对于受这种影响的人，都具有"师从"的意义，或称施加这种影响的人为"师"。

只是这种"教"有随机活动与常规活动之别。相应地也就有"非常师"与"常师"之分。常规执教，即设学授徒，通称"授业"。"授业"之师为"常师"，因其弟子相对固定，师—弟子关系为确定的人伦关系。这种授业之师，为狭义的，即严格意义的"教师"。

2. 从个人的角度看来，以设学授徒为谋生手段，可能是短期行为，也可能为终身之计。唯有长期甚至终身授业者，在职业类别中，才具有"教师"身份。不过，这种"职业"含义仍有别于近代以来的"职业"观念。

"职业"是社会分工凝固化的产物。尽管就个人谋生手段而言，"职"指分内应为之事，"业"为所执之业务，而一定的业务只有为社会所需，即提供社会所需的产品或服务，才能得到社会认可。某种产品或服务只有成为别的行业无法提供的产品或服务时，它才得以维持而成为稳固的职业。由于特殊的产品或服务有赖于专门的技能或技术，所以并非任何业务都能成为职业。不过，在职业社会形成以后，由于职业分工凝固化，遂使单靠体力劳动就能完成的事务，也被硬化为一种"职业"。

随着社会生产与交换领域竞争的加剧，每个行业只有保持产品或服务的质量，从而获得起码的职业声誉，才能在竞争中不致被淘汰，从而导致职业组织的发生。传统的职业组织为手工业行会与商业同业公会。由行会按照习俗形成行规，以约束业内从业人员的职业行为，并限制业外人员介入本行业。在现代则由开放性的职业组织取代封闭性的行会。明乎此，便可进而考虑教师职业形成问题。

3. 中国早就有私学兴起，后来设学授徒之师越来越多。到明清之际，塾师几乎遍及城乡，而近代意义的教师职业则是在教育近代化过程中才形成的。

中国早在春秋战国时代，即已出现士、农、工、商四民之别。不过，其中只有手工业与商业，不仅有内部的行业分化、再分化，而且形成职业组织，具有职业特征。士民与农民属于社会阶层。在士民内部，其上层分子，或登仕途、或谈经论道、设学授徒，或舞文弄墨。至于下层士民，除有一定技艺、方术者，如郎中、乐师、巫师之类，或多或少带有职业特征外，为数众多的士民，迫于生计，一般为塾师。由于一般童子之师，只需一定文化便可塞责，无需专门技能，亦不受行规约束，其职业特征不鲜明。

二、教师职业的形成

从近代开始，不仅由于基础教育的普及，以及各级各类学校的发展，教师数量增加，而且由于授业本身的变革，才使教师可能成为一种职业。

1. 中国古代教育事业虽较西方国家发达，官学为数毕竟有限，且时兴时废，而官学与私学之间、私学之间一向缺乏制度性质的联系。在总体上属于"非制度化教育"。近代情况则不同。各国在近代化过程中，客观上需要发展各级各类教育，尤其是需要基础教育的普及。尽管起初由于小学教师数量不足，不能不吸收大量粗具文化的人员充当小学教师，由于学校已经成为公共教育机构，也就形成一定的教育标准与规范（其中包括教师资格）。即使是私立学校，同样属于公共教育机构，也得符合通行的办学标准，不得违背通行的学校规范。学校制度化程度越高，越讲求各级各类学校之间的区别与衔接，教育的标准与规范越健全，从而导致教师职业标准与规范的形成。

2. 鉴于历史形成的个别授课缺乏办学效率，阻碍教育事业的发展，从近代开始，以班级授课取代个别授课成为不可逆转的趋势。班级授课制度不仅提出组织教学的难题，而且因其以一种教学应对不同的学生，也就提供了发现普适性的教学法则的可能性。这与以工场手工业取代个体手工业才有可能分解劳动过程，使操作程序化，是同样的道理。教学法则，起初称为"教学艺术"，后来又使教学成为科学研究的对象，进而导致教育学科的发生。正是教育学科的训练，使教师获得优于一般文化人的特长。

尽管近代以来已经逐渐形成教师职业，由于学校属于公共教育机构，其中公立学校教师，或相当于国家公务员，或为政府雇员，兼有公务人员与专业人员双重身份。至于教师职业可能达到的专业程度，仍有讨论的余地。

三、教师的社会地位与职业声望

谈到教师的社会地位与职业声望，世界各国似乎都存在自相矛盾的说法，即无不论定教师属于崇高的职业；同时又不否认，教师的职业声望并不高，教师的待遇普遍略低于同学历的其他许多职业的从业人员。其实，这两种估价并不见得冲突。因为前者只表示由于教师职业同未成年人的成长直接相关，故教师应当受到尊重；后者陈述的是教师工作环境与待遇的实际情况。这种对教师厚望与薄待的反差，或许同教师职能的专业化程度不够高相关。

上述判断虽也适用于中国，惟在中国又不难列举种种说法，证明我国早已形成尊师的传统。如我们的先人早就深明"国将兴必贵师而重傅""师严然后道尊"之类大义，南方民间还曾有立"天地国亲师"牌位的习俗。其中有一个特别的缘由，即在许多国家"教师"与"教授"是不同的概念。"教师"主要指中小学教师，而在中国，自古以来，"师"这个词就是尊称，指称教育领域社会身份、地位不同的族群与人物。甚至把不授业、不再授业的显赫人物，也尊称为"师"。以致至今"教师"概念仍然涵盖从幼儿园教养员到大学教授的授业之师与徒有授业之名的疑似教师。

四、士大夫对塾师的低估及塾师的不平则鸣

中国古代，家塾几乎遍及城乡。塾师虽然都是实实在在的授业之师，在民间也受到尊重，称其为"教书先生"，而在士大夫眼中，除为数甚少的经馆塾师以外，一般塾师不过是"句读之师"。这种说法大致符合实际情况。因为一般塾师所授之业，

读（识字）、写（字）、算（打算盘）而已。"师说"论述的是"师道"。正如韩愈所说："彼童子之师，授其书而习其句读者，非吾所谓'传其道''解其惑'者也。"很明显，是把塾师排斥在外。只在批判不传道、不授业、不解惑徒托师名的不良风尚时，才把"句读之师"拉来作反衬，指其还不如童子之师名副其实。

或许由于塾师也属士阶层，或疑似士阶层，加之"天地国亲师"之"师"未分高低，故能叨光受到一定尊重。惟民间对塾师的尊重与其实际处境及待遇无干。

有诗为证：

学 究 自 嘲①

蒲松龄

暑往寒来冬复秋，悠悠白了少年头！

半饥半饱清闲客，无锁无枷自在囚。

课少东家嫌懒惰，工多子弟结冤仇。

有时随我生平愿，早把五湖泛轻舟。

教 馆 诗②

郑板桥

教馆本来是下流，傍人门户度春秋。

半饥半饱清闲客，无锁无枷自在囚。

---

① 蒲松龄.蒲松龄集［M］.路大荒，整理.上海：上海古籍出版社，1986：1748.
② 郑板桥.郑板桥外集［M］.郑炳纯，辑.太原：山西人民出版社，1987：349.

课少父兄嫌懒惰，功多子弟结冤仇。

而今幸得青云步，遮却当年一半羞。

伤 馆 师[①]

胡粹亭

[南商调黄莺儿]

一顶破方巾，头上戴，误此身，寄人篱下防难稳。生徒几名，束脩几金，翁酸况味心中忍。赢个村童牧竖，见面叫先生。

归家走一遭，才进门，气已消，闺中人把家常道。无柴昨宵，无米今朝，几乎刮得空锅叫。急忙忙，摒当未了，馆仆早来邀。

塾师寄妇诗[②]

季森庐

今年馆事太清平，新旧生徒只数人。寄语贤妻休盼望，想钱还账莫劳神。父无佳馆子闲居，命不如人总是虚。今岁家中宜省俭，老糠喂鸭菜淘猪。我命从来实可怜，一双赤手砚为田。今年恰似逢干旱，只半收成莫怨天。

如果说以上提到的状况，或许令今人匪夷所思，那是由于轻信"尊师重道"之类教条所致。其实在近代职业社会形成以前，存在上述情况并不奇怪。因为那时虽有官学与私学的设置，

---

① 郑邦炎，主编.曲苑观止 [M].上海：上海古籍出版社，1997：756.
② 徐柯，编撰.清稗类钞 [M].北京：中华书局，2010.

而在总体上毕竟还处在"学无常师"的时代。至于徒托"师名"的伪教师的出现和真假教师名望颠倒现象的发生，亦属官场恶俗与应试逻辑使然。

不妨说，正由于上述匪夷所思的现象存在，反复强调"国将兴必贵师而重傅""师严然后道尊"，才不失为明智之举。

据韩愈、柳宗元称：从魏晋到唐代，"师道之不传也久矣"！然而这"师道之不传也久矣"，又从唐代说到宋代（柳开、王令），再从宋代说到明代（黄宗羲），更从明代说到清代（章学诚、胡薇元），意味着他们所谓"师道"之不传也，越来越久。现实的疑问恐怕倒是在如此漫长的岁月中，他们所揭示的师之"非道"，是否也作为传统承续下来了？

五、勿忘教师职业的特点

多年来，尤其是20世纪下半期以来，师资规划不断出台，师范教育、教师继续教育热闹非凡，教师参考书籍以及教师问题论著成篇累牍，营销旺盛。话虽如此，由于所谓"师资文化"，植根于对"教师职业特点"的把握，而通常对教师职业特点似乎了解，又未必真正了解。

难道对教师职业的特点果真不够了解么？这又成为疑问。因为在各行各业中，最易被人了解的职业，似乎莫过于教师。这是由于如今几乎所有未成年人都有机会了解教师工作的过程，并在教师指导下接受义务教育；同时，绝大多数成年人，大都作为自己孩子的监护人，有责任与机会同教师交往。所以教师职业似无奥秘可言。

其实，如果把教师职业同医师、律师、工程师、农艺师之类职业或国家公务员加以比较，那就不知有哪种职业，像公立学校教师这样，受国家委托，代表国家实施义务教育，并在义务教育中，对作为其服务对象的学生负责。问题在于国家委托责任的边界是什么，对学生负责的边界是什么，都似明白，又不甚分明，由于这种边界不确定，遂使教师的服务几乎成为"无底洞"。

一种职业的服务，一旦成为"无底洞"，对它思索与议论的空间，就将无比宽广，以致不论把教师职业捧得何等高，教师的责任说得多么重，设定教师的品德如何崇高，教师的知识怎样广博，谁也不觉得过分。至于其中是否隐含着对教师的苛求，就连教师也不在乎。实因"苛"而不见得求，也就可以不计。问题更在于，既然教师应当如何如何，那么无论学生、家长、学校中的同事，还是教育行政当局，几乎都有理由对教师说三道四，教师却很难找到合适的理由加以辩护或反驳。出于同样的缘故，对教师的报道，或有关教师问题的著作，空话连篇，也就不足为怪。

由此可见，教师职业同其他职业之间的不可比性，远远高于它们之间的可比性。它其实是一种非常特殊的职业。

既然如此，为什么通常并不觉得对教师问题反应迟钝呢？因为既有头头是道的教育学，又有正常实施的师范教育与热热闹闹的教师继续教育，影响教师理性地思考教育问题，规范地履行教务职责，也就似乎无需"外加"什么师资文化的讲求。

其实，行之有素的"科学取向"的师资文化，属于必要的就业准备与学力补偿，并且主要是一般意义的理论准备与学力补偿。虽有普遍适用的价值，但同在职教师的具体实践，尚有或大或小的距离。所谓对教师问题"反应迟钝"，指的正是对在职教师具体实践中有待解决的问题缺乏应有的关注。关于这种现象的抽象概括，便是所谓"重物轻人"，即注重对教育（事物）合理的解释和应然的教育价值的倡导，而忽视在职教师（人）具体实践中有待解决的问题。尤其忽视的是，成千上万的普通教师，并不是以"真空的头脑"，简单地接受对他们的"培训"。事实上，一面不断给教师增加"营养"和负担，一面却忽视一般教师在教育实践中可能发挥的潜力。

按理，这种所谓"人"的问题，原是教育学以及师范教育、教师继续教育题中应有之义。不过，事实证明，教育理论的传承必须经历一系列学与用的环节，才能落到实处，其中的问题有：

1. 培养、培训中的理论、知识、技能，到底有多少转化为学员自己的理论、知识与技能（即学员的教养）？

2. 学员的教养究竟能不能运用于具体问题的解决，从中获得解决问题的经验？

3. 教师经验的积累和反复运用，是不是形成自己解决问题的能力？

4. 教师在继续学习理论、借鉴同行经验和个人反思过程中，是不是形成对教育问题的独立思考？

其中每个环节，主要诉诸个人的努力。至于个人是否努力，努力程度如何，又同各人的职业动机、职业态度、职业精神，尤其是同自我完善的价值追求相关。由于个人的职业取向并不是完全自发形成的，还同一定社会-文化中教师职业声望、教育行政决策、学校中的文化氛围以及教师的组织程度相关，所以，教师在实践中的问题，并不是教育学、师范教育、学校外的师资培训所能解决的。所谓以教师本体为研究对象的师资文化问题便由此发生。

其实，这种着眼于教师本体的师资文化，不仅早就存在，而且一直存在，中国的这种师资文化尤其丰富。只是自西学东渐以还，才视而不见，甚至成为教育理论视野中几乎被遗忘的角落。

"教师专业化"面面观

　　教师专业问题的提出，事出有因，而在理论上却是一个争论不休的问题。既然事出有因，为什么又会发生争议呢？这既同"专业"一词的用法相关，又由于这不单是一个职业用语问题。

　　因为通用的"专业"一词，原是学业类别称谓。当专业分化达到一定程度时，在学位划分中，"专业"又成为同"学术学位"（academic degree）对举的"专业学位"（professional degree）概念。"学术学位"主要指自然科学与人文科学之类的学科。"专业学位"为工学、农学、医学、法学、教育学等领域所授学位的统称。[①]在这个意义上，对以中小学教师为对象的所谓"教师专业"发生疑议，也就不足为怪。

　　那么为什么又说教师专业问题事出有因呢？由于在职业划分中，专业也是一种职业类别。在"专业性职业"与"非专业性职业"之间，存在职业声望、从业人员待遇、社会地位的差别，因此而又存在职业偏见与职业歧视。故教师职业群体，为

① 卫道治，吕达，主编.英汉教育大辞典［M］.北京：人民教育出版社，2005：266.

了改变职业分工中不利的境遇，提高教师职业声望，便通过提高教师业务水平，以改善教师职业状况，故力求使教师职业成为"专业"。问题在于此"专业"的含义，另当别论。

本来，在基础教育普及达到一定程度时，提出教师专业问题，旨在改变普遍存在的只要有一定文化水平就可担任教职的状况，主张受到师范教育与训练的人才有资格担任教职，以便使教师行业成为"专门性质的职业"，从而同医生、律师之类职业的地位大致相当。可见，这本是使教师行业成为"专门性质的职业"，把它称为"专业"，便引起争议。

由于"专业"是一个学业类别概念，早已约定俗成。在现代社会中，早已形成通行的"专业"标准和规范。故以"专业"尺度衡量教师职业是否堪称"专业性职业"，教师职业能否成为"专业性职业"，这才成为争议不休的问题。

如此争议中，既存在"专门职业"与"专业性职业"概念的混淆，也不免夹杂专业偏见、职业歧视及职业辩护的影响。其中有待澄清的问题为：

1. "专门性质的职业"与"专业性职业"的区别何在？

2. 教师职业是否可能成为"专业性职业"？

3. 从业人员受到一定的专业教育，或带有专业性质的教育，是否足以表示该职业成为"专业性职业"？

4. 按通行的"专业"标准，衡量甚至规范教师职业，是否合理？

5. 如按"专业学位"标准规范教师职业，在教育实践中将导致什么后果？

6. 教师职业的专长是什么？

7. 怎样以平常心看待"专业"？

一

在社会职业分工中，各种职业千差万别。由于不同职能的性质与复杂程度不同，其中除存在简单劳动与复杂劳动、体力劳动与脑力劳动之类划分外，还有所谓专业性职业与服务性职业的区分。因不同类型的职业就业准备中所需教育或训练费用不等，不同职能的社会效用不同，以及就业市场的供求关系不同，不同类型职业之间在待遇、声望以至从业人员的社会身份诸方面，自然存在或大或小的差别，由此甚至产生职业偏见、职业歧视，从而发生职业平等、社会公平问题。所谓教师专业问题便由此产生。问题在于，教师专业的含义如何？要论教师行业是否有可能成为"专业"，不妨从通行的"专业"概念谈起。

何谓"专业"？据《辞海》界定：在教育上指高等学校或中等专业学校根据社会专业分工需要设立的学业类别。

又界定"专业技术职务"为我国对专业技术人员设置的专业工作岗位：有明确的职责、工作条件和任期，按规定程序评定，由单位主管聘任。

如此界定的根据是什么呢？

国际通行的"专业"概念，原指学业类别。在社会职业分工的意义上，把研究、传播专门知识、理论和技术的职业，归入"专业性职业"，有别于不以此类职能而承担另外职能的"非专业性职业"。

专业源于欧洲中世纪大学传统的哲学、法学、医学和神学之类学院的区分。传统的专业与此相关。欧洲工业革命以后，产生了越来越多的新职业，新职业群体纷纷争取专业地位。随着专业的增加，也就发生专业界定问题。

卡尔·桑德斯（A. C. Saunders）、威尔逊（P. Wilson）曾发表题为《专业》（*The Professions*）的专著，提出按照专业特征界定专业的思路。1960年，有学者发现，在21位作者的著作中，列举23种以上专业要素，其中竟没有一个要素被公认为专业特征。其中提得较多的要素为：

1. 具有一门建立在理论知识基础之上的技能（技术）；

2. 提供教育和训练；

3. 测验成员的能力；

4. 建立专业组织；

5. 形成专业准则；

6. 提供公益性服务。[①]

这种概括又引起更多的争议。

从学术性学位角度看来，在这6项规定性中，只有第1项规定性表示专业的基本特征，其余5项都是从第1项规定性中派生出来的特征。然而，从专业性学位角度看来，这6项规定可算是"专业"题中应有之义。

由此可见，《辞海》中"专业"词目的解释为"专业性专

———————
① 亚当·库珀，杰西卡·库珀，主编.社会科学百科全书［M］.上海：上海译文出版社，1989：600—601.

业"的界定。

话虽如此，这并不意味着高等学校或中等专业学校设置的专业实际上都堪称"专业"。这是由于在现时代，专业亚种越来越多，专业口径越来越窄，专业越来越趋于实用，以致一般专业同学术性专业的距离越来越大，专业基础理论成分越来越稀薄。但专业作为学业类别，其职能建立在理论基础上的性质未变，否则一般高等教育同高等职业教育便无区别。

二

涉及中小学教师职业是否可能成为专业问题，先得考虑：怎样的职业可能成为专业？有些职业为什么不可能成为专业？

杜威（John Dewey）曾把职业分为两类：一类是"专业性职业"，一类是"事务性职业"。通常以为受过一定专门教育与训练，掌握一定专门知识与技术的人所从事的职业为专业。其实，这是倒果为因。因为问题更在于，一定的专门知识与技术怎样才可能产生？虽然经过了专家、科学家研究，而专家、科学家又根据什么得出某种专门知识和技术呢？

简单地说，某种职业是否可能成为专业，取决于能否从其基本职能中，分析和综合出特有的知识与技术，因为并不是从所有职业的基本职能活动中，都可能概括出专门知识与技术。那么，究竟是怎样的职业不可能成为专业呢？

简单地说，基本职能活动"过于简单"的职业，只需要简单的培训甚至无需专门技术性的培训即可就业，难以成为专业。

因为从业人员无需专门知识与技术，就可胜任。而基本职能活动"过于复杂"的职业，也难以成为专业。因为其职能活动牵涉面太广，牵涉到的可变性的因素太多，难以从中得出比较精确的结论。

那么教师职业的情况如何呢？

简单地说，如果把教师职业同其他许多专业性职业（如自然科学、技术科学专业）比较，便可知道教师职业是否可能成为专业。一方面，因其职能活动中繁琐的事务性、简单重复性的工作繁重，从而近于"职能简单"的职业；另一方面，因其职能活动牵涉面较广，牵涉到的可变性因素较多，有赖于主观判断与努力的成分较重，从而又近于比一般技术性专业"职能更为复杂"的职业。由此看来，教师职业很难成其为名副其实的"专业"。如此比较，只是为了说明问题，同对教师职业的低估或拔高无干。

<h1 style="text-align:center">三</h1>

其实，早在19世纪与20世纪之交，就提出"教师专业"问题。不过，其中"专业"一说，同通行的"专业"概念颇有区别。我国在20世纪20年代，甚至间或还有"教师专业化"一说，但同后来所谓"教师专业化"，不是一回事。

在19世纪，有些国家实行义务教育，小学教育迅速发展。由于小学教师严重缺乏，加上当时小学课程比较简单，故起初不得不吸收大量粗具文化的人充当教师。19世纪与20世纪之交，若干发达国家为改善教育状况，陆续兴办师范学校，培训教师，争取使教师职业成为专门行业，这才随之出现"教师专业"一说（到底是原词，还是我国的译词，有待澄清）。

我国建构"教师专业"，大致经历三个阶段。

第一阶段：早在20世纪20年代，就提出所谓"教师专业"问题。如1927年舒新城在《教育通论》中就谈到"教师专业"问题。中华书局1928年印行的《中国教育辞典》，在"专业化与教育"辞条中提出："教育之专业化"的含义是，认定教育事业为专门职业之一，正如医生、工程师一样，必定要有良好的训练、充分的准备，才能从事此职业。"专业化之教育"在求教育效果之增大，故或称为"教育艺术"，"意谓教育之事，乃为一种专门艺术也"。①

当时所谓"教师专业"，包括三个要项：

1. 以教师为唯一的职业；

2. 受过专门的训练；

3. 教育设施均以客观的教育原理为本。②

其中，"以教师为唯一的职业"和"受过专门的训练"，是参照"专业性职业"通行的入职条件作出的规定："以客观的教育原理为本"，表明"专业教师"与"非专业教师之别"。

如此"教师专业"，旨在谋求教师职业同作为独立职业的医生、律师、工程师等，处于大体相当的地位，成为专门的"职业"，而并无向"专业性职业"看齐的意思。

---

① 王倘，舒新城，等，编.中国教育辞典［M］.上海：中华书局，1928：632—633.
② 舒新城.教育通论［M］.福州：福建教育出版社，2006：60.

至于《中国教育辞典》把"专业化之教育"解为"意谓教育之事，乃为一种专门艺术也"。其中所谓"艺术"，是同"科学"对举的概念，而非同音乐、图画之类艺术并举的概念。如夸美纽斯曾把《大教学论》称为"将一切事物教给全人类的无所不包的艺术"。①

无论是"教师专业"三要件，还是把"专业化之教育"解为"专门艺术"，都表明当时所谓"专业"，是"专门职业"的意思。

舒新城《教育通论》援引我国1923年小学及师范学校统计，从中可理解当时"教师专业"的背景。统计如下：②

学校级别	学校数（所）	学生数（人）	学生平均数（人）
师范学校	275	38 277	139.2
高等小学校	10 236	582 479	56.9
初等小学校	167 076	5 814 325	34.8

如此状况表明当时我国教师职业，即使距离成为像医生、工程师那样的"专门职业"，仍相当遥远。

尽管谋求教师成为专门职业合情合理，由于称其为"教师专业"，不免引起争议。如吴俊升、王西征在《教育概论》（1935年）中，曾针对舆论中的若干疑点予以辩驳。不过，此后依然存在信者不疑、疑者不信的状况。只是存疑的不是教师成

---

① 夸美纽斯.大教学论·教学法解析［M］.任钟印，译.北京：人民教育出版社，2006：5.
② 舒新城.教育通论［M］.福州：福建教育出版社，2006：16.

为合格的"专门职业",而是教师职业成为"专业"。故"教师专业"云云,在很长时期并未成气候。

第二阶段:中华人民共和国成立后,从20世纪50年代开始,曾经参照苏联师资培养经验,把中等师范教育纳入中等专业教育序列。其课程结构,也像一般专业课程一样,包括文化科学基础课程、专业基础理论课程和专业课程。这种专业教育与参照美国经验建构的同级职业教育的区别是,在基础理论与基本技能训练的权重中,前者重在理论,后者重在技能训练。如此师范教育,旨在使至少受到中等师范教育的小学教师和受到大学及专科教育的中学教师,成为中级或高级专门人才。

在此阶段,"教师专业"的特点在于,参照同级其他专业课程结构设计师范教育课程,从而有助于提高中小学教师的教育专业水平,但由此是不是认定教师行业为"专业性职业"呢?这还须具体分析。

1. 虽然课程结构与同级其他专业学校学位课程结构相近,然而其中的专业基础理论课程与专业课程的专业程度有限。通常把师范教育课程,按照学科分为两类:一类是同中小学课程对应的学科,如语文、数学、物理、化学、生物、历史、地理等,称为"专业课程";另一类为教育类学科,如教育学、心理学、教学法、教育实习等,此类课程反而不以"专业课程"名之(表明当事人对"专业"问题心中有数)。问题在于,中小学教师虽然受过这种或那种学科的专业教育,而其职能在于把现成的学科知识与相关技能传授给学生,在一般情况下,并不像一般专业人员那样,直接参与专业知识的发现或整合,以及技能的改进。教育类学科也不例外。惟其如此，师范教育中即使与其他专业学校中有相同的课程，如语文学科、数学学科，其知识的广度与深度也不尽相同。

2. 我国从20世纪50年代后期开始，师范教育课程越来越向实际操作能力训练倾斜，意味着逐步从"专业教育"转向"职业教育"。

其实，即使不作如此调整，其专业程度依然有限。因为我国未成年人口为数众多，中小学教师为数亦不少，其中免不了参差不齐。故普遍提高教师专业水平，将经历漫长的过程。

第三阶段：时至20世纪与21世纪之交，由于基础教育已经获得长足的发展，迫切需要提高教与学的质量，随着教师学历层次普遍提高，也就有可能提高对教师职业修养的要求。于是教育主管当局为中小学教师中有志之士、有为之士获得专业学位提供机会。然而这同所谓"教师专业化"，不是一回事。

因为在学位意义上的"专业"，意味着按照专业学位的标准，规范教师职业。问题在于尽管"教师专业化"的原义未必如此，而此种现象并不少见，具体表现为：除提高教师学历层次和开展教师培训外，还把所谓"职称论文"和一门外语列入教师晋升职称的要求；不仅在中学而且在城市小学中，由于学校规模的膨胀，有意或无意地使教师之间的课业分工趋于凝固，加之课程改革的名目繁多，以致在教师中广泛开展教育研究活动与评比竞演活动。

问题在于其中哪些建树较为符合教师职业的特点，哪些是附加于教师职业的多余之举，这就有待分析。

四

"教师专业"如果是参照通行的"专业"标准，规范教师的职业行为，固然可以适当提高教师业务水平与教师职业声望，然而从教师职业的实际情况看来，此种实践也或多或少存在问题。

1. "专业"原本是"学业类别"的意思，或指的是专门的学业，或指"专业学位"。中小学教育相对于职业教育，属于普通教育；相对于高等教育，属于基础教育。因此，如就学业而论，中小学教师的"学业"，有别于"学科专业"，而属于使"普通文化知识""基础性的文化知识"转化为学生教养的学业，并使普遍性的伦理价值-规范转化为学生的德性。反之，课程越专门化、越精致，教学程序越复杂、变化越大，越易造成学生适应的困难。说不定还会成为学生的负担。其实，中小学教师职业入职虽易，收效却难乎其难，更该慎之又慎。

2. 既美其名曰"教师专业"，那就存在循名责实问题，即以此为"合格教师""优秀教师"的必要条件。按照通行的"专业性职业"标准，不仅要求教师在学业上达到专业水准，提出堪称"学术"的专业论文，而且至少要学会一门外国语。问题在于中小学教师的职业环境、本职任务和工作条件能够保证教师达到如此专业程度么？从教师履行的职责看来，真的有此必要么？如此要求，是否强人所难，是否分散教师精力，是否贻误本职工作，不也值得考虑么？

3. 教师之间合理分工，原本在所难免，"专业化"却可能导致职务分工趋于凝固，即把职务分工硬化为教师的"专业"。在现今学校中已经可见的结果是：小学语文教师不一定会教小学历史课或数学课，数学教师也不见得能教语文课。低年级语文教师不会教高年级语文课，高年级语文教师不会教低年级语文课。任课教师不熟悉或不善于当班主任，班主任当久了，有些班主任只会教"品德课"，从而使同一所学校中的教师，互为外行。彼此之间的共同语言越来越少，沟通的障碍越来越大。如不冲破这种人为设置的凝固分工的樊篱，势必成为"跛足的教师"。问题在于这种樊篱一旦筑成，跨越这种樊篱的希望也就越来越渺茫。更在于"专业化"的诱惑，反而使有志有为的教师，陶醉于"在蜗牛壳中做道场"。

4. 学校行政人员通常从教师中择优选拔。如果教师只具有片面的学科教养，而缺乏多学科视野和普通教育的意识，势必成为从优秀教师中选拔适当的学校行政人员的难题。

归根到底，问题的症结正在于衡量教师职业的尺度是什么，不明确，简单按照通行的"专业"标准规范教师职业，并不是恰当的价值选择。

五

在社会职业分工中，"专业性职业"占有明显的优势，故自然地成为令人向往的职业。由于"专业"原有较为明确的规定性，故并不是任何职业都可能成为专业。尽管如此，在实践中，"专业"一词仍不免被用于指称不同的对象，然而对"专业"又不是可以随意作出界定。这样，涉及"教师专业"问题，其中所谓"专业"，到底如何界定，才符合这个职业本身的需要与可能，便成为值得关注的问题。

为此，还得从"专业"一词多义现象谈起。

1. 专业作为学业类别。原表示对达到一定学术标准的学业的认定和不同学业之间的区分。最初主要指神学、法学、医学之类学业，近代以来形成数学、物理学、化学、生物学、生理学、历史学、地理学、语言学之类基础学科专业，进而又形成工学、农学、医学以及教育学之类在各个专门领域运用专业理论分析与解决专门问题的专业。各个专业主要是大学或研究机构中学业系列的名目，中小学教育虽是学业传承活动，它本身不是"学业"的名称。

2. 专业作为学位类别，是同"学术性学位"对举的概念。"学位"是由国家或有资格授予学位的大学，授予在学术研究或学术应用中达到一定标准的人的衔名（专门称号），如学士、硕士、博士。现今若干英语国家的学位，有"学术性学位"与"专业性学位"之分。这可算是"专业"一词的第二义。在"学位"意义上，"专业"只适用于有资格获得学位的个人，通常称其为专门人才或专家。同"专业性学位"相比，"学术性学位"获得者中，更有机会成为所谓"学术人才"。

3. 教育是事业类别中的一个部门，相当于行业。"教师"是职业名称。教育要成为专门性的事业，有赖于从业人员受到过专业性的教育与训练。通常把受过专门教育与训练的教师职业，称为"教师专业"。其中所谓"专业"，实际上是"专门职业"

的意思，有别于简单操作性质的职业。所谓"专门职业"，是就不同职业之间的比较而言，其含义为"不可替代性"。即使是别的行业"专家"，也代替不了教师。

此外，在今日常用语中，往往还把某种职业活动中符合职业规范的操作，称为"专业性的操作"，以有别于"不靠谱"的操作。

在社会分工中，各种"专门性职业"、各个层面的"专业性职业"，只要为社会所必需，并不致为别的职业所替代，便具有独立存在、长期传承的价值。如存在职业偏见，以较高层面的职业尺度（如"专业"），衡量较低层面的职业，便会发生争议；反之，在社会不正常状态中也可能发生逆反的职业歧视，如指陈专门人才，一不会做工，二不会种田，三不会当兵，那更是常识性的错误。

为了破除职业偏见，其中包括对专业的迷信，也就有必要客观地看待专业。如果以平常心看待专业，那么，从实际情况出发，就不能不承认，这其实是一个中性概念。

首先，不同专业之间的分工是相对的。

实际上每种职业活动中，都或多或少掺杂其他职业活动的成分。不仅如此，尽管客观上存在专业与非专业的划分，而在现代社会中，每个从业人员，不管从事什么职业，都需要接受普通教育，具有起码的普遍文化教养与通用的技术教养。

其次，每个专业内部分工中也存在专业人员之间身份、待遇的差异。

每个专业都由若干学科领域构成，每个学科领域又包括一系列的若干学科。如自然科学中包括基础科学、技术科学和工程科学。在研究型大学，每个学系中的专业课程，包括一般文化课程（"通识性"的课程）、专业基础理论课程和专业课程。此外，还有专业再分化的课程（以往曾称之为"专门化课程"）。

每个专业人员，因受过一定的专业教育，故对本专业相关问题的了解和专业活动能力，比起其他专业人员及非专业人员，都算是专长。而在本专业中，从业人员中的专业水平往往相差甚大。专业水平的区别，通常以职称表示。不过，即使同一级别职称中，不同人员之间的专业水平也有差别。所以，在专业性职业中，并非所有专业人员都是专家。

每个专业都包括相当复杂的职能部门和职能活动，故专业内部又有职能分工。其中专业人员或主要参与专业基础理论研究（或教学），或参与专业理论研究（或教学），或参与其中某单项职能研究（或教学）。

再次，专业分工凝固化导致个人片面发展。

专业分工或同一专业内部的职能分工，使其中的专业人员都可能具有一定专长，又可能使具有某种专长的人，对本职业以外的职能，本专业以外的专业、非专业性职业，越来越少关注，越来越少了解，也就越来越无能，从而成为个人发展的缺陷。这便是"职业的痴呆"。专业人员如以平常心看待自己从事的专业，便可能争取自由选择职业，成为在本专业内跨领域研究甚至跨专业研究，成为所谓"复合型人才"。专业人才与复合型人才各有所长。"一专多能"才更有自主发展的潜力。

六

本来在社会分工中，专业性职业与非专业性职业、专门性职业与非专门性职业，各有所用，其中每一种、每一类职业相对说来各有所长，亦各有所短。教师职业之长，同样值得珍视，有待发扬。

1. 教师职业之长，主要不在于相关学识的深浅。教师的学识即使较为深刻，还得看其是否恰当地运用，即有效地传授基础知识、技能，并使其转化为学生的教养。果能得到如此成效，便成为即使是专业性质职业中的佼佼者也未必达到的专长。

2. 教师职业同其他职业比较，其从业人员不仅自身注重品德修养，更重要的是使未成年人养成必要的品德。果能得到如此成效，便成为教师职业的专长。

如此工作，外行人看似"简单"，恐怕就连高高在上的专家、学者也未必都能胜任。如不信，不妨试一试。泰勒在评论美国学科专家对中学教育目标的建议时指出：在美国，许多人批评学科专家来制定的教育目标，其理由是，"学科专家提出的目标，太专门化和专业化，或在其他方面对大多数在校学生不适宜"。依他所见，学科专家关于该学科中学课程的建议，不应当是使学生成为这门学科的预备人才，而应当是使这门学科"对外行或公民有什么贡献"。这正是出于"基础教育"的考虑。[1]

即使在"专业性质职业"中，从业人员的专业水平也参差

---

[1] 泰勒.课程与教学的基本原理［M］.施良方，译.北京：人民教育出版社，1994：19—20.

不齐。其中的专家也只是同别的专业人员相比较而言。在专业中取得卓绝成就的学者毕竟有限。各行各业专家，主要靠个人的志气和努力在取得成就后才脱颖而出。同样，中小学教师中的有志之士，也可能通过自己的努力成为所授学科的专家或教育专家。不过，由于中小学教师教学任务不轻，学校环境也有别于大学或研究机构，从中脱颖而出，并非易事。故"教师专业化"，如意味着对为数达千万之众中小学教师的普遍要求，或试图从中"打造"出专家，那就另当别论。

以上所见，如属不谬，至少表明：

1. 教育界长期以来孜孜不倦地致力于使教师行业成为"专门性质的职业"，同其他专门职业并驾齐驱，不仅是大势所趋，而且是人心所向。在这个意义上，并且只在这个意义上，称其为"教师专业"，倒未尝不可。只是，如此而受到来自"学术性"或"专业性"学位的质疑，也就不必介意。

2. 试图按照通行的"专业"标准，规范教师职业，即所谓"教师专业化"，其实是置教师职业成为"专业"的可能性于不顾，其中附加在教师职业中的某些规定，虽在非常有限的范围内，或可一试，而就教师职业总体来说，不可为而为之，不无炒作之嫌，有违教师职业常理。如此现象证明舆论中职业歧视、职业偏见的影响不可低估，就连"教师专业"一说，也在无意中为如此偏见提供了借口。

3. 据说"教师专业化"的口号源于国际劳工组织和联合国教科文组织于1966年在巴黎召开的教师地位之政府间特别会议通过的《关于教师地位的建议》。那么实际情况是不是如此呢？

该建议提出："应把教育工作视为专门的职业，这种职业要求教师经过严格、持续的学习，获得并保持专门的知识和特别的技能。"[①] 把教育工作视为"专门的职业"，如此而已。教师"获得专门的知识与特别的技能"，表示教师应有的专长，并不表示教师只能像通行的许多"专业"那样，探求"学业"本身。至少其中鲜见按一般"专业"标准规范教师职业之意。

① 教育部师范教育司，编.教师专业化的理论与实践 [M].北京：人民教育出版社，2001：3.

II

中国师资文化的历史特点

我国从先秦时期开始，就曾把"师"同"天""地""君""亲"并列，合称"天地君亲师"，虽不免言过其实，毕竟表示对为人之师社会地位的尊重，而形成我国特有的尊师传统。在教师职业产生前，其中所谓"师"，曾有经师与人师之分。因当时正规学业，以《论语》《诗》《尚书》等经典著作为基本教材，故把授业之师中的佼佼者称为"经师"，把以启蒙课本为教材的塾师称为"教书匠"。相对于经师与教书匠，把为人师表之师，即以身作则之师中的佼佼者，称为"人师"。何谓"以身作则之师"？以现代教育观念看来，以适合时宜的教育价值观念及教育基本原理人格化为以身作则之师。

　　以现代广义教育观念看来，我国教育文化不仅以一以贯之的尊师传统为特色，由于古代的经师与人师之分，近于现代教养与教育之分，故在教育与教养的权重中，教育重于教养，也显示我国教育文化的特色。

　　我国历代以"师道"为核心价值观念的"师说"文化，正植根于此。

古代的"人师"观念与尊师之道

中国古代的尊师价值观念,可以追溯到先秦时期。其中儒家以"师"与"天""地""君""亲"并尊之说,比较明确的表述,大致形成于战国时期。此说从礼制演绎而来,对后世影响甚大。

从唐代韩愈《师说》问世开始,现实的教师状态便成为有识之士反思的课题。一般以"师说""续师说""广师说""拟师说"或"师道说"为题,以"师道"为准绳,以先贤,特别是孔子为典范,针对各自所处时代教师状态的时弊,顺理成章地形成"师道失传说""师道变异说",并从今古师资文化比较中揭示师道的要义。

由于魏晋以前同在此以后,我国教育状况差别甚大,师资文化中"师"一词指称的主要对象不同,师资文化中需要解决的问题、客观上存在的问题不同,故我国古代"师说",事实上以韩愈《师说》为界限,分为前后两期。

我国从唐代韩愈《师说》问世开始,直至清末,"师说"之作代有所出,累计达数十篇之多。诸多"师说"几乎一以贯之地论定,自魏晋以还,"师道之不传也久矣!"极而言之,便是所谓古有师道，今世无师。那么魏晋以前师道的情形如何呢？且从先秦儒家的尊师之道谈起。

一、同"天""地""君""亲"并列的尊师之道

先秦儒家的尊师之道，集中体现在经典文献中把"师"同"天""地""君""亲"并列，对后世流传之广，影响之深，以至于直到民国时期，在若干地区，坊间仍在正堂屋神龛上，供奉"天地君亲师"牌位（民国时期或把"君"改为"国"）。

在戴德编纂的《礼记》和戴圣编纂的《礼记》（通称《大戴礼》）有关"天地君亲师"同列的表述为：

1."师"与"亲""君"同列。"事亲有隐而无犯……事君有犯而无隐……事师无犯无隐。"（《礼记·檀弓上》）其中"隐"，注为不称其过。"范"，意思是不犯颜而谏。至于对三种对象之尊，为何不同，在清代朱彬《礼记训纂》中多有注疏。

2."师"与"天""地""亲"并列，"君"以正用之。"故天生时而地生财，人，其父生而师教之，四者君以正用之。故君者，立于无过之地也。"（《礼记·礼运》）关于"君以正用之"，据注："顺时以养财，尊师以教民，而以治政，则无过差矣。"表明其中含有不忘根本之义，又把不忘根本作为君王治国之道。

3."君师"与"天地""先祖"并列。"无天地焉生？无先祖焉出？无君师焉治？"（《大戴礼·三本》）

其中所谓"君师"，荀子解为海内之民以"君"为师，或堪为"人师"之君。如圣王没，"天下无君，诸侯有能、德、明、

威积，海内之民莫不愿得以为君师"（《荀子·正论》），指的是实施教化之君，而暴君不在此列。荀子还提到："礼有三本：天地者，生之本也；先祖者，类之本也；君师者，治之本也……故礼，上事天，下事地，尊先祖而隆君师，是礼之三本也。"（《荀子·礼论》）清代学者俞正燮在援引荀子此语后，断言"是五者相并也"（俞正燮：《尊师正义》）。其实荀子所谓"人师"，为"君师"的同义语或为与"君"同为礼之本之"师"，为"国师"，即君之师。

《荀子》一书中，"人师"四见。如："王者之等赋、政事、财万物，所以养万民也……夫是之谓人师。是王者之法也。"（《荀子·王制》）又如："闻鼓声而进，闻金声而退，顺命为上，有功次之……四海之内若一家，通达之属莫不从服，夫是之谓人师。"（《荀子·说兵》）又如："其为人上也，广大矣！志意定乎内，礼节修乎朝，法则度量正乎官，忠信爱利形乎下……夫是之谓人师。"（《荀子·儒效》）其中所指，都为"君师"。

此外，在《荀子·宥坐》中还记有："孔子曰：'如垤而进，吾与之；如丘而止，吾已矣！'今学曾未如肬赘，则具然欲为人师。"系指谪士大夫中好为人师现象。不过，此篇为汉儒杂录。

上述言论表明，其中虽未形成"天地君亲师"的完整表述，却成为这种表述的源头，从而确立了尊师的基调。其中把"君""亲""师"同"天""地"并列，表述尊师、尊亲、尊君，均属天经地义。

其中所谓"师"，或指弟子之师，或指君师，即以君为师。

因"师"字语境不同，指称对象不尽相同，尊师说的含义也就有所区别。

1. 在"天生时而地生财，人，其父生，而师教之"意义上，表示每个人都不应忘本，否则便忘恩负义。其中之"师"，主要指施教者。如《荀子·致士》中所谓"弟子通利则思师"。

2. 在教化的意义上，其中所谓"师"，主要是君师，即以君为师。荀子称："礼有三本：天地者，生之本也；先祖者，类之本也；君师者，治之本也……故礼，上事天，下事地，尊先祖而隆君师，是礼之三本也。"（《荀子·礼论》）"且上者，下之师也。夫下之和上，譬之犹响之应声，影之像形也。"（《荀子·强国》）"上者，下之师"，亦含有以吏为师之意。

3. 在"道"的传承意义上，则以有道者为师。所谓"君师者，治之本也"。"师"何以为治呢？由此引申出"师"的另一义，便是以有道者为君之师。如孟子曾称"我无官守，我无言责也。则吾进退，岂不绰绰有余裕也。"（《孟子·公孙丑下》）宋代学者胡宏却从中引申出"君"之师的观念。他称："孟子于齐王有师道焉，未闻有官守言责也……君所未知而己发之，君所未有而己与之，提携其善，增益其能，以陶冶君心，君反受命焉者，师也。"然而有官守的司马光疑胡宏之见，"恐后世挟其有以骄君"，胡宏则反指其"不识孟氏心而未知所以为师耳"，为"习于世俗，溺于近闻"之误。[①]胡宏之见，虽不无道理，毕竟是书生之见。

---

① 胡宏.师 [M] //胡宏集.吴仁华，点校.北京：中华书局，1987：324.

明代学者张桓进一步提出："君，治主也；师，教主也。在昔，明王兼之，厥后，及分粤（古代语助词，同聿、越、曰）。于是乎，师尊于君，君绥（通妥，下垂，下于心）于师。"因为"君代更，而师唯一"。这又是为什么呢？这是由于"道一、学一、教一，不可得而更也"（张桓：《续师说》）。此论难免犯禁。

以上关于"天地君亲师"一说的简单追溯，充其量不过是先秦师资文化中的一个插曲。其中限于早期儒家的师道之见，而未涉及当时诸子各家中有关师道的见识。只因此类见识对后世"师说"的影响不可小视，才予以追溯。

二、有别于"经师"的"人师"观念

把实施教化的君主奉为"君师"，或"人师"，原不过是儒家基于礼制构想对当权者的期待。事实上堪称"君师"的主子寥寥无几。因为在诸侯纷争的时代，主子即使有志于此，也难成事，故到了汉代，"人师"也就另有新解。

汉代自武帝时起，罢黜百家，独尊儒术，举办太学，立五经博士，以五经博士为经师，而经师兼充国事顾问，稍带有帝师意味，至少儒家上层人物不无此种期待。

例如汉代学者韩婴称："智如泉源，行可为表仪者，人师也。"他把"人师"同"人友""人吏""人隶"加以比较，断为"上主以师为佐，中主以友为佐"（《韩诗外传》）。[1]

---

[1] 明代学者郭子章《师说》称，贾子曰："知足为源泉，行足为表仪，问则应，求则入。入人之家重人家，入人之国则重人国者，谓人师。"（《蠙衣生蜀草》卷十）

经师原是汉代特定的师资文化现象，并不表示当时师者限于经师。鉴于唐代开始的后期师说，常道魏晋以还师道失传，加之后世传经之师，有别于汉代经师，对汉代经师又另有评价，故有"经师易得，人师难求"之议，这才有必要对经师问题予以追溯。

其实，汉代所谓"人师"，并非同"经师"对举的概念。当时久已散失的经典文献，主要出于五经博士的口授，才得以长传。故在当时，非但谈不上经师易得，而经师恰恰至为难求。何况经师不仅传经，还兼充国事顾问，大致算是经师即人师，一身而任焉。只是由于后世经师，除通经的学者外，多为句读之师，已经有别于汉代经师。这才发生"经师易得，人师难求"之议。

关于"经师易得，人师难求"的出典，据我的老师萧承慎教授考证，源于东汉陈国一童子魏昭，因仰慕学者郭泰，有志于受他熏陶，故要求到他房中，为他洒扫，以便接近他。郭泰对他说："你年纪还小，应当攻读经书，何必来接近我呢？"魏昭说，听说"经师易遭，人师难遭"，故"欲以素丝之质，附近朱蓝"。[①]就是近朱者赤的意思。后世"经师""人师"之议，虽未必出自此典，而此童子之见，倒不失先见之明。

经师地位很高，其中马融、郑玄博通经籍。马融遍注《周易》《尚书》《毛诗》《三礼》及《论语》。郑玄为马融的弟子，隐修经业不辍，聚徒讲学数十年，闻名于"伊洛以东，淮汉以

---

① 萧承慎.教学法三讲 [M].福州：福建教育出版社，2009：40—41.

北"。时至唐代，柳宗元反对泥古不化，"教之后世，莫之其所以去就"。主张"以文明道，盖于世用"。故在他看来，"马融、郑玄者，二子章句师耳"（《答答严厚舆秀才论为师道书》）。

不过，如果无马融、郑玄那样的"章句师"，怎会有柳宗元那样的博学之才，故清代学者翁方纲对柳宗元之见持有异议。依他所见，马融、郑玄之学，专门执经，为"笃信可守者"，不若柳宗元所谓"抑奥扬明，疏通廉节"，尽管他本人自为则精，而"导人则惑者也"。故"师者，必有所守，以为质也"。汉儒坚守师法数传不变，"有所可守故也"。"为人师者，亦必先自立一经，而后不虚所师。"（翁方纲:《拟师说》）其实柳宗元与翁方纲各有所指，其说各具针砭时弊的价值。

柳宗元对汉代经师的评价，虽不无苛求，却从中发现了教与学、学与用问题的症结。惟翁方纲认定为人师者，"必先自立一经"，在"师者必有所守以为质"意义上，堪为明断。

如此见解，各有其理。作为对汉代那种"各以一经为师"现象的反思，或对后世无专守以为质之师现象的非议，都不失针砭时弊的价值，如就师者而论，其实，人各有志，人师与经师并非非此即彼，非彼即此。而在师者中，不堪为经师或人师的平庸之师，倒是更加普遍的现象。

以师道为核心价值观念的师说

　　我国自古以来虽无"教育学"的建树，却有以师道为核心价值观念的"师说"——论证一脉相承的师道。

　　我国师资文化的特色，在于以师道为核心价值观念。师道是什么意思呢？

　　所谓"师道"，并非专指教师的"授业之道"，而且涵盖弟子（学生）的"求师之道"，更指国家范围内普适性质的"尊师之道"，属于广义的师资文化观念。其中所谓"师道"，固然是指儒家伦理之道，又把教师的基本职能，区分为"传道""授业"和"解惑"，并以在授业与解惑中是否传道，为衡量"为师之道"的价值标准。有道是"道之所存，师之所存"，意思是因有传道的需求，才有教师存在的余地。其中隐含着传伦理之道之师（人师）和传伦理之知之师（教书匠）权重的区分。

　　我国虽早就以师道为师资文化的价值，不过随着从隋唐开始的科举的盛行以及以授业为谋生之计的私塾（或称其为"家塾"）的兴起，正统师道的传承便发生问题，故自唐代韩愈《师说》始，"师说"之作，代有所出，直到清末民初，其中虽以"师道"为话题，但历代当事人对我国教育的历史史实的认识有无可替代的价值。

一、先贤关于"师"的分辨

魏晋以前，虽有"天地君亲师"之说，在一般情况下并无"人师""经师"之争，其中同"天地君亲师"并举之"师"及"人师""经师"概念，或有专指，又较为含糊。惟其如此，也就留下有待分辨的空间。只有循名责实，其意义才可分辨。

1. 同"天地君亲"并举之"师"，如专指君之师，或以君为师，或以长为师，那就同授业无干，而授业之师沾光，才是意外的收获。

2. 所谓"经师"，原指汉代五经博士那样的经师。正是由于他们的口传，才使先秦典籍不致失传。否则就连"智如泉涌"的人师，其"智"也将成为无源之水。故就传承先秦典籍而言，那样的经师，实比人师更加难求。

只是后世争议中的经师，实指在既定的经书中讨生活的章句之师。在这个意义上，才称得上"经师易得，人师难求"。

3. "人师"如专指"知足为源泉，行足为表仪"之师，虽然难得，其实，那是学无常师时代的"人师"概念，即值得效法之师，而那种"人师"，不一定以设学收徒为业。至于授业之师，非独善其身而已。而在传经中，既使弟子之知足为泉流，又使弟子之行足为他人表仪，才堪称难求的"人师"。

4. 有意思的是，清初学者廖燕对"天地君亲师"之说，不无所感："师配天、地、君、亲而为五，则居其位者，其责任不綦重乎哉！师莫重乎道，其次必识高而学博。三者备，故可泛应而不穷。呜呼！自孔子没而师之道不明于天下，至今日为已极矣！"（《续师说》）据说："天地君亲师五字，为里巷常谈。一经妙笔拈出，遂成千古大文至文。至冷嘲热讽，不顾庸师面皮，尤见持世辣手。"①可备一说。

在萌生于先秦时代的"天地君亲师"价值观念中，天、地、人合为"三才"，在人才中又有君亲师等级之别。原先之"师"只有别于别的行业，并不再细分。汉初经师出现后，不仅有别于塾师，更有别于人师，虽以君师才堪称人师，但毕竟形成一以贯之的尊师传统。

以现代广义教育观点看来，古代经师虽同现代以教养为基本职能之师不尽相同，而在传授文化知识的意义上有共同之处，故至今在师资文化舆论中，仍存在有别于人师的意义上，把教书匠归为经师之见。表明在现代师资文化中，狭义教育与教养权重不同，古已有之。

以现代眼光看来，古代以书本定课业，有别于现代以学科定课业。其中的区别更在于自宋代以还，以称之为儒家经典的"四书五经"及传递儒家意识形态的启蒙读本界定课业，虽有别于一般学科知识的传授，却在一定程度上反映那时的教养价值观念，所以古代"授业"与"解惑"同"传道"的区别，在一定程度上也是那种教育同那种教养权重的反映。

---

① 廖燕.续师说［M］//廖燕全集（第一册）.上海：上海古籍出版社，2005：247—248.

二、先贤循师道之名而责实

（一）师道失传说

唐代韩愈率先作《师说》。其中提出，"古之学者必有师。师者，所以传道授业解惑也"。问题在于古之圣人尚且从师而问，今之众人却耻学于师，以致圣益圣、愚益愚，"嗟乎，师道之不传也久矣"。那么，师道失传究竟多久呢？

说来话长，按照柳宗元的说法，"由魏晋氏以下，人益不事师。今之世，不闻有师，有辄哗笑之，以为狂人"。从魏晋至韩愈、柳宗元生活的年代，约六百年。由于佛老之学盛行，一般士大夫既不从师，也不敢为师，甚至怕担师名。柳宗元即自称："仆避师名久矣！""独韩愈奋不顾流俗，犯笑侮，敢召后学，作《师说》，因抗颜而为师。"（《答韦中立论师道书》）

经过两个世纪，到北宋年间，比韩愈晚生179年的柳开（宋代古文运动的首倡者），作《续师说》，称："今世之人，不闻从师也……古之学者，从师以专其道。今之学者，自习以苟其禄。"

此后，又经历六个世纪，到明清之交，比柳开晚生636年的黄宗羲作《续师说》和《广师说》，称："今世以无忌惮相高：代笔门客，张口辄骂欧、曾，兔园蒙师，摇笔即毁朱、陆；古人姓氏，道听未审，议论其学术文章，已累幅见于坊书矣；乳儿粉子，轻儇浅躁，动欲超过前人……盖不特耻为弟子，相率而耻不为师。"

又经历了一个世纪，到了清代，比黄宗羲晚生128年的章学诚，作《师说》，依然哀叹："嗟夫！师道失传久矣！有志之士，求之天下，不见不可易之师。"

姑且不论中国魏晋以还师道是否失传，失传了什么"师"，什么"道"，单就上述"师说"而论，不免进一步追问：一本正经的师道为何失传？为什么失传那么久？师道失传后的教师状态如何呢？且看历代当事人如何解说。

（二）师道变异说

古代学者有感于师道"沦丧"，遂把古今师者的价值追求作比，借以抨击所处时代教师状态中的"弊端"。

宋代学者陆九渊指出："秦汉以来，学绝道丧，世不复有师。以至于唐，曰师、曰弟子云者，反以为笑，韩退之、柳子厚犹为之屡叹。惟本朝理学，远过汉唐，始复有师道。虽然，学者不求师，与求而不能虚心，不能退听，此固学者之罪。学者知求师矣，能退听矣，所以导之者乃非其道，此则师之罪也。"（《与李省干·二》）

明代学者何景明的见解是："古之师，将以尽性也，明伦也，则其道德而蓄其业也"；"今之师，举业之师也，执经授书，分章截句，属题比类，纂摘略简，剽窃程式，传之口耳，安察心臆？叛圣弃古，以会有司"。如此之师，只具"速化苟就之术，干荣要利之媒也"（《师问》）。

他还对汉代以还，不同时期不同职能之师加以评价，即汉代之师为"经师"，作训诂，以传一家之业；唐宋以来之师，为"诗文师，辨体裁，绳格律，审音响，启辞发藻，较论工鄙，咀嚼齿牙，媚悦耳目者也"。

比较起来，"道德师为上，次有经师，次有诗文师，次有举业师。师而至于举业，其卑而可羞者，未有过焉者也"。

如果说陆九渊尚认定宋代理学"复有师道"，那么明代学者锋芒指向举业之师，而未把理学之师列入师的序列。

明代学者魏际瑞在《师说》中痛斥所处时代师者变质，指出，"师也者，登三纲而四，配天地君亲而五。而今之为师者不然"。实际上论定此类师已经变质。且把他的陈述，列表如下：

师而匠者也	若以为技，斤斤矻矻，役于主人，以道谋食。
师而贾者也	馆榖隆杀，教别轻重，苟得而已，不顾其后。
师而奴隶者也	惟其意而我从之，则唯恐誉不至，利不归，进退喜怒听于人，含怒蓄垢而不敢发。
师而盗贼也	为之诡御诈术相冒，主人甘其行，弟子服其事，使吾利日丰而人心日以坏。
师而禽兽者也	受不才子弟，挟奇货而居，不惟长之，而且逢之，不惟示之，且身先之，放辟邪侈无不为，人不肯齿与为类。
师而鬼魅者也	而或者宅心暧昧之中，持其机械，喜怒憎爱反于常，鹿焉马之，狐焉虎之，猴焉冠之，簸之扬之，颠之倒之，使人拟议而不得其故。

其中至少对"师而匠者"的苛责，不免有失厚道。

清代学者黄彭年在《原师》中把所处时代教师同古代教师做具体比较，列表如下：

古 之 师 道	今 之 师 态
古之师也以道	今之师也以利
古之师也以经文	今之师也以科第
古之师也来学	今之师也往教
古之师也有德	今之师也达官
古之师也名弟子	今之师也字[①]弟子
古之师也不答拜	今之师也卑其礼

由于师者有违正道，不仅不足以使弟子心悦诚服，而且弟子违师也易发生。这就是："彼其执质受教之时，初非中心说而诚服也。彼其师非足法于弟子，弟子亦非真能宗其师也。徒以一旦苟且希己之心，甘出门下，无惑乎其违之之易也。"（黄彭年：《原师》）

如此比较，虽或有弘扬师道、针砭时弊之效，问题在于无论先世之师，还是后世之师，都不免参差不齐。若不具体分析，单以古师之道，反讽时之师风，免不了落入以古度今、颂古非今的俗套。

（三）师道失传批判

关于"师"的界定，从唐代韩愈、柳宗元开始，都认定自魏晋以降，师道久已失传。此后，正统学者便以"师道"为准绳，衡量什么是师。关于这个问题，清代学者汪琬说得最为干

---

① 此"字"，或为"孳乳而浸多"之义。（许慎：《说文解字·叙》）

脆，即"非经师、人师不得谓之师"，表明古代"师"是一个规范词，而他的从弟对此不解，问他：授业之师，明明是师，怎么不算师呢？表明他的从弟所用的"师"是一个描述词。汪琬反问：通常所谓"授业之师"，是不是称得上师，要看他所授之"业"是怎么一回事。若所授为道德之业、经述之业，那么同我所说，并无区别，"如其训诂、章句而已，是乃今之学究、训蒙者也"（《答从弟论师道书》）。

由于古代正统儒家学者执着地捍卫师道，把"师"视为规范词，故在师资文化中出现的种种异乎寻常的论调及不落俗套的行为，都很自然。如把"师"作为描述词使用，对此便不可理喻。

1. 好为人师戒说

随着私学的兴起，客观上以授业为谋生手段的人越来越多。其中不免夹杂徒有文名或不学有术之徒。遂使好为人师现象成为讥评的对象，此类讥评，列举于下：

朝代	作者	言　　论	出　　处
宋	契嵩	故古之君子不苟尊而师人，不苟从而师于人。	《师道》
	吴如愚	人之患在好为人师。师者，人之模范，岂人之所患乎？而人之所以患之者，好为之过也。师而好为，则存于中者，必有自大之心，发于外者，必将往教于人。此其为患，何可胜言，是知为师之道，必学识之明，可以为人之师，而人自然而来学，则斯无患矣！	《师说》

朝代	作者	言 论	出 处
明	王守仁	嗟乎！今之时，孰有所谓"师"云乎哉？今之习技艺者则有师，习举业求声利者则有师。彼诚知技艺之可以得衣食，举业之可以得声利……自非诚知己之性分，有急于衣食官爵者，孰肯从而求师哉！	《答储柴墟论师道书》
		教不由诚，曰惟自欺。施不以序，孰云匪愚。庶予知新，患在好为。	《师道箴》
	陈子龙	今之好为人师者，非污则僭，斯亦当世之贤人君子也。其亦可以少止欤？	《师说上》
		以余断之，好为人师，必君子之近愚者；好为人弟子，必小人之善托者。以善托之人而投近愚之士，又何怪天下师弟子之纷纷乎！	《师说下》
清	钱大昕	盖师道之废久矣。古之所谓"师"者，曰"经师"，曰"人师"。今之所谓"师"者，曰"童子之师"，曰"乡会试之师"，曰"投拜之师"。	《与友人论师书》
		古之好为师也以名，今之好为师也以利。	
	袁嘉谷	盂之方也，水乌得圆，钟之撞也，声乌得哑。师使失其所为师，偏责从师之弟子，孟子讥之久矣。人之患在好为人师，讵不然哉！讵不然哉！	《广师说》
		嗟乎！习俗移人，今殆有甚。何以甚之？蔽之曰"利"，非师之利，即弟子利，九州群士，必居一焉。	

2. 避师名说

鉴于有识之士以好为人师为诟病，而时人又以师为笑谈，以致就连正经的学者也避师名。

学者避师名，有两种情况。

一是为避"师"名，不仅不以"师"自称，甚至婉拒求学者作弟子。如柳宗元自称"仆避师名久矣"。自己住在京都时，后学之士来家，日或数十人，自己"不敢虚其来意，有长必出之，有不至必甚（音忌，教导）之。虽若是，当时无师弟子之说"（《报袁君陈秀才避师名书》）。自己所以避师名，是"忧其实也"，即名实难副，"又不敢自谓有可师乎人者耳"。如以师名之，又可能被浅薄者笑骂，而自己比较"脆怯"，所以关于为师，可算是"内不足为，外不足当"（《答严厚舆秀才论为师道书》）。

一是虽授徒，即避"师-弟子"之称，而以友互称，或互称兄弟，甚至直呼乃师其名其字，而不介意。如唐代学者李翱，曾得韩愈（字退之）执教，则称乃师为"吾友韩愈"，或称其为"退之"；宋代学者陆九渊（字象山）为吕祖谦（字伯恭）取士，他受吕祖谦之邀，同其兄陆九龄及朱熹赴信州鹅湖论学过程中，吕祖谦反把陆九渊视为前辈，不敢与之论辩，而陆却称其为"执事"，在与友通信中还称吕为"伯恭"；宋代学者何基（字兆山）为朱熹再传弟子，不敢设学授徒；明代学者张元忭（字伯和），其座师为罗万化，他们在通信中都互以兄弟相称。（黄宗羲：《广师说》）

这些先例，大抵发生在师者与成年学子之间。因不属师生关系常理常规，故同蒙学中的师-弟子无干。

不过，古代亦不乏执弟子之礼甚恭的学子。如明代学者贺钦（自号医闾山人）师事陈献章（人称"白沙先生"），把乃师肖像悬于室中，"出告反面"，即自己出入都向师像示意；王阳明逝世后，其弟子钱德洪（号绪山），王畿（号龙溪），都筑室于场，"以终心制"；颜钧（字山农）因祸下狱，其弟子罗汝芳（号近溪）侍养在狱之师，长达六年之久。为此自己不赴廷试，乃师年迈后，罗某必手捧一茶一果以进；罗氏弟子杨起元（字复所）也像罗氏奉养其师那样奉养罗氏，有事必告而后行（黄宗羲：《广师说》）。这些都是尊师佳话，非尊师常规。

3. 今世无师说

在古代，因好为人师久受讥评，以致就连正经的学者也避师名，于是，便出现"师道绝矣""今世无师"的愤激之谈。略举如下：

朝代	作者	言　论	出　处
唐代	柳宗元	今之世也，为人师者众笑之，举世不师，故道益离；为人友者，不以道而以利，举世无友，故道益弃。	《师友箴》并序
宋代	欧阳修	三代之衰，学校废。至两汉，师道尚存，故其学者各守其经以自用。是以汉之政理文章与其当时之事，后世莫及者，其所从来深矣。后世师法渐坏，而今世无师，则学者不尊严，故自轻其道。	《答祖择之书》

朝代	作者	言　论	出　处
宋代	李　觏	夫士者，众之所仰望也。服儒衣，读儒书，而躬小人之行，是涂民耳目也。士之不德，师非其师也。师之不才，学校不修之过也。	《安民策第二》
	胡　宏	噫！自秦、汉以来，师傅道绝，朝廷乏仪，大抵皆袭嬴氏尊君抑臣之故，无三代之遗风久矣！	《师》
明代	王守仁	今之时，孰有所谓"师"云乎哉？今之习技艺者则有师，习举业求声利者则有师……自非诚知己之性分，有急于衣食官爵者，孰肯从而求师哉！	《答储柴墟论师道书》
	何景明	古也有师，今也无师。……今之所谓"师"也，非古之所谓"师"也。其名存，其实亡，故曰"无师"。	《师问》
	徐　枋	呜呼！今何时乎？庠序学校之事不明于国，洒扫辟咡弦诗象勺之事不明于家，进无所程，退无所资，而师道绝矣！	《师说上》
清代	章学诚	嗟夫！师道失传久矣！有志之士求之天下，不见不可易之师……	《师说》

不过，在明代学者张枅看来，前人虽有以君为师、以孔子为教主之论，其实"宫墙之巍巍，俎豆之奕奕，章缝缙绅之济济，皆貌而已。训故者析其义，议论者钩其玄，纂著者咀其英，皆言而已"。"夫授业解惑之师，何世无之？若曰传道，苟非真

师，道不虚传。"(《续师说》)，从中透露难得的平常心与洞察力，这才被列入禁书，或不无缘由。

三、我国古代师资文化变化的缘由

中国古代基本上处于"非制度化教育"及"学无常师"的状态。在前人的"师说"中，有些学者着眼于客观地分析教育状态演变过程，说明师道变异的缘由，有助于增进我们对古代教师的了解。

明代学者徐枋于《师说上》中论述施教情势变化导致师道演变的过程。

原为"大君为师而教行于天下"，自周室东迁而王迹息，"为人君者不能举其师之职，无以为教于天下，而孔子崛起设教于洙泗之间"，号为素王，"盖言师者，王者之事也，而以布素尸之"。这便是师道之一变。表明从以"君王"为师到以"素王"为师，但"师者王者之事"即教化主张未变。

孔子嗣后，"微言绝而大道衰"。"七十子之徒各负其道，以友教天下"，"而段干木、田子方、孟轲、荀卿各师其师，各道其道以为教"，这便是师道之又一变。表明师者从"王者之事"变成士大夫学者之事。

自秦代焚书坑儒后，"汉兴而六艺残缺"，由诸博士"各以一经为师"。师不以道而以经，此一变显示"师道之极衰"。

时至明代，"以一经为师又可得乎"？

明代学者陈子龙《师说上》从古今授业情景、师者的追求及师-弟子关系的区别，说明古代师道之废的缘由。即：

	古　代	后　代
一异	古者道有宗主，人皆求之，故舍之而莫适从矣！	今也乌用是，茫茫者苟习其业，则吾师云尔。
二异	古者经无定论，家立异说，苟不同师，相攻若水火。	今也旨出一途，岂必师传哉？
三异	古之于师也，捐亲戚，弃坟墓，从之数十年，不相离也。	今也月更而岁易，或终身只一升其堂，非莫解之情矣！
四异	汉臣曰，孔子布衣，养徒三千，则古之学者其师有以资之也。	今弟子无所借于师，而师实借焉，其名辱矣！
五异	古之辟举之法行，故门生故吏荣则荟升，否亦共患。	今哀乐不相及，进退无所关。

虽然已明"师道之废久矣，其亦势之使然欤"，由于颂古非今，终究叹息而已。

中国古代师资文化，如宋代高僧契嵩所见："天下者，教为其本也；教者，道为其主也；道者，师为其端也；正其端所以为道也，正其主所以为教也，正其本所以为天下也。"（《师道》）教-道-师三位一体的价值取向，统而言之，称之为"师道"。

中国古代的"师道"，不限于同伦理学意义的"师德"对举的概念，作为师资文化，其含义也不限于"为师之道"，还包括学子"求师之道"与治国"尊师之道"；其中学子"求师之道"又重于师者"为师之道"，而治国"尊师之道"更重于学子"求师之道"与师者"为师之道"；由于师之严，道之尊，故师者又

"不苟尊而师人"，学之重，学子同样"不苟从而师于人"，都该"存心于天下"。（契嵩：《师道》）

单就"为师之道"而论，其要义在于"将以尽性也，明伦也，则其道德而蓄其业也"。惟其如此，"道"与"术"的权重，在于重"道"轻"术"；更以追名逐利的"举业之师"为戒。指其"执经授书，分章截句，属题比类，纂摘略简，剽窃程式，传之口耳，安察心臆"而已，"叛圣弃古，以会有司"。（何景明《师问》）

由此看来，古代"师说"虽以师道为主题，如此师资文化同当时教育核心价值观念内涵相通，外延多所重叠，从而构成中国古代教育历史的重要篇章。

不过，古代"师说"，说来说去，无非是当时师资文化中的核心价值取向的变与未变。如把它视为中国古代教育历史中的重要篇章，那就不能不承认，作为师资文化的"历史"，其中不免存在严重的缺页。这就是基本上置遍及城乡的塾师于不顾，或以对塾师的贬抑而张扬师道，以致尽管自古以来就把尊师视为天经地义，至少在"师说"诸作者中却难得见到对塾师境况与苦衷的同情。

塾师境况与苦衷如何？从蒲松龄《学究自嘲》、郑板桥《教馆诗》、胡粹亭《伤馆诗》等（见本书第8—9页）塾师自况中可知。

谈到中国古代师资文化史，如果无视当时无数在未成年人破蒙中切切实实地努力的塾师，那就同士大夫的情趣无别。

"师说"别解

长期以来，有感于我国有长达五千余年的教育历史，却未见教育学的建树。在察觉我国传统的教育文化是以"师道"为核心价值观念的师资文化后，特别是获悉历代以"师道"为核心价值观念的"师说"历史遗产后，逐渐萌生把我国"师说"同现代教育理论加以比较的想法。加之从恩师萧承慎教授的教育专著《师道征故》一书获悉，其实我国古代的师道并非专指"为师之道"而已，还涵盖弟子"求师之道"和国家与政府"尊师之道"。这种师道，相对于"为师之道"观念，实际上是一个广义的观念，即社会尊师观念。明乎此，我不仅把我国一以贯之的师资文化看成是我国历史上的"教育学"，而且发生以我国师资文化审视现代教育理论的念头。于是，于2014年，在由华东师范大学课程系主持的一次学术讨论会上，我提出现代教育理论为广义师资文化的动议。如此动议能否成立？虽有所犹豫，但美国学者杜威和另一位美国学者库姆斯与此相关的言论，无形中使我作出如此动议增加了底气。

一、以现代教育理论审视我国师资文化

我的恩师萧承慎教授曾在《教学法三讲》一书中系统地分析了我国古代有代表性的教育著作中的教学法见解，从荀子、徐干、胡瑗、程颐、朱熹、陆九渊、王守仁到王筠，并参照现代教学理论审视我国古代教学研究成果。从中得出的结论为："我们关于教学之理论，最缺少者，为形式的、复杂的教学实施步骤之理论（如赫尔巴特之"五段教学法"等）及各科教学法之原理与实施；对于一般教学之基本原则多有所论列，亦最精透，但散于各家之各种著述中。片言数语，殊少有系统之记载，尚有待于归纳、整理与探讨。"[①]

这种相当谨严的比较，其实质的含义在于，表明我国传统的教育文化有别于通过客观现象抽象揭示其内在的本质属性的现代教育科学。其中罗列的"一般教学之基本原则"，最为精透，实同其以师道为核心价值观念的价值理论性质相关。

如果说我的老师以现代教育理论为视角审视我国固有的师资文化，那么我不妨以师资文化为视角审视现代教育理论。

二、以我国师资文化审视现代教育理论

现代教育理论原先是出于指导教师合乎教育与教养价值常

[①] 萧承慎.教学法三讲［M］.福州：福建教育出版社，2009：17.

理常规地授业的假设而产生的，尽管现代教育理论早已越过这种假设，不过，至今仍不免对教育理论如此看待。在这个意义上，才不妨尝试以师资文化为视角，对现代教育理论加以审视。

初步看来，在有代表性的教育著作，如夸美纽斯《大教学论》、赫尔巴特《普通教育学》、杜威《民主主义与教育》中，"教师"连一章一节都没有，各章各节所论，同教师相关的主要是教师应思、应知、应行的教育之事，便于教师合乎理性地授业。然而教师应思、应知、应行的教育之事，未必是教师所思、所知、所行的教育之事；尽管在现代教育研究中，也有关于教师所思、所知、所行的教育之事的实证调查，且不说如此研究成果与成效如何，教育之事的研究，毕竟有别于教育当事人（即教师本身）的研究，即有别于师资文化研究。

何谓"师资文化"？不妨从界定"师资"入手。简单地说，暂且把教育工作者排除在师资文化研究对象之外，即使是拿到教师资格证书的教师，还得看其是否按照适合时宜的教育价值或教养价值合理地履行职能。"师资文化"课题便由此发生。

惟其如此，师资文化未必是取代现代教育理论的文化，而是现代教育理论研究的补充。至于补充什么？至今仍是有待探讨的课题。只能说，从历代"师说"遗产，尤其是以毛泽东为代表的中国共产党关于师资的见识中，可知我国特有的师资文化的精神。

历代所传"师说"遗产，一以贯之的为以"师道"为核心价值取向的师资文化。其中所谓"师道"，不仅是"为师之道"，或许更是国人"尊师之道"和弟子（学生）"求师之道"。其中

"道"为价值观念，实际上是指应有的价值追求和普适性质的行为准则。其前提是教师以"传道"为基本职能，即"尊师"以"重道"为前提。教师虽兼有"传道""授业"和"解惑"三种职能，而授业之师、解惑之师，至多可称其为经师，经师本身也有传道之义，而对弟子传道，才堪称更加值得尊敬的人师。如此价值取向，或植根于"人之初，性本善"及"事在人为"的观念。

以毛泽东为代表的中国共产党人，继承并发扬了中国的师资文化传统，把历史形成的师资文化传统，逐步发展为有中国文化特色的现代师资文化。这种师资文化，植根于"以人为本"的价值观念，即"一切为了人民"，并"一切依靠人民"，自己解放自己。

这种基本价值在教育领域的运用，具体表现为：

第一，教师的教育（育人）职能相对重于教养（教书）职能。

第二，教师的人品及价值追求相对重于教育知识。

第三，教师的教育职能与教养职能从学生实际出发（不无"引出"之义）。为此，极而言之，要做学生的先生，最好先做学生的学生；最好的先生还该是学生的组织者，使其在"学生集体组织"中，相互学习，相互帮助，相互监督，从而使学生在一定程度上自己教育自己。

第四，尽可能把教师组织起来，便于教师在相互学习、相互交往、相互支持和相互监督中，增强教育的信心与力量。

至于中国师资文化的价值如何？不妨以外界教育学者对那里的教育理论与实践的别解为旁证。

三、教育学别解

如果说我国教育学人通常把Pädagogik或education当作"教育学"，那么西方有识之士怎样看待education呢？不妨就其中不容忽视的见解，略举一二例。

杜威堪称19世纪与20世纪之交最不容忽视的现代教育理论的代表人物。他起初的教育见解，在教育学人中几乎尽人皆知，值得注意的是，1929年他在《教育科学的资源》一文中提到，教育科学最终的现实性，不在书本上，不在实验室中，也不在讲授教育科学的教室中，而是在"那些从事指导教育活动的人的心中"。[①]其中包括"进入教育者的心、脑和手的任何部分确定的知识"。这种知识进来以后，就能使教育的职责完成得比过去更加开明，更合人道，更具有真实的教育意义。[②]反之，没有这种教育资源，就不成其"教育科学，而或是心理学、社会学、统计学，或诸如此类的东西"。[③]表明教育学最终也是最有现实性的资源，存在于以教师为主体的"教育者"的职业活动中。换句话说，教育学归根结底是师资文化。

如果不是这样，将导致什么后果呢？

1988年，美国学者库姆斯鉴于20世纪教育中不断出台的诸多改革的教训，深有感触地指出，在美国，多年来，各种各样的人一直在试图改变教育，但"多半都没有获得成功"。他列举以往30年间的尝试，如语音学、教学机器、心理测验、视听装

---

①②③　杜威.教育科学的资源[M]//赵祥麟，王承旭，编译.杜威教育论著选.上海：华东师范大学出版社，1981：280，285.

置、开放学校和开放教室、协同教学、"新数学""新科学"、行为矫正、行为目标、能力分组教学、凭证制度、计算机技术和"回到基础去"等，每一种尝试在其全盛时期都曾受到一些教育者、家长、学校委员会或立法者的热烈拥护，但"尽管我们尽了最大努力，结果仍不尽如意"。①

以往那些尝试为什么令人失望呢？其中，首要的原因在于那些尝试"关注的是物，而不是人"。所谓"物"，指的是装置、机械、方法、学科，以及组织或管理方式，而"教育是一项人的事业"，涉及数以亿计的学生和数以千万计的教师。要在教育中进行真正有效的变革，"只有通过促使人的变化"，尤其是教师的变化，才能完成。

如果说杜威以师资文化资源为现代教育理论发生的依据，那么库姆斯则以师资文化为检查教育理论效应得失的参照。

别国学者中的有识之见，是否得到其国人的认同，不敢轻断，姑且称其为现代教育理论的"别解"。诸如此类见识，至少堪为我国师资文化合理性的旁证。

四、我国师资文化别解

如果说我国师资文化有其合理性，那么近百年来在我国为什么会发生西学东渐的过程呢？由此可知我国师资文化的合理性是相当有限的，其中也存在"不合理"之性。问题何在呢？

---

① 瞿葆奎，主编，施良方，唐晓杰，崔允漷，选编.教育学文集·国际教育展望 [M].北京：人民教育出版社，1993：273.

其实我国师资文化也像我国一般文化一样，植根于我国经世致用的文化传统，即以经世致用为治学的价值追求，原则上否定"无用"之学。问题在于，致用之学以一定情境中实际问题的解决为限度，以人或事物发生的现象为观察的对象，致力于其中发生问题的解决，故有别于以人或事物内在的本质属性和人或事物变化的必然性为研究的对象。

那么难道现代理论不讲究实际运用吗？这固然属于现代教育理论本身正在探讨的问题，不管怎么说，在那里，知识和理论是备用的，我国师资文化为供当事人运用的文化。固然，在我国，如何具体运用师资文化也是有待探讨的问题。相对来说，在我国一般观念中，知识或理论并非备用，而在于当遇到问题时正当而又恰当地运用，即正当而又恰当地解决面对的问题，从中可以积累实践经验。

对我国师资文化的合理性辩来辩去，未必成为国人的共识，故也只能说这是我国师资文化的别解。

说到这里，进一步的问题是，如果在西学东渐过程中把我国师资文化化为现代教育科学，岂不是万事大吉了么？其实未必如此，原因何在呢？

五、教育理论的特点

18世纪与19世纪之交，出现以自然科学为先例建构现代人文学科（或称之为"人文科学"）的尝试，其中教育学首当其冲，称之为"科学的教育学"（或教育科学研究）。问题在于教育学诞生不久，其科学性便受到质疑，并且对教育问题进行科学研究的可能性长期成为学者中争议的话题。

如此争议的焦点何在呢？由于人文学科以"人"（人类文化）为研究对象，而人有一定的主观意识，不同个体的主观意识不尽一致，个体的主观意识又将随着环境的改变而变化，表明人文学科研究的对象缺乏自然科学研究对象那样的稳定性，故以自然科学为建构现代人文学科的先例受到质疑。惟其如此，遂从教育学科学性的质疑中促成对一般人文学科特点的探求。

问题在于不仅人文学科有别于自然科学，其实教育研究也不同于一般人文学科研究，这从中文译为"教育学"的Pädagogik一词的提出可得到启发。

Pädagogik一词，最初出现于17世纪学者培根构想的现代学科（或统称为"科学"）分类的框架中，他把现代形成中的学科分为七个层级。其中第一层级为科学，第七层级为文法、讲演和修辞，而Pädagogik为第七层级的"附二级"。[①]可以理解为"教育学"是传授有必要传授的各学科知识的学科，故"教育学"有别于自然科学和一般人文学科。惟其如此，现代教育学的奠基之作，即赫尔巴特《普通教育学》，以实践哲学和心理学为其理论基础，颇有见识。

现代教育学属于专业性质的学科，原本在于参照现代通行的学术规范治教育之学。从建构教育学开始，人们就期待建构独立的教育学科领域，而不致使教育成为被其他学科占领的领

---

① 陈桂生.历史的"教育学现象"透视——近代教育学史探索［M］.北京：人民教育出版社，1997：9.

地。由于教育并非社会生活中孤立的现象，其发生与变化有复杂的原因，故教育发生与演变的缘由有赖于借助相关学科知识加以解释。如就教育论教育，或为狭隘的职业偏见使然。惟借助于相关学科知识解释教育发生及其演变的缘由，同使教育沦为别的学科占据的领地，即别的学科用教育说其本学科的事，不是一回事。现代教育学诞生之初，赫尔巴特早就发出这种警告。人们却又难免视而不见，听而不闻，这也算是如今教育学的一种生态。

中国教育现代化问题

我国在从古代社会向现代社会逐步过渡时期，从逐步认知传统教育与现代教育的区别，促成对传统教育的反思和对教育现代化的探求。这种探求虽得益于西学东渐的过程，但在或多或少明了西学是怎么一回事后，又逐渐形成对引进的教育及其理论的反思和对我国教育文化某种特色及其合理性的认同。

一、传统教育文化向现代教育文化转化 过程中存在问题的症结

在我国教育现代化过程中，在文化上存在诸多难题，问题的症结何在呢？还得从明了这两种文化的区别入手。

（一）现代教育文化同我国传统教育文化的区别

在现代社会-文化中，早就形成科学传统，还经历过"理性王国"时代，长期致力于教育事理、教学法则的探求，旨在指导教师理性地工作，故似乎无需在教育学之外，另立师资问题一说。师资问题至多算是教育学中的一个组成部分，何况另有

教育行政学或教育管理学涉及教师规范管理问题。

由于严格意义的科学同教育的具体实践之间存在逻辑鸿沟，经历长期探求，才发生教育科学理论与教育实践理论分途；进而又意识到即使是教育实践理论，同教育具体实践之间，仍然存在距离。至于教育行政学或教育管理学中虽包含以师资为管理对象的内容，但这种学问本身究竟体现什么师资文化，依然隐含着问题。故直到20世纪下半期，有识之士才从多年的教训中，意识到"以事（教育事理、教学法则知识）为重"与"以人（教师本体）为重"的区别。

不过，这一步的跨越，并非易事。因为西方近代以来，素有自由主义传统，原则上尊重个人价值，尊重教学自主权利，把教师行为规范约束在不可缺少的范围之内，对教师个人的信仰与价值追求，原则上不予干涉，似乎"以人为重"，也就难以发生"以人为轻"（忽视在职教师本身的价值取向）的反省。只是从广大教师对教育改革的旁观或抵制中得到教训，才引起对隐含着普普通通教师职业行为中价值追求状况的关注。不过，在科学优势与自由主义氛围中，这种问题到底如何解决，尚有待研究。

（二）我国学者认知西学与中学的区别

早在20世纪之初，中国学者就察觉中西文化之间存在"重道"与"重知"（辜鸿铭）、"重人"与"重物"（梁漱溟）的不同。这是从深层次揭示中西文化的区别。对于西学来说，可算是旁观者清。随着西学东渐的展开，我国后起的学人中，或因对西学过于崇拜，或对本土文化一知半解，以致审视中学单以西学为据，从而对中学本身陷入当局者迷。

其实，"道""知""人""物"之类词语，多为一词多义。"知"有"知人"之知与"知事"之知的区别，知人知事中，又有经验科学之知与形而上学之知的不同。如指中国传统文化疏于运用经验科学考察客观事物则可，而指其一味轻知，则与事实不符；"道"有"大一统"信仰与自由主义信仰的不同，在西方近代以来的社会-文化中，崇尚自由主义，尊重个人人格与信仰自由，故指其"重知轻道"，难以令人心服；如指那里重知识高标准，忽视人（在职教师）本身的职业动机与价值追求，亦不为过。

所以缺乏名实之辩和历史的具体分析，才导致两类师资文化若明若暗。不过，这里有关中西师资文化比较的尝试，旨在从这种比较中，还中国师资文化的本来面目。至于其中所谓西方文化，只是相对中国文化而言。其实，在西方文化中，还存在德语文化、俄语文化、法语文化、英语文化之类亚文化，其中的"科学"概念与价值追求也不尽相同。限于水平，也就不再细说。

（三）师资文化转化的内在缘由

师资文化的演变表明：由于教师以授业为主要职责，故从古代泛泛的师资文化到近代以授业之理与授业之法为主的师资文化，乃势所必至；然而授业毕竟是教师的职业行为，授业之理与授业之法主要靠教师的运用，故以师资本体为主题的文化的兴起不仅为大势所趋，而且是人心所向。

师资文化的如此演变，归根到底是教育本身内在的逻辑使然。

为什么说师资文化演变是教育本身内在的逻辑使然呢？

简单地说，在社会现代化过程中发生教育普及问题，于是把培养与训练师资提到日程上来，教学法与教育学应运而生。教学法起初是按照现代教育价值观念，从授业（通称教学）经验中归纳出授业的原则与规则，原先称之为教学艺术；进而尝试按照自然科学的先例（即科学规范）揭示教育一般原理（或称之为"规律"），18世纪与19世纪之交的赫尔巴特《普通教育学》为其代表作。以致直到如今仍把教育学归入所谓"教育科学"，把教育研究泛称"教育科学研究"。

然而在教育学历史上，早在19世纪20年代，就间或发生对教育学"科学性"的争议。到19世纪下半期，又由此引申出对建构"教育科学"可能性的根本怀疑。这是由于科学旨在探求客观真理，即从普遍事实的因果关系中发现客观规律，而教育则是按照一定的价值标准传承已经发现的客观规律及价值文化的过程，并使受教育者在理性基础上形成独立的人格。

那么能否在教育科学研究过程中发现"教育活动的规律"呢？质疑的理由在于：每一个具体的教育活动，无不是在一定的教育体制下、在一定的教师与一定的学生之间传承一定文化的过程，旨在使学生形成应有的教养。其中体制、教师、学生以及文化的内容与传承的方式都是变量。每一要件的不同都可能对其他要件发生影响。所以每一项具体的教与学的过程都是

"一次性"的，即不具有科学实验的"可重复性"。因此，各次教育活动实效的可比性相当有限，也就很难从这种比较中发现一般性的规律。

（四）我国今古师资文化的异同

自19世纪与20世纪之交以来，我国的师资文化在西学东渐过程中似乎与现代师资文化逐渐趋同，以致现今师资文化同我国传统的师资文化大相径庭。问题在于中国古今师资文化异中是否存同，"同"在哪里？中西师资文化同中是否存异，"异"在何处？

这是一个有待分辨的问题。这里从我国现今师资文化中略举数例。

1. 尽管世界各国都不乏对教师的尊重，但或许唯有我国的尊师之道源远流长。我国早在先秦典籍中就有把"师"与"天""地""君""亲"并提的先例（见《礼记·檀弓上》《礼记·礼运》《大戴礼·三本》），表示不忘本之意。直到民国时期，在若干地区，坊间仍在正堂屋神龛上供奉"天地君（或国）亲师"牌位。尽管其中所谓"师"，在早期儒家著作中别有以"君"为师或"国师"（君之师）之类强解，而一般授业之师也总算沾光。

按照现代常理常规，各种职业在法律上一律处于平等地位，对不同职业从业人员的人格都该尊重，那是一种礼貌上的尊重；而在我国，尊师不仅出于礼节，且不说作为治国之道，至少含不忘本之意，故把学生尊师列入学校中的纪律。因此，像我国这样的尊师传统在国际上较为罕见。

2. 尽管世界各国都讲求师德，但一般师德为戒律。其要义在于：防止教师的授业行为违背教师必须遵守的伦理底线，同时尊重教师思想自由，原则上不干预教师的信仰与价值选择。在我国所谓师德规范中，涉及教师价值追求的"师道"成分一向重于戒律。其要义在于：通过弘扬教师"美德"，影响教师授业行为。因此，我国教师的责任与负担比较重。尤其是其中的敬业者，往往不怕麻烦和劳累，甚至不计个人得失，甘心在自己的岗位上为国家效力，几乎蔚然成风。

3. 尽管世界各国或多或少都存在教师维权组织与教师职业组织，而在我国，教师组织程度之高，在国际上亦属罕见。我国除教师工会、教学研究机构及共产党和青年团在学校中的基层组织外，在学校中还存在教研组、年级组之类的专门组织。

所谓"教研组"（"教学研究组"简称），虽然是在20世纪50年代初期从苏联引进而来，但在实际上早就同苏联式的教研组渐行渐远。因为苏联式的教研组重在教学法的运用，而在我国的教研组活动中，教学法运用的成分越来越稀薄，而教师授业行为管理的成分越来越多。后来苏联教研组更名"教学法小组"，以致我国教研组同它不再名同实异，就连名称也不同了。

4. 尽管世界各国或多或少都开展教师职业培养和在职培训，而在我国，不仅有所谓教师职前职后教育，而且还经常有针对教师实际情况的"教师工作"。

因为我国早在革命根据地时期，就明确"政治思想教育"与"政治思想工作"的区别，即意识到无论对干部还是群众，单靠教育成效有限，还须针对对象的实际想法与实际情况去做他们的"工作"，包括沟通思想和帮助他们解决实际困难。我国教师组织程度较高，既把教师置于舆论监督的环境中，又便于对教师进行切实的"工作"。

上述情况表明，在我国不仅造就了师资"精神文化"的传统，还形成了不以单个人意志为转移的师资"制度文化"。至于古今师资文化与中西师资文化，其中各自的短长、得失都有待深入探讨，不是简单地非此即彼所能解决问题的。

二、我国师资文化在变化中

（一）现代师资观念要义

我国古代师资文化不重在教师授业职能活动研究，而一向以教师"为师之道"、学子"求师之道"及治国"尊师之道"为话题，偏重于对教师道德人格、社会地位的关注。我国在"事"与"人"方面都不是非此即彼，而在"术"与"道"的区别中或权重不同，在实践中的影响也很大。历史形成的中国师资文化如此特色，归根到底是中国古代精神文明与现代精神文明之别，更是不同历史的产物。

在现代，随着基础教育的普及，逐步提高质量的需求日益迫切，教育本身的逻辑促使传统教育文化发生变化。加之国际交往与文化交流的机会增多，除了中国在西学东渐过程中发生的变化以外，时至20世纪，现代师资文化的潮流也逐渐发生微妙的变化，从中提出一系列新课题：

1. 谋求改变单凭文化-学科知识入职的状况，逐步使教师行业成为有别于同类其他职业的"专门职业"。

2. 不再满足于以教师职业为"谋生手段",逐步谋求教师职业与同类其他职业待遇、社会地位平等的权利。

3. 突破单以教育主管当局规定课程或主要由学科专家设计课程的常规,开始发掘教师参与课程革新的潜力。

4. 突破教师作为学校中的被管理者的陈规,开始尊重教师适当参与学校行政管理的权利。

5. 课程改革从"教程"向"学程"转化的趋势,促进教师授业职能的转变。

6. 教师行业从"专门职业"到成为"专业性职业"(通称"教师专业化")问题的提出。

7. 从"防教师"性质的师德到兼顾师道的教师职业伦理,注重对教师价值追求的尊重与激励。

8. 从把教师作为教育研究的对象,到提倡教师成为教育行动研究的主体。

诸如此类迹象,显示出对狭义师资文化的关注。尽管有些动态人所共知,有些变化比较微妙,但毕竟反映出师资文化视野从对教师职能活动的关注转向对这种职能活动主体的关注。

怎样看待这种现象?说到狭义的师资文化,尽管中国早就得风气之先,若把如此变化视为"东学西渐"的迹象,就未免过于天真了。因为在中国曾经发生的"西学东渐"过程,原是为求迅速改变落后面貌不得已而为之,而如今,发达国家中的习惯势力还未放下以其价值倾向臧否发展中国家文明的架势。

（二）我国现代师资文化的显著特征

自1949年以来，我国学校中的教师组织程度之高世所罕见，这也成为我国师资文化中的特殊现象。若把此种现象放在中西方师资文化比较的视域中观察，便成为有争议的话题。由于争议各方价值判断的标准不尽一致，因此涉及这种现象的评价莫衷一是。为了分辨我国教师组织的性质，不妨从一般社会组织的属性谈起。

何谓"社会组织"？《辞海》（2020年版）把社会组织的要素概括为：有一定人数的固定成员；有某种认同的目标；有一个规范性的组织章程；有一个具有权威性的分层领导体系；有一定的物质设备作为组织的场所和工具。其实，这只能算是一般正式组织的特征。而"社会组织"的独特性在于，它属于自愿集合的、非政府的民间团体，无论是否有政党背景与政治倾向，对组织内的成员都有纪律约束，对组织外的人员均无行政权力的强制。社会组织的社会价值取决于其成员参与组织活动的自愿程度，以及成员之间社会交往与相互沟通的程度，因为这同该组织既定目标的实现密切相关。

我国学校中教师组织的现状如何呢？

学校中的教育与教养-教学活动都是有组织地进行的。学校虽是教师的集合体，但不同时代、不同社会-文化中教师的组织程度往往相差甚大。在我国学校中，既存在一般社会组织的基层组织，如工会、妇女联合会、青年联合会的基层组织以及教育学会的基层组织，又存在共产党、共青团及民主党派的基层组织，它们往往在学校中有举足轻重的作用，这也是我国学校组织的特殊性所在。我国学校中更存在别国学校较为罕见的教师职能组织，即依照学科划分的教研组与按照年级或年级段划分的年级组；这两类教师组织可能与别的国家存在的组织同名，但重要的不是名称而是职能。可见，以教师组织文化为特点的师资文化成为我国现代师资文化的显著特征。

III

中国师资文化的现实问题

涉及中国师资文化的现实问题，不能不从何谓"教育"入手。其实通常所谓"教育"，实际上是一个指称广义教育的复合用语。因为广义教育涵盖几种性质不同的基本成分。其中"教育"（狭义）在性质上有别于"教养"，"教养"指称的是在教-学活动中使学生应当掌握的基础性质的文化知识与技能转化为学生自己的文化知识与技能，从而成为具有现代有文化教养的人。狭义教育、教养的性质又不同于教-学活动。

其实如此区分早就存在。如我国教育历史上早就存在人师与经师的区分，以现代眼光看来，经师与人师的区分就是以狭义教育为基本职能的教师与以教养为基本职能的教师之分；同时，单音字"教"一字两音，一词两义，就表示教-学活动同教育-教养性质的区别。只是由于我国文化传统中习惯于从研究对象"总体"上把握研究对象，随之把"教养"和称为"教学"的教-学活动也分别称为"教育"。直到现代，由于实际上存在"中国教育文化"同外界 education 或 Pädagogik 文化的区别及分析思维的运用，才逐渐明确广义教育中存在不同性质的成分。话虽如此，事实上在我国教育研究中，往往习惯于运用广义教育观念，以致成为架空教育的研究而又浑然不觉。

明乎此，可知这里提到的"教师的基本职能""师生关系"以及"教师职业修养"，都存在教育（狭义）与教养性质的区别。更大的问题在于，实现教育价值的教-学活动与实现教养价值的活动以及未必有正当价值的教-学活动区别甚大。由于严格说来，正规的教-学活动在文字产生后才逐渐形成，在现代，更同现代教养价值的实现密切相关，惟其如此，关于在教-学活动中如何实现教育价值问题的认识，至今仍若明若暗。

话虽如此，广义教育中各种基本成分虽有性质的区别，但彼此间不是孤立的现象，它们之间可能存在一定的联系。如在教育理论中，早有"在教养基础上'教育'一说"。是不是"在教养基础上"的教育，毕竟存在不可忽视的区别。不过，教养毕竟不等于教育，通常对于"道德说教"成效的质疑，便出于此理。

教师的基本职能

在教–学活动中，教师处于主导的地位是教师职业使然。处于主导地位的教师能否发挥所谓"主导作用"，取决于教师能否在教–学活动中有效地行使其基本职能，实现应有的教育价值。至于教师有何基本职能，实现什么教育价值，同对"教育"的见识有关。

通常把教师称为学生的"教育者"，或称"教书匠"。按照现代的教育见识，其实"教育"是一个广义的概念。其中涵盖"教育"（狭义）和"教养"两种性质有别的基本成分，教育、教养和称为"教学"的教–学活动的性质不尽相同。某种教–学活动可能具有教育价值或教养价值，也可能并不具有正当的或有用的价值，实际上是一种中性的活动。由此可见，教师具有通过教–学活动实现教育价值与教养价值的双重基本职能。

狭义"教育"要义

如今，我国教育事业已经得到长足发展。随着教育规模与学校规模的扩大，"教育"概念的外延不断扩大，舆论中越来越关注"教育"概念的内涵，即根植于人们心目中的"教育"。这意味着呼唤名副其实的"教育"回归。问题在于："教育"的要义何在？

一

何谓教育？

"教育"一词有广义与狭义之分。学校教育也算是广义的教育，其中包括教学与教育。狭义的教育有别于教学，主要是指对个人成长过程中价值倾向的影响。在现代，学校教育旨在引导学生实现个体社会化。个体社会化的核心，依然是正当的价值观念（其中包括人生价值倾向）的形成。班主任的职责正与此相关。

关于教育影响的发生，历史上有两种学说：一是内发说，一是外铄说。它们代表两种基本的教育价值观念和两种教育影响方式。

内发说把"教育"解为"引出",即把学生内在的价值观念,或已经形成的价值倾向,引向正当的方向。这是西方"教育"概念的经典定义。引出的方式为指导、辅导。

外铄说把"教"解为"上所施,下所效也"。它实际上是基于儒家仁政、德治的主张对"教化"一词的界说。这看起来简单,其实是以"下所效"规定"上所施"。不足以为"下所效"的实施,起不到教化作用,故"上所施"应为善举,即德治。教化的方式,主要为"示范","以善先人者谓之教。"(《荀子·修身》)此之谓也。

我国自古以来就以所谓"以不教为教"为教育的最高境界。从表面上看来,"教"与"不教"似乎互相矛盾,其实,"不教"并非无所作为,实指以引导或示范的方式影响学生。

内发说与外铄说代表两种不同的教育价值选择。它们的立足点不同。前者立足于学生的"学",教师从旁加以引导;后者立足于教师的"教",学生跟着教师去学,即"学之为言效也"(朱熹:《四书集注》)。事实上在不同时代、不同国家,都可能同时存在这两种教育价值倾向的影响。因为学生的工作仍得由教师去做,工作的成效,即学生价值倾向的变化,却同学生自身的意愿与努力分不开。

困难在于"引"而不见得"出","导"而不一定"到","模"而未必"仿"。因为学生的价值选择毕竟是他们自己的事情。问题还在于学生不仅受到教师的引导,还可能受到他们所接触到的各色人等的引导。他们可能效法良好的榜样,也不是不可能模仿糟糕的角色。至于这个或那个学生究竟作何种价值选择，其实，未成年人早在成为学生之前，其个性心理特征、个性心理倾向就已现端倪。他们自然成熟的过程，可能正常，也可能受到外在的干扰。不谈别的，如今不少家长，或对孩子期望过高，或出于无奈，以致劳心劳力，不惜血本，使劲打造的，往往正是干扰孩子自然成熟过程的名堂。更不用说，在未成年人的早期，萌芽中的社会意识与道德意识、生活习惯，早就打上了环境影响的印记。诸如此类早期经验，包括有益的经验，尤其是痛苦的体验，都可能对个人一生发生难以磨灭的影响。所以，学生在校期间的价值倾向，其实是其早期经验与学生生活现实体验的综合反映。好在未成年人尚有可塑性，学校教育之所以必要，正在于把学生引入正道，促成他们顺利地实现个体社会化。教育的困难也在于此。

二

在一般情况下，且不说一般教师引导的功夫未必到家，即使是善于引导的教师，如上所述，学生也不见得都"被引导"。教师果以身作则，或引导学生向先进分子、优秀学生学习，固然可取，而学生即使感动，也不一定见诸行动。于是，学校不得不实行规范管理，以便把学生纳入正轨。不过，带有一定强制性的管理即使难以避免，终究称不上名副其实的教育。说不定还可能导致某些学生"抗教育性"增强。可见教育之难。

这还只是就一般情况而言。至于在如今这种市场经济日趋活跃的时代，随着价值多元化势头的显现，学生的自主意识与权利意识开始觉醒，这使得学校教育面临诸多新的难题。不谈别的，单说我国教育部于2009年发布《中小学班主任工作规定》之际，基础教育一司负责人在答记者问中就提到：在我们强调尊重学生、维护学生权利的今天，一些地方和学校也出现了教师，特别是班主任"不敢管学生、不敢批评教育学生、放任学生"的现象。如此估计，至少表明：在如今这个时代，以"非教育"的方式对待学生，越来越难以奏效。同时，不得不问一问：尊重学生，竟然尊重到"不敢批评学生"的程度，维护学生权利，居然维护到教师被迫"放任学生"的地步，到底算是怎么一回事！与其以一纸部门规章，重申教师的"批评权"，何不好生想一想：在如今同教育相关人士的心目中，"尊重学生"和"学生权利"究竟是怎么一回事？

在近代历史上，随着市场经济的兴起，特别是经过18世纪启蒙运动，尊重学生个性、个人自由、人格尊严，进而在法律上确立这些基本人权，逐步成为时代潮流，也算是教育中"人"的发现。问题是：学生的这些基本权利的实际含义是什么？其中所谓"个人"，相对于群体、社会组织、集体以至国家，自然是指个体的人。不过，法律意义的"个人"，是一个复数概念，指的是每一个人，任何一个人，而非专指什么张老大、李老板、赵太爷。所以不仅社会组织、国家要尊重个人的合法权利，每一个人的自由也以不侵犯他人的人格尊严与合法权利为前提。因为在合法权利面前人人平等。每个人不管富裕程度如何，社会地位高低，都无侵犯他人权利的特权，只有维护行动自由与合法利益的权利。所以，恰当理解的"个人主义""自由主义"同我国如今甚嚣尘上的"以自我为中心"的时髦论调不是一回事。

"以自我为中心"同"自我意识"也不是一回事。每个人在成长过程中，是否意识到"自我"以及自我同他人的关系，是否反思，是否形成自我完善的价值追求，是一回事；"以自我为中心"，则往往表现为孤芳自赏、唯我独尊、自说自话、我行我素，置他人于不顾，把自己从人群中孤立起来。如恣意侵犯公共利益或他人的合法利益，便成为任何时代都鄙视的自私自利。

"以自我为中心"的人，并非都是自私自利之徒。其中不乏出于善意助人为乐的人。只是如"以自我为中心"，把自己的意志强加于人，而不顾别人的感受，其帮助也可能成为对别人的伤害；同理，在交往中，不顾人际关系中通行的行为准则或正当的习俗，遇到事情不讲是非，只以个人的感受为转移，且强求别人尊重自己的感受，其实是人格的缺陷。

由此可见，如果不明"个性""个人自由""个人权利"以及"自我意识"是怎么一回事，而任凭不负责任的写手与媒体以"自我中心"之类论调偷换这些严肃的概念，学校内外焉得不乱？

三

社会尊重学生人格尊严与合法权利是一回事，这个或那个学生是否尊重自己的人格尊严与合法权利，是否尊重公共利益及他人的利益，则是另外一回事。那么，一个人如何做到即使在缺乏监督的情况下，也能尊重公共利益与他人利益呢？唯有在理性基础上才能自重、自律。只是不知我们对学生理性判断力的培养，做过什么工作？再说，如今此起彼落、此落彼起的教师培训、校长培训堪称发达，不知其中是否包括有关如此这般的培训。即使缺失此种培训，倒也罢了，怕的倒是恭请专门张扬"以自我为中心""以个人感受为中心"或套用"我的××我做主"公式的人大驾光临，慷慨陈词。因为我们不少学校已经达到"教师不敢管学生、不敢批评教育学生、放任学生"的地步了。那些非理性的论调恰恰是理性的销蚀剂。不过，这不过是我国在市场经济蓬勃发展状态下，教育迅速发展中的一个小小的插曲。如此状态的出现，或由于在我国近代化进程中，轻易地跳过了一个崇尚理性的启蒙运动时代。

在欧洲18世纪法国启蒙运动中，近代启蒙思想先驱曾经试图把现存的一切放在"理性法庭"上重新加以检验与裁决。不仅对束缚以至扼杀人性的权威观点加以挑战，而且把文艺复兴以来人的尊严、个性解放之类呼声，建立在理性思考的基础上，重新加以论证，进而提出"天赋（自然）人权"学说，要求在法律上人人平等。按照涂尔干（Emile Durkheim）的说法，理性主义实际上"是个人主义的知识层面"。①

对诸如"人性""个性""人的尊严""个人自由"以及"基本人权平等"之类问题，是否加以理性的审视，能否作出合理的解说，不仅同个人切身利益与自然需求相关，而且事关公共

---

① 涂尔干.道德教育［M］.陈光全，沈杰，朱谐汉，译.上海：上海人民出版社，2001：15.

利益与社会秩序。自然，这种普遍性的启蒙教育，并非一个标志性的"启蒙运动"或"理性时代"所能完成。事实上，它需经历一个漫长的过程。

在我国，随着价值多元化势头的出现，理所当然地重新关注人的尊严、个性、自由和基本人权。为此，有待我们的基础教育，至少使学生对诸如此类价值究竟是怎么一回事，有所了解。这才是现今教育价值的精义所在。问题在于，即使是我们的教师，关于诸如此类价值，恐怕只知道这个专家这么说，那个专家那么讲，对这些价值本身却未必了解，以致在"以自我为中心""以个人感受为借口"的学生面前，束手无策，岂不知学生的这种意识本身正是某种"教育"的产物。

说到这里，言犹未尽。只是再说下去，头绪将更为纷繁，姑且作罢。

前面谈到：我国教育历史上关于教育（影响）如何发生，早就存在内发说和外铄说的争议。教育有广义与狭义的区别，教-学为广义教育中的一义，故认为内发说指称狭义教育，外铄说适用于广义教育中的教-学。有道是"大学之道，在明明德（得）"，现在看来，我当时对教育的了解，若明若暗，即有得有失，失在何处呢？

直到2018年，我才意识到，我国自西学东渐开始，就把英语education（原义为"引出"）译为"教育"，而多年来，未必明晰education（引出）究竟何所指。"引出"观念为何发生，同我国所谓"教育"的区别何在？

这里无意议论别的社会中以"引出"为要义的 education 产

生的缘由。我国内发说与外铄说的争议，产生于"人之初性本善"与"人之初性本恶"价值判断的分歧。

（1）信"人之初性本善"，把"引出"当作"教育"的同义语，才论定引出为教育的精义所在。好在当时尚明教育有广义与狭义之分，故把"外铄"即输入作为广义教育中教-学题中应有之义。不过，此见未必恰当。

（2）其实这个话题还同另一个基本概念——德语 Bildung 相关。Bildung 何义？何以发生的呢？现代教育理论源于欧洲以"有教养等级"为对象的正规教育。而在我国并无同 Bildung 对应的语词，故把这个词译为"教养"或"培养"。其实，我国"教养"一词，除指文化与学问外，还含有良好的教育之义，而有别于"教育"。加之进入20世纪以后，随着平民意识或民主意识的兴起，"有教养的等级"不再是通用的褒义词，故在我国，"教养"不成其为教育的专业用语，而谁也不否认教养的意义与价值、教养同狭义教育的区别。其实，输入是教养题中应有之义。

（3）如果说教育有待引出，教养有待输入，然而事实上引而不出，输而不入是相当普遍存在的客观情况。何况教育若无输入，难以引出，教养若不引出，输入也难成效。故不宜在教育与教养之间存在内发与外铄的区别。事实上在教-学活动中存在教什么、学什么和如何教、如何学的问题。

由此可知，在教育学苦旅中虽混迹多年，但直到2020年《教育学究竟是怎么一回事——教育学辨析》一书问世，才成为自己教育学破蒙的开始。

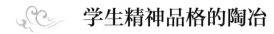 # 学生精神品格的陶冶

《中国教育报》2002年2月24日以整版篇幅发表"北京市中小学德育实效性研究"课题的报道。编者为此项课题研究所加的通栏标题为"让我们了解一个真实的德育"。从中不仅可以了解我国中小学"普遍进行的德育内容"竟有12项之多，还知道其中有一项"三观教育"，即世界观、人生观、价值观教育。不过，据调查结果（对这12项德育内容排序），"三观教育"排在末位。由于此项调查要求按照这12项德育内容实际实施的情况排序，即单就实际实施的多少而论，不免对此项调查结果的可靠性存疑。因为世界观、人生观、价值观可算是思想品德课、思想政治课的核心内容，故"三观教育"其实是比其他11项德育内容更正规的"德育"。哪所学校敢不按课程计划开设思想品德课或思想政治课呢？可见，并不是没有实施这种教育，而是作为调查对象的众多学生、教师和学校行政人员，不了解所谓"三观教育"是怎么一回事。这也难怪。《小学德育纲要》《中学德育大纲》所列德育内容也有10项、8项之多，其中并无"三观教育"。

引导学生逐步树立正确的世界观、人生观和价值观，原是

高等学校从20世纪80年代中期开始提出的目标。不过，中共中央于1994年8月发布的适用于各级各类学校的《关于进一步加强和改进学校德育工作的意见》中，曾提到"引导学生逐步树立正确的世界观、人生观、价值观"的要求；而后，在1995年2月发布的《中学德育大纲》中的提法是，"中学德育工作的基本任务，是把全体学生培养成为热爱社会主义祖国的具有社会公德、文明行为习惯的遵纪守法的公民。在这个基础上，引导他们逐步树立科学的人生观、世界观……"只是如何在"热爱社会主义祖国……"的"基础上"，引导学生逐步树立科学的世界观、人生观、价值观，至今仍少有研究。

关于所谓"三观教育"，我们且从"价值观教育"问题谈起。

一

"价值"指的是从主体的需要和客体能否满足及如何满足主体需要的角度，审视和评价作为客体的人或事物的意义。由于不同的个人有不同需要，即使是同一个人在不同状态下的需要也不尽相同，故同一客体（别人或事物）对不同人的意义和价值，往往各不相同或不尽相同，甚至截然相反。这是由于个人的行为或多或少同满足个人需要的动机相关，遂对客体有所选择，对客体满足主体需要的方式也有所选择，称为"价值选择"。从价值选择中反映出个人的价值取向或追求。所以，价值选择是每个人在日常生活、学习和工作中随时都可能涉及的问题。不过，事实上人们并不是对每个选择都得仔细斟酌一番。

这是由于人们还可以依个性、习惯和以往的经验决定取舍，或按陈规行事，而这些大抵是个人以往价值选择的结果。如果面对多种对象（客体），或可用几种不同的方式满足自己的需要，那就需要作出价值选择。

由于每个人的个性、习惯和需要不尽相同，对于某种对象的价值倾向性和经常表现出来的行为方式就有区别。每个人带有稳定性的价值倾向，也可以说是其价值观的表现。一般讲，在宽容的环境中，每个人的价值选择如果不妨碍别人或集体的价值选择，应当受到尊重，别人或集体没有理由干涉他的行动自由。至于未成年的学生，其价值观尚未定型。他们的行为往往带有随意性，或为情绪左右，或出于好奇心理，或出于从众心理，价值选择往往多变，故对他们某种在成年人看来不适当的行为不必较真。然而，由于成年人的需要同未成年人的需要往往差别甚大，以致家长和教师对学生的行动选择不易理解，儿童、少年对家长、教师干涉他们的行动也难以接受，甚至反感，以致学生的价值选择常常成为触发代沟的媒介，也就值得家长和教师关注。

学生的行动选择，如果经常受到别人干涉，而他又习惯于被动接受别人为他作出的选择，轻易放弃自己的选择，年深日久，便可能缺乏独立个性，遇事没有主见，甚至不想自己动脑筋作出选择，养成从众心理和依赖别人的习惯。这不但违背个人需要，也不合乎文明时代需要的人格。所以在家庭与学校中，原则上应尊重学生的个性，尊重他们的价值选择。这样，即可大大缩小代沟，减少成年人与未成年人之间的冲突。这其实也是成年人应有的为人之道。

二

如上所说，儿童、少年的价值观在形成之中，在其价值观定型之前，他们的价值取向是不稳定的。不过，正是在他们经常表现的价值倾向中，他们的价值观或许已经悄然形成。个人价值取向的稳定，实由于它得到人生观的支撑。

人生观是指关于人生目的、态度、追求以及理想的根本观点，反映个人对人生价值的理解与追求。不过，自发形成的人生观较为模糊，不够稳定，而自觉形成的人生观才比较明确、系统与稳定。自觉形成的人生观之所以比较明确、系统与稳定，又由于它或多或少受到世界观的支配。

这倒不是说，每个人都像哲学家、思想家以及其他各种出类拔萃的人物一样，有自觉的人生观与世界观，每个平常人较为稳定的人生态度、价值倾向，是可以按照世界观、人生观、价值观的类型区分的。

在文明时代，一方面是对个人权利的尊重，其中包括对个人价值观、人生观与世界观的尊重，如尊重宗教信仰自由等；另一方面，不同的世界观、人生观、价值观又有价值等级之分。价值等级可依不同标准作出划分。在西方国家有一种较为流行的划分，是以功利为低级价值，以圣洁（宗教）为最高价值，介乎二者之间的，是科学的（真）、艺术的（美）、道德的（善）价值。于是，人的认识就有真伪之分，人的行为就有正误、善恶之分，人自身及其作品就有美丑之分。惟其如此，个人的世界观、人生观、价值观一旦在其精神风貌、为人处世的态度、行为及作品中表现出来，就不免成为科学评价、道德评价、审美评价、功利评价的对象。除此以外，还得接受从习俗、法律、政治等角度的评价。从各种评价中，区分出人的成就与过错，区分出人品，区分出有用之才与无用之辈、高尚的人与卑劣的人、守法者与违法者等，以及各种中间层次的芸芸众生。这样，家长、学校与社会对学生现有行为的价值等级和他们是否有提升价值等级的追求，就不能不予以关注。

话虽如此，在教育文献和谨严的教育辞典、教育辞书中，并无"三观教育"一说。至于我国新出的教育辞典、教育辞书中有无这个辞目、条目，没有去查。不立此说的原因在于我们不是还有旨在求真的智育吗？还有旨在求善的道德教育和旨在求美的美育吗？固然，我国通常所谓"美育"，或作为"艺术教育"的同义语，或作为"德育的有效途径"，同其"审美教育"的本义已经若即若离，就连"道德教育"也成为同"三观教育"并立的教育，而在"三观教育"与"道德教育"之外，还另立"理想教育"，这就难怪人们对"三观教育"难以理解了。

更重要的是，整个基础教育课程的设计，既反映一定时代对于未成年人成长的一般需要，也出于对学生人生的关注。无论是智育，还是德育、美育和体育，其内涵都寓于各门课程之中，也就可能对学生的世界观、人生观、价值观发生一定影响。

问题在于课程实施的成效如何。加之课程既面向众多学生实施，又不是专为解决学生世界观、人生观、价值观问题而设置，故对学生人生影响也相当有限。同时，由于学生的价值观、人生观、世界观是在自己和别人不知不觉中形成的，一旦形成，又难以改变。所以，在这方面，除了讲求课程实效以外，还须成年人对学生行为的细心观察与个别指导，特别是对不当行为的矫正。

不过，如同高尔基所说，人的价值，决定于他自己。只是每个人从幼年开始，不知不觉地成长起来，往往缺乏自知之明，又难以完全左右自己的行动。这样，还得回转来谈教师对学生行为的指导问题。

关于学生价值观念和行为选择指导的构想和成熟的经验，本人所知不多。不妨一提的是美国拉思斯、哈明和西蒙有关"价值澄清"的构想。其中提供了一种评价与价值选择的程序，帮助学生澄清自己的价值观念。其程序如下：[①]

（一）价值选择	1. 鼓励儿童作出各种选择，并且是自由地作出选择
	2. 当儿童面临各种选择机会时，帮助他们找出和检验各种合适的选择
（二）评价	3. 帮助儿童反省每一种选择的各种特定的后果，审慎地权衡各种选择
	4. 帮助儿童考虑什么是他们所珍视和珍爱的

---

① 拉思斯，哈明，西蒙.价值澄清的教学［M］//瞿葆奎，主编.教育学文集·德育.北京：人民教育出版社，1989：660.

（二）评价	5. 给儿童各种机会以使他们在公开场合肯定他们自己的各种选择
（三）行动	6. 鼓励儿童按照他们的各种选择去行动和表现
	7. 帮助儿童检查重复实施的各种行为或他们的各种生活方式

按照这种"价值澄清"的构想，教师不但不限制学生自由选择，反而鼓励学生自由选择，鼓励他们公开张扬自己的选择，鼓励他们把自己的选择变成行动；同时，帮助学生在价值选择过程中，不断澄清自己的价值取向。如在各种可能的选择中，哪种对自己更适合？每种选择可能导致的后果是什么？自己的价值追求到底是什么？按自己的选择行动的结果如何？

这种构想的要义在于：所关注的，主要不是学生价值选择本身的对错，而在于学生本人，对要对得明白，错也要错得明白。自然，这只是个人努力向上的起点，而这是不可少的起点。

道德教育的重心向学生自主教育指导转化刍议

多年来，关于未成年学生的道德教育，或多或少已见成效。惟从其根本上说，一代又一代未成年人的道德修养取决于他们个体社会化过程中受到的影响和他们本身的意愿。只是学生毕业后个体社会化过程的影响难以预计，其个人正当的价值取向，并不是自发地形成的。由此不能不考虑道德教育的重心逐步向学生自主教育指导转移的可能性。问题在于实现如此转移的关键何在？

一、道德教育重心转移的关键

看来其中的关键在于究竟如何看待学生，即把学生看成是单数概念，还是复数概念。不能不承认，学生进入学校前后，大都或多或少经历过或经历着同龄人之间、同伴之间自发的交往过程，并从中受到性质不同的影响，这就是未成年人的初步个体社会化过程。其中有些影响，甚至成为道德教育的"抗体"。

明乎此，不妨在教师指导下，从建构班级学生集体组织入手，引导学生在自主管理的情况下，合乎约定行为规范地相互关心、相互帮助、相互鼓励与相互监督，以便使其从小学会自觉地实现个体社会化。

自然，如试图实现道德教育重心的转移，最大的困难在于教育价值观念及习惯的转变，即学生从习惯了自觉或被动地接受老师的教育，不习惯同学之间彼此关心、彼此互相帮助和接受同学的管理，更在于教师教育价值观念和工作态度、工作习惯的改变，如放下老师的架子，并相信学生在老师指导下可能有序地实行自主管理，以及对学生"小干部"的恰当指导等。

二、课题设计

以往道德教育以教师对学生的说教为主，以教师对学生行为管理为辅，其中既忽视学生社会生活的基础训练，又以"他律"取代学生"自律"的培养，以致对学生的社会教育失之空泛。本课题从建构班级学生集体入手，使班级成为学生"微型的社会"，通过"班级小主人行动"引导学生在简单的合作行动中，有组织地相互学习、相互监督，从中逐步获得初步社会生活的体验。

从道德教育到学生自主道德学习指导的进程为：从教师指导下建立较为名副其实的班级学生集体入手；在学生集体初步形成后，主要依靠学生集体按照他们自主建立的简单行为规范，有序地开展"班级小主人行动"，主要是相互学习、相互帮助和相互监督；而教师在尊重学生自主权利名义下逐步"退居幕后"，关注学生集体是否"正常而又恰当"地运作。

三、班级学生集体的建构

动员。老师向学生诚恳地表示，老师相信诸位同学都要求进步，更相信你们如果组织起来，可以自立地处理你们中发生的事情。你们可以共同决定开展生机蓬勃的活动。只要你们的活动不违背学校的行为规范，老师都不加干预，如需老师支持，老师都尽力帮助。为此希望活动以班级小主人身份组织起来，开展"班级小主人行动"。

班级小干部选举，由学生自主选择，老师不加干预。重要的是把工作放在前面，即使选出的干部不称职，也将错就错，看看再说。是否改选仍由学生决定。

班级学生行为规范，由全体学生开会决定。由于学生在制定行为规范时未必考虑是否可行，故老师有必要适当提醒。如学生决定十条八条规矩，老师不妨提问：你们都愿意接受这种约束吗？照你们的规定，你们自己还有多少自由活动的空间？说明共同约定行为规范，不是为了限制个人的自由，而是为了保护多数同学正常生活、正常学习的自由。

每周（或每半月）召开一次班会，由学生主持，老师列席。班会检讨一周工作及同学的表现，布置下周工作，老师不轻易表态，既不批评，也不表扬，如发现出格言行，只表示个人看法，事后适当处理。

班级发生问题，如向老师请教，老师表示交由班级干部处理，或开班会处理，都在背后对干部个别指导。

经过一段时间实践，老师不妨借助某个时机，对班级工作及学生表现适当评论。

四、本课题研究的要义

所谓"道德教育"，实际上是指一定时代现实社会中个体"社会人格"的教育。对于未成年学生来说，更是切身所处"雏形社会"环境中初步的社会生活的训练，非空泛的道德说教所能奏事。

本课题研究从把班级改造为"雏形社会"入手，使学生从所处的"小社会"中，切身体验社会对自己的约束、帮助以及应尽的义务，从中获得初步的社会生活经验。

为使学生获得初步社会生活体验，形成独立的社会人格，客观上需要把教师主导的道德教育，逐步改造为教师主导的基础性质学生社会生活训练。其中的关键在于教师教育价值观念的更新，而教师意识中学生观念的更新更是关键中的关键。教师心目中学生观念的更新，有别于"学生自主权利""以学生为中心"之类的偏颇。

班级学生集体的建构同必要的社会意识形态教育并行不悖。

本课题研究应在获得教育主管当局及实验学校当局理解的条件下方可试行。

"学生集体"的教育价值

关于教育过程，历来存在"以教师为主体"与"以学生为主体"的争议。在我国还有"以教师为主导，以学生为主体"的折中之见。其实，"主体"是与"客体"相对的概念，"主导"是与"从属"相对的概念，没有"客体"，也就无所谓"主体"，而无论是"以学生为客体"，还是"以教师为客体"，都甚不可行。

值得注意的是，苏联教育家马卡连柯，依据多年成功的教育实践经验，发现"学生集体"的教育价值，能够比较合理地解决教育过程中主体与客体的关系问题，并创造性地提出学生集体既是教育客体又是教育主体的见解。

马卡连柯用16年时间，先后创立"高尔基工学团"和"捷尔任斯基公社"两个半工半读的少年集体，并据以建立集体主义取向的教育理论，在国际教育界颇有影响。

马卡连柯的见解与上述三种见解的区别在于，他不是把教育活动作为教师个人或学生个人孤立的活动，也不是把师生关系简单地归结为教师与学生个人之间的关系。依他之见，构成教育过程的能动要素，除了教师和各个学生以外，还有更加不可忽视的能动要素，即学生集体与教师集体。尽管学生集体是由集体中一个个的学生所组成的，而集体则具有有别于各个学生个性的关系属性。这种关系属性，不是各个学生个性的总和，而是学生之间各种错综复杂的具体关系的总和。所以，学生集体本身可能具有教育的力量。不过，学生集体不可能自发地形成，它有赖于教师的培养。从这个意义上可以说，学生集体是教师的教育客体，而教师是学生集体的教育主体。只是单靠教师个人的力量，还不足以建立学生集体。只有依靠教师集体的力量，才能够有效地培养学生集体。所以，这又取决于与学生相关的教师是否形成教师集体。

如果说学生集体是教师集体的教育客体，那么，学生集体一旦形成，它便成为集体中各个学生的教育主体。换句话说，每个学生都成为学生集体的教育客体，而不单纯是教师的教育客体。这叫作在集体中通过集体为了集体教育学生。究其实，是学生的自主管理、自我教育、相互监督。而其前提，则是在学生集体形成以后，教师和教师集体，充分尊重学生自主管理的权利，不越权干预可由学生集体自主处理的事务。

按照这种思路，班主任工作归结起来便是组织班级教师集体和培养班级学生集体；在学生集体形成以后，放手让学生自主管理、自我教育、相互监督。

以往，我国借鉴马卡连柯的经验，在培养学生集体方面，曾有不少建树。而在近二十年间，尽管教育的各个领域都有进展，而学生集体的功能反而日趋弱化。显见得多年来，我们在忙于琐碎的班务、频繁的活动、浮光掠影的"班干部制度改革"和旷日持久的空谈中，忘记了不该忘记的深思熟虑的教育见识与比较成熟的经验。所以,《马卡连柯教育文集》值得一读。

马卡连柯言论摘编

引言:"我的教育经验中的若干结论"

任何的方法都不能够从教师和学生这两方面的概念里得出来,而只能由学校和集体组织的共同概念里得出来。

在这种情况下,想通过向每个教师介绍个别对待学生的方法来解决教育工作中的问题是不可能的,只有介绍整个组织的形式、作风和步调,才能够解决这些问题。

在我们苏维埃教育中所需要的第一个这样的形式就是集体。我们的教育任务就是要培养集体主义者。我们从这里能得出什么样的结论呢? 到现在为止,许多人只作了这样的结论:对学生应当讲集体,要在政治观念和政治思想方面教育学生。但是,只有当你们能够在实践中遵循这些思想和原则的时候,才能正确地领会它们。而为了使我们的政治教育实际上能够立即在我们的学生和教师的生活中体现出来,没有集体是绝对不可能的。如果我们在逻辑体系上一笔勾销了集体的话,那么,我们苏维埃的教育逻辑就将不堪一驳。

那么,我们就要提出一个问题:究竟什么是集体呢?

我们不可随便拿一群个别的人作为集体。集体是活生生的社会有机体,它所以是一个有机体,就因为它那里有机构、有权能、有责任、有各部分之间的相互关系和相互依赖,如果这样的因素一点也没有的话，也就没有集体了，而有的只是随随便便的一个人群罢了。因此，我在自己从事苏维埃教育工作的十六年中，把主要的力量都用在解决集体和集体机构的建立、解决权能的制度和责任的制度等问题上了。

同时，我又得出一个结论。如果没有教育集体的话，是不是可以培养出集体——或者最低限度地培养出一个儿童集体呢？对这一点，我过去和现在一直不能想象。其实，毫无疑义，如果有十五个教师每人都根据自己的能力和意愿来进行教育工作，那是不能够培养出集体来的。因此，也应当有教师集体，这是很明显的。

⋯⋯⋯⋯⋯

原来，教师集体和儿童集体并不是两个集体，而是一个集体，而且是一个教育集体。同时，我认为我们不应该教育个别的人，而要教育整个集体，这是正确的教育的唯一途径。我自己从十七岁起就当教师，我曾长时间地想过：最好先把一个学生管理好、教育好，然后再教育第二个、第三个、第十个，当所有的学生都教育好了的时候，那就会有一个良好的集体了。可是，后来我得到一个结论：有时不应当跟个别学生谈话，而要向大家公开讲话，要采取这样的方式——使每个学生都不得不参加共同的活动。这样一来，我们就教育了集体，团结了集体，加强了集体，以后，集体自身就能成为很大的教育力量了。这一点，我是深信不疑的。[1]

---

[1] 摘编自：吴式颖，等，编.马卡连柯教育文集（上卷）[M].北京：人民教育出版社，2005：106—108.标题为编者所加。

平行教育影响的逻辑

用特殊的方法从集体影响转向个别影响，从组织集体转向组织个人，在我最初几年的教育经验里，对于这一点的理解是错误的。我当时以为第一应当注意对整个集体的影响，其次是对个人的影响，作为对集体发展的一种校正。

在我的教育经验的发展过程中，我获得了深刻的信念：教育方法不是由整个集体直接转向个人，而只是通过为了教育目的而特别组织起来的基层集体的媒介转向个人的，以后的事实也证明确实是这样的。

我以为，未来的教育学理论，应当特别注意基层集体的理论。所谓基层集体，应该作怎样的理解呢？

一个集体的各成员在工作、友谊、生活和思想上固定地结合在一起，这样的集体就可以叫作基层集体。有一个时期，我们的教育学理论曾把这样的集体叫作核心集体。

在我们的学校里，自然也存在这样的集体，这就是班级；它的缺点可能只是在我们学校中没有起基层集体的作用，也就是说它没有能起个人和整个集体间的联结环节的作用，而往往成了最高的集体。在某些学校里，我看到班级成了学校集体，而整个的学校集体，有时候反而看不见了。

…………

什么是基层集体（分队）呢？在我们的实践里——在高尔基工学团和捷尔任斯基公社里——我们采取了这样的一种原则：作为公社中心的我以及所有的公社机构、共产主义青年团委员会、队长会议和全体大会，都尽力设法不和个别人发生关系。这是形式。我很难对大家证明这个逻辑。我把这个逻辑叫作平行教育影响的逻辑。这一点我很难作解释，因为，关于这个问题我从来没有写作过，因此，我没有寻找，也寻找不到合适的措词来表达。

什么是平行教育影响呢？

我们只和分队发生关系，我们和个人不发生关系，这就是正式的说法。实际上，这正是影响个人的一种形式，但表达方式和本质是并行不悖的。我们事实上和个人是发生关系的，但我们要确信我们与个人无关。

怎样才能得到这样的结果呢？我们不愿意使每一个人感觉到自己是教育的对象。我是出于这样的考虑，我以为一个12～15岁的人活在世上，他应当以生活为乐，应当从生活中得到某种快乐，应当具有生活上的某些印象。

这样的儿童，对我们来说是教育的对象，而就儿童自身来说，却是一个活人。如果要使他相信，他不是一个人，而仅仅是未来的人；让他相信，他是教育的现象，而不是生活着的现象。这样做，对我说是不相宜的。我竭力要说明，与其说我是个教师，不如说我是在教他，使他有文化，教他在生产部门工作；我要说明，他是生产过程的参加者，是公民，而我是在他的帮助之下，在他的参与之下领导他的生活的一个长者。我决不愿意让他相信他自己仅仅是个学生，也就是说，仅仅是教育的现象，而不是社会的和个人的现象。然而，事实上，对于我来说，他确实是教育的现象。[1]

[1] 摘编自：吴式颖，等，编.马卡连柯教育文集（下卷）[M].北京：人民教育出版社，2005：417—424.标题为编者所加。

依靠教师集体的力量培养学生集体

无论哪一个教师，都没有权力单独行动，不能作个人冒险，不能要求个人负责。凡是教师没有结合成一个集体的地方，凡是集体没有统一的工作计划，没有一致的步调，没有一致的、准确的对待儿童的方法的地方，那里就不会有任何的教育过程，那里就应该有一个教师的集体。因此，如果有五个能力较弱的教师团结在一个集体里，受着一种思想、一种原则、一种作风的鼓舞，能齐心一致地工作的话，那就要比十个随心所欲地单独工作的优秀教师要好得多。

这里，可能会有各种曲解。你们大概知道有受爱戴的教师这一现象。例如，有人会有这样的想法：我是学校的教师，我想我是受爱戴的教师，而我的所有的同事们，都是不受爱戴的。这样，我不知不觉地就按一定的路线走。学生们爱戴我，我也努力去争取这种爱戴，努力使学生喜欢我。总之，我是受爱戴的，而其他的人都是不受爱戴的。

这是什么样的教育过程呢？一个人已经脱离了集体。这样的人以为学生爱戴他，因此，他就可以随心所欲地来工作。

我尊重自己的助手，我这里有的人在教育工作上简直是天才，但我要说服他们，教他们知道并不需要争取做被爱戴的教师。我个人从来不追求儿童的爱戴，并且我认为教师组织这种爱戴来使个人得到满足是有罪的。也许有些公社社员会敬爱我，但我只认为在我教育的500个人之中，应当培养出公民，应当培养出真正的人，为什么此外还要对我以及对我的工作计划，附加上一时冲动的某种爱戴之感呢？

这种轻率态度，这种对爱戴的追求，这种对爱戴的吹嘘，对教师、对教育都极为有害。我使自己和我的同事们都相信，这种多余的附加物……在我们的生活中是不应该有的……

要使爱戴无形之中产生，不必经过你们的特别努力。但是，如果一个人把爱戴看成目的，那就只能产生害处……如果一个人没有获得学生的爱戴，那么，他无论对学生、对自己，可能都是严格的、公正的。

应该有这样的教师集体：这样的集体有共同的见解，有共同的信念，彼此间相互帮助，互不猜忌嫉妒，不追求学生对个人的爱戴。只有这样的集体，才能够教育儿童。因此，我热烈地欢迎报纸上所登载的这一报道，我们的教育人民委员部现在郑重地提出了关于加强校长和教导主任的影响和权力的问题。这一措施，会促进发展教师工作中的集体性。[1]

---

[1] 摘编自：吴式颖，等，编.马卡连柯教育文集（下卷）[M].北京：人民教育出版社，2005：434—435.标题为编者所加。

修身、道德教育与道德学习
——个人品德修养形态历史性演变的趋势

    我国素有崇尚教育的传统，以至于迄今教育名目繁多，且有越来越多的趋势。不过，时至当代，国际教育潮流演变的大势似乎同我国的趋势正好相反。且不说"学会生活""学会学习""学会关心""学会交往"之类"学"字当头的口号不胫而走，不少习用的"教育"名目也逐渐为"学习"名目所代替，如"终身学习"的提法渐多，"终身教育"的提法日少；以实质上是"学程"的课程取代实质上是"教程"的课程，以"社会学习"取代"社会教育"，亦兼用"道德学习"与"道德教育"等。这倒不是说"终身教育""教程""社会教育""道德教育"之类概念已经失效，或很快就会失效，而是反映一种从着眼于"教"的教育向着眼于"学"的教育演变的趋势。所以，这不是以新名目取代旧名目的把戏，而是以讲求实效的教育取代讲求形式的教育的尝试。这是教育潮流演变的一般趋势。就学生的行为及品德形成来说，它由于同学生自身的价值取向相关，故走向"道德学习"更是大势所趋。

一、现代"道德学习"同传统"修身"的区别

"道德学习"是基于对传统的道德教育的反思而作出的选择。不过,它并不意味着从现代道德教育退回到古代的"修身"。它是在现代教育结构中促进学生道德发展的尝试。惟其如此,若要把握"道德学习"的精义,那就不仅要弄清它与"道德教育"的区别,还须分清它同传统的"修身"之间的界限。

中国自古以来就讲求以道德修养为内涵的"修身"。鉴于那种修身不仅早已形成成熟的经验形式,而且至今仍为人称道,故有澄清的必要。

古代"修身"一词,最初见于《墨子·非儒》,而在先秦儒家著作中,使用更加频繁。《礼记·大学》确立"修身、齐家、治国、平天下"之说。"修身"在儒家观念中的地位,可以用"自天子以至于庶人,壹是皆以修身为本"一语以尽之。北宋程颢率先提出"修养"概念(《近思录》卷二)。古代"道德修养"的经验形式,以攻读"四书五经"为主,辅以"反省"(内省、自省)和"慎独"。那种"反省",有别于"反思"。"反思"表示对自己的思想、心理感受的思考,对自己体验过的东西的理解或描述,它在一般意义上与"内省"的含义相近。作为西方哲学概念的"反思",是借用光反射的间接性意义,指不同于直接认识(感觉)的间接认识,即有较高价值的内省认识活动。中国古代道德修养中的"反省",主要是对自

己行为的回顾，借以鞭策自己，而不是对行为准则的再认识。至于"慎独"，虽也属于自我克制，但不一定是（甚至基本上不是）基于个人理性判断力的克制。它是强制自己对权威甚至习俗的盲从。所以，那种"道德修养"与如今的"道德学习"，实不可同日而语。

如把"道德修养"放在一定教育结构中审视，那就可以说，古代（无论是东方还是西方）基本上实施个别施教，同一个教师与众多学生之间分别建立单线的教与学的联系。同一教师因承担大量重复劳动，没有充分时间与精力对弟子进行较多的指导，故主要诉诸弟子自学和自我修养。到了近代，教师一般按照同样的课程和统一的进度对不同学生实施集体施教，从而把教师"教弟子学"的过程变成学生随"教"而"学"的过程。相应地以"道德教育"代替"道德修养"即以"施教本位"代替"修身本位"。在此种制度背景下，最简单因而也成为常见的"道德教育"的经验形式，便是"道德说教"和大呼隆的德育活动。班级管理和个别指导只是其补充形式。这种"道德教育"的问题在于：通常从学生应有的道德要求出发，而难以顾及（甚至根本不顾）各个学生道德发展的具体情况和意愿；它使学生习惯于听话和从众，甚至把听话和从众作为追求，而忽视学生自身的道德修养；它以品德评定、批评与表扬、惩罚与奖励之类外在刺激调节学生的行为，而难以顾及各个学生行为的内在动机和自我实现。

正像以"道德教育"取代"修身"曾经有其历史必然性一样，如今走向"道德学习"，也属势所必至。

二、"道德行为"分析

如上所说，现代教育结构中的"道德学习"，实质上是引导学生道德学习的教育。那么到底如何引导学生道德学习呢？

道德学习的指导和通行的道德教育的区别，在于它主要不是使学生随着教师的"教育"而听话和行动，而是教师随着学生的"学习"而"施教"。至于学生如何学习道德，教师如何指导学生道德学习，可从"道德行为"的分解中寻其线索。

"道德行为"至少包括三个层面：

（1）道德规范层面：其中包括一系列外在的行为准则。

（2）道德心理和意愿层面：指学生以道德行为准则规范自己行为的意愿，并使这种意愿转化为自己的行动，而善良意愿的发生以及使善良意愿转化为正当的行为，又植根于学生的个性心理品质。

（3）道德实践智慧层面：道德规范是一定社会-文化背景下一般的行为准则，而任何一个愿意以此规范自己行为的人所面临的社会-文化情况是具体的。道德环境可能比较简单，也可能相当复杂，并成为道德选择的难题。道德规范只规定个人行为的正当性，而个人出于善良意愿的行为不一定都能得到良好的结果。要使善良的愿望得到良好的结果，还须个人在特定情境下作出恰当的选择。在道德实践中恰当地运用通行的行为准则规范自己的行为，便是"智慧"。

智慧和聪明都属于依据情境的变化及时作出恰当选择的能

力。智慧与聪明的区别在于，智慧的选择是正当的，而聪明的选择却不一定正当。所以智慧属于道德行为题中应有之义。

每个人（其中自然包括学生），不管自己是不是意识到道德行为的这些层面，在其道德行为中反映出来的道德发展水平，实际上都涉及这三个层面。这样，也就可以循着道德行为的诸层面，寻求道德学习指导的线索。

三、道德学习指导

如何在道德行为的不同层面指导道德学习呢？

（一）关于道德规范

道德规范因诉诸一定社会普遍的舆论压力而成为通行的行为准则。所以每个社会的道德规范无一不是历史地形成的。惟其如此，教师有责任使未成年的学生了解社会通行的行为准则，并以此规范自己的行为。其中自然少不了道德说教。问题是道德说教未必有效。这不仅由于说教的成效有限，还与学生应当遵循和必须遵循的行为准则的抉择相关。

学校中学生应当遵循与必须遵循的行为准则，大体上可分为两类。一类是一定社会中成年与未成年人都必须遵循的共同的行为准则。对于未成年人来说，遵循这类行为准则是由于他们作为未来社会成员和公民须从小训练这种行为习惯，形成这种品德，以适应未来生活的需要。然而他们毕竟处于他们特有的现实生活中，受他们所处的社会关系和自己道德发展水平限制，对于遵循超越他们现实生活和道德发展水平的行为准则往往缺乏内在的需求，是很自然的。不过，一定的外在刺激（如批评或表扬、品德评定等）可能激发他们遵循这类行为准则的意愿。另一类是在未成年的学生特有的社会关系中形成的，是他们的生活与学习正常运行所不可缺少的行为准则。这类行为准则，尤其是由学生集体共同约定的行为准则，因作为学生个人自由和共同生活的保障，比较符合一般学生的意愿，从而又容易得到舆论的支持。这种舆论与一般社会舆论不同，它是学生直接感受得到又无法规避的舆论。所以，道德学习宜以学生共同约定的行为准则为基础。

由学生在教师指导下自行约定自己遵循一定的行为准则，不仅使道德学习因贴近他们的现实生活，又比较符合他们共同的意愿而更有成效。其实，它也可能成为学生从小就以整个社会共同的行为准则作为规范自己行为的基础。这方面，中国古代早就形成的移"孝"作"忠"的见识和传统可资借鉴。孔子弟子有若曾称："其为人也孝弟，而好犯上者，鲜矣。不好犯上，而好作乱者，未之有也。君子务本，本立而道生。孝弟也者，其为仁之本与！"（《论语·学而》）从中体现出一个道理：同一种道德价值观念体系中的不同行为准则的功能可以迁移。对于道德修养或道德学习来说，重要的不是"守什么规矩"，而是"守规矩的习惯与品德"本身；而贴近行为者生活的规范因可以使个人的行为经常得到练习和矫正的机会，因而比远离行为者生活的行为准则更为有效。如今"德目主义"盛行，恰恰证明我们把"守什么规矩"看得比"守规矩"本身更加重要。故如此"德育"缺乏实效，并非无因。

（二）关于道德心理和意愿

道德学习的起码要求，是按照一定的道德行为准则规范自己的行为。达到这种起码要求，既有赖于健康的舆论制约，也可以借助于别人良好行为的示范。尽管以道德规范约束个人的行为，未必都出于个人的意愿，一旦形成某种行为习惯，个人面对同样的情境时，行为选择中也就较少发生价值观念的冲突；不过，道德学习的要求不限于循规蹈矩，而着眼于个人道德的发展，即成为品德较为高尚的人。这就是行为的动机不是出于对舆论的顺从和对别人良好行为的模仿，也不是出于个人利害得失的权衡，而是出于对道德规范本身的尊重。即把道德规范看成是为人的道理，并把遵循一定的道德规范看成是个人应尽的义务。概言之，道德学习是把蕴含在道德规范中的伦理转换成个人亲自体验的伦理。

这种道德学习并非一蹴而就，而植根于从小培养的健全的人格（性格、个性）。其中包括：

1. 善意　道德规范旨在调节人与人之间的关系。合理的行为准则，既是对个人利益的尊重，也是对他人利益的尊重。它引导人们善意地交往，同时又是对恶意的制约。故道德学习须从善意出发，尤其是杜绝恶意与邪念。

2. 性格的力量　对别人怀有善意，或产生参与善举的意愿，不一定就能够付诸行动。要使良好的意愿转化为良好的行动，有赖于从小开始不断训练而形成性格的力量，如主动性、毅力、果断、勇气等。

3. 理性的判断力 个人的心理品质，其中包括情感、性格等，都是中性的，只有形成理性的判断力，才能按照正当的方向抒发情感，发挥性格的力量。

（三）关于道德实践的智慧

如果说道德规范是行为正当性的规定，道德心理和意愿是道德行为的内在动力，那么道德实践的智慧便是正当行为恰当运用的人格条件。惟其如此，自古以来，无论是古希腊学者还是中国先秦学者都把智慧作为道德实践题中应有之义。因为在道德实践中，只有运用智慧才可使道德行为的动机与效果一致。

公认的道德规范在特殊情况下未必有伦理价值。例如诚实是一向被公认的道德规范，在现代这种交往空前发达的"陌生人社会"中，它更加具有普遍的伦理价值。不过，在特殊情况下，如人们常常提到的，向危亡的病人如实说明病情，可能增加他们的精神负担，故向他谎报病情反而比诚实更加符合善意。这与其说是作为普遍运用的行为准则的诚实受到了挑战，不如说诚实也像其他行为准则一样，恰当地运用，是道德实践题中应有之义。

道德规范虽具有普遍适用性，而事实上道德情境无一不是具体的。道德行为的主体和对象都具有某种特殊性，作为道德评价对象的行为发生的原因、条件和可能导致的结果，可能较为简单和明显，也可能相当复杂和模糊，故任何道德规范只有根据实际情境恰当地运用，才真正具有伦理价值。

如果说道德实践的智慧具有普遍意义，那么它在学生道德学习的指导中更不可或缺。这是由于学生的道德学习受其自身一般发展水平，特别是道德发展水平制约。这种限制是他们自身或可感受而又说不明白的，教师更难以体认，以致某种行为的心理性质与伦理性质往往混淆不清，难以分辨。故对未成年的学生道德学习的指导更须运用智慧，讲求分寸。

关于道德实践中的智慧，不妨以孔子指导弟子道德修养为例。子路问："闻斯行诸？"这个问题大概是说当听了他人的建议，是不是照办。孔子反问子路："有父兄在，如之何其闻斯行之？"接着冉有提出同样的问题，孔子却干脆回答："闻斯行之。"这就使在座的公西华大为不解了，他问：他们两人问同样的问题，夫子为什么会作正好相反的回答？孔子说："求（冉有）也退，故进之；由（子路）也兼人，故退之。"（《论语·先进》）就当时一般行为准则来说，子女听父母的话，才称得上孝道。然而孔子并不把这种行为准则看成是一成不变的教条。他对同一问题依照子路与冉有不同的特点作不同的回答，而这不同的回答又都出于孝道。这个例子的一般意义是："听话"属于"行为规则"；而"孝"则属于价值原则。规则应当受比它价值层次更高的原则指导。智慧便是从道德原则层面上运用道德规范。

前面提到，现代道德学习之道在总体上有别于古代的修身之道。不过，这二者之间也有某种相通之处。如中国古代"道"与"德"是两个不同的概念："道"相当于现代的道德规范，"德"大致相当于个人的品德（道德心理品质）。《中庸》以"五伦"为"道"（"五达道"），以知、仁（情）、勇（意志、性格）为"德"（"三达德"），而"中庸"（不偏之谓中，不易之谓庸）本身正相当于恰当地把握"道"和"德"的智慧。[①]

话虽如此，在诸多的道德教育理论中，关于道德规范和学生道德心理都不乏高明的见识。惟对于道德实践中的智慧，却甚少提及。惟其如此，在道德教育中，"德目主义"泛滥，对道德规范的生搬硬套，也就不足为怪了。

---

① 中国古代"道"与"德"表达的是两个对举的概念。在"志于道，据于德"（《论语·述而》）意义上，"道"相当于表达价值追求的常理，"德"相当于依照常理而形成的常规（行为规范）。由于"德"原词为"悳"（得）的意思。在"道生之，德蓄之"（《老子》）意义上，德，因得道而成为品德。

班主任制缘起
——苏联班主任制要义

关于学生的教育（狭义）以及学生行为管理与指导，在不同国度因国情与教育价值追求不同，其实际措施也就不尽相同。我国现行班主任制，脱胎于苏联20世纪30年代开始建立的班主任制。只是我国现行班主任制已经同它所由发生的那种制度渐行渐远。鉴于我国现今班主任工作忙乱现象相当普遍，追溯这种制度的由来，虽然谈不上正本清源，或可增进对这种制度的了解。

一

苏联的班主任制是在一种非常特殊的教育变革的背景下产生的。20世纪20年代，苏联普通教育学校改革风起云涌。其中包括在若干地区的第二级学校（中学），废除班级授课制，实施"小组实验法"（通称"分组实验制"），即由学校中的"儿童学工作者"通过对学生的心理测验和对家长的问卷调查，把学生分成若干小组，以小组为单位开展学习。为此，在学校中除教师编制以外，另聘"儿童学工作者"组成"儿童学研究室"，形成了"教师专管教学工作，而儿童学者则专管教育工作"的格局。[①]由"儿童学工作者"担任小组指导员。"小组指导员"为班主任的前身。

如此实验旨在使教师工作重心从教学转向对学生自主学习的指导，同时使"教育"接近学生心灵。这种分组实验制实际上是道尔顿制在苏联的改造。其特点为：

1. 把道尔顿制的个别指导改为以小组学习为主的指导，以体现集体主义价值取向；

2. 把道尔顿制保留的学科教学改为"单元教学"，进而改为"单元设计教学"；[②]

3. 有别于道尔顿制主要偏重学科教学，率先实行教学职能与教育职能分离。

如此实验不仅实际成效成为问题，更存在社会意识形态的争议，故在1931年以后受到清算。

二

分组实验制唯一的结果，便是把"组指导员"转换成"班主任"。从这一变化中可以看出什么问题呢？

---

① 瞿葆奎，主编.教育学文集·苏联教育改革（上册）[M].北京：人民教育出版社，1993：287.
② 俄罗斯国家学术委员会从颁发1923—1924学年度"单元教学大纲"开始，废除分科教学制度。在第一级学校（小学）和第二级学校（中学），均按照"单元教学大纲"，把教材分为"自然""劳动"和"社会"三栏，以"劳动"为中心。每栏都循序排列教材，组成包括自然、劳动和社会知识在内的若干单元，后来进而以"单元设计教学大纲"取代"单元教学大纲"，还废除教科书，代之以工作手册、活页课本、报刊课本，使每个单元的学习成为学生共同完成以劳动单元为中心的作业。

1. 由于当时争议的焦点在于学生编制、课程-教学价值选择，而不在于班主任的设置，故未对班主任的设置进行过专门论证。

2. 班级编制、学科课程、教学大纲、教科书以及教师主导作用的恢复，表明传统教育观念重新成为课程价值的主流。其中包括"教育性教学""通过教学进行教育"，每个教师教学与教育"一身而二任焉"，课堂管理为科任教师分内之事。由于班主任工作的背景发生根本性的变化，班主任同其前身组指导员也就大异其趣。1936—1956年间的班主任同级任教师并无多大区别。

不过，时至20世纪50年代中期，班主任工作环境又发生逆转。事情是：1953年以后，特别是1956年以后，苏联教育当局对1931—1956年间普通教育价值倾向进行了全面的清算。

在教育理论领域，俄罗斯联邦教育科学院主席团于1954年12月召开工作会议，由凯洛夫（俄罗斯联邦教育部部长，兼教育科学院院长）作主题报告。其中就提到，"应当承认，在研究教育的问题方面，苏联教育学还很少运用马卡连柯的思想和经验"，"当我们谈到按照马卡连柯的经验来组织儿童集体时，应当牢记他作为出发点的原理"。①

1956年9月，《苏维埃教育学》杂志发表题为《克服个人迷信在教育学中的后果》的社论。其中提到：从1935年开始，"旧时的文科学校，连同它传统的教学科目体系，又开始公然复活

---

① 凯洛夫.苏联教育科学的状况和任务［M］//杜殿坤，译.瞿葆奎，主编.教育学文集·苏联教育改革（上册）.北京：人民教育出版社，1993：657.

了"，"教育理论家们完全放弃了对儿童的研究"，在摒弃儿童学中某些错误观点以后，"又走到了另一个极端"，忽视了学生的年龄特点和个人特点。①

更不用说1958年苏联教育改革引起的波动了。由于班主任工作的背景发生重大变化，班主任工作不得不随之变化，从而使班主任制同一般级任教师拉开了距离。

三

在苏联，尽管在1936年前后即有班主任的设置，但经过20多年，并未形成有关班主任工作的制度，直到1960年才发布《班主任条例》。尔后又经过15年于1975年发布题为"关于班主任工作"的指导性文件。苏联国家教育委员会于1989年7月7日批准的《苏联普通教育学校暂行条例（示范）》中，只在校长的职责中，提到校长要根据学生和家长（他们的代理人）的意见委任班主任，倒颇有新意，而对班主任工作并无具体规定。②似表明此项工作还够不上列入学校规程的高度。

关于班主任工作的性质与职能，巴班斯基主编的《教育学》（1983年）参照上述条例加以转述。其中提到"班主任既是教育活动的组织者，也是学生的导师"。至于班主任的职能，根据巴

---

① 《苏维埃教育学》社论.克服个人迷信在教育学中的后果［M］//俞翔辉，译.瞿葆奎，主编.教育学文集·苏联教育改革（上册）.北京：人民教育出版社，1993：686—687.

② 苏联国家教育委员会.苏联普通教育学校暂行条例（示范）［M］//吕达，周满生，主编.当代外国教育改革著名文献：苏联—俄罗斯卷.北京：人民教育出版社，2004：419.

班斯基这一著作的转述列表如下：[①]

1.同本班以外的组织与教师联络	同其他教师（科任教师）联系
	同学生会、少先队、共青团组织联系
	同长日制班教师联系
	同企业和机关中的学校家庭协助委员会合作
2—4.以本班学生为对象的工作	对学生的学习给予及时帮助
	采取能增进学生健康的措施
	组织学生的公益劳动
5.办理班务文本（各种规定的文件）	制订学季工作计划
	填写教室日志
	检查本班学生日记
6.呈报学生基本信息	呈报有关学生成绩、出席率和行为的报表

　　如此规定，似乎比较简单。这是由于班主任可能解决的问题终究有限。有关班主任职能的规定，如超越班主任运作可能性的底线，便不成其为考查班主任业绩的可靠依据。其实，如此规定，更属该国教育价值取向和学校环境使然。

四

　　苏联关于班主任工作性质与职能的规定说明什么问题呢？

---

① 巴班斯基，主编.教育学［M］.李子卓，杜殿坤，等，译.北京：人民教育出版社，1986：565.

1. 如上所述，班主任是从分组实验制的组指导员转化而来。在分组实验制中，把"教育"同"教学"截然分开，由组指导员和一般教师分别承担。事实上不论是组指导员还是班主任，独自一人怎承担得起一组或一个班级众多学生教育的责任呢？

何况苏联"教育"一词的狭义，有别于我国所谓的"德育"。我国的德育包括学生道德品质、智力以及价值观念、人生观念、世界观念的培养，远非教师个人所能胜任。更何况德育有别于道德说教，学生自律的道德根植于理性判断力和日常生活中的训练。理性判断力的培养有赖有效的教学，即相关教师的协同努力。

至于班主任帮助学生学习，增进学生健康，以及组织公益劳动，不仅补救了教学的不足，而且诸如此类活动本身应当具有一定的教育价值。因为这类活动中不可避免地存在活动动机、进取精神、纪律性以及互助合作之类的"教育问题"。

2. 在班主任职能中，未提及组织班级学生集体。这是由于当时学校中除学生会以外，还存在少先队、共青团。按规定它们都是自成系统的学生自治组织，即由其中的成员自主管理、自我教育的学生集体。班主任理应尊重学生自治权利。苏联《教师报》（1981年3月31日）曾刊载一段学生同班主任的对话。学生问班主任："您在班会上投了票，在队会上为什么不投票？"班主任回答："在班会上，我同大家一样，都是集体的成员。在少先队集会上，大家是队员，我是客人。"可见对学生集体独立地位的尊重。

即使是作为学生会基层组织的班会，也属自主管理、自我教育的学生集体。班主任虽有义务参与组织与配合学生组织的活动，但代替不了学生民主生活的训练和独立工作能力的培养。班主任包办的学生组织，算不上是名副其实的学生集体。惟其如此，班主任有关班务不可或缺的职能，才限定为办理各种规定的文件和检查学生日记。

3. 明乎此，也就不难理解，关于班主任的职能，为什么未把纪律教育包括在内。由于学生在校期间，主要在课堂内外修习课程，维持课堂纪律是任课教师不可推卸的责任。何况学生自主管理、相互监督也是学生集体分内之事。这不是说班主任可以置之事外，班主任应当运用学生集体的力量，维持正常秩序。但就学生的纪律性来说，主要诉诸班主任的管理与督促，不啻是舍本逐末。

4. 按照某种成文或不成文的规矩，班主任有责任执行学校行政向班级指定的任务，包括校外机构摊派的临时任务，然而苏联情况则不然。按照《俄罗斯联邦教育法》（1992年）的学生权利条款，"在公民教育机构中，未经学生本人及其家长（或他们的代理人）同意，不允许吸引学生参加教育大纲中没有规定的劳动"，"不允许强迫学生参加社团组织、社会政治组织、各种运动和各种党派，也不允许强迫学生参加上述组织的活动和参加宣传鼓动及政治活动"。[①] 所以，班主任对于学校行政，主要负责"呈报有关学生成绩、出席率和行为的报表"，也就不足为怪了。

班主任制本来大致就是这么一回事。如此制度可行，正在于其职能并不怎么复杂。

---

① 俄罗斯联邦教育法［M］//吕达，周满生，主编.当代外国教育改革著名文献：苏联—俄罗斯卷.北京：人民教育出版社，2004：251.

班主任制在中国

我国在民国时期基本上实行级任制，一度兼行导师制。从中华人民共和国诞生初期开始，参照苏联经验，建立班主任制，以迄于今。

现行班主任制，源于苏联班主任制，虽近似级任制，实际上早已同它们渐行渐远，成为一种特殊的学生行为的管理与指导的责任制度。其特殊状况是逐渐形成的。

一

中华人民共和国诞生伊始，早在1952年，就在《小学暂行规程（草案）》及《中学暂行规程（草案）》中，确定了班主任的设置。其中规定：

第三十二条　小学各班采教师责任制，各设班主任一人，并酌设科任教师。①

---

① 教育部.小学暂行规程（草案）[M] //《中国教育年鉴》编辑部，编.中国教育年鉴（1949—1981）.北京：中国大百科全书出版社，1984：728.

第三十二条　中学每班设班主任一人，由校长就各班教员中选聘……负责联系本班各科教员指导学生生活和学习。班主任任课时数，可根据具体情况，较专任教师酌减。[①]

此项规定，除名称外，与民国时期的级任制大致相同。从那时起，虽然一直有班主任的设置，但直到1979年才开始形成一套班主任制度。其要点为：

班主任资格：

班主任应挑选工作好、思想好、作风好，具有一定教学水平、管理学生经验和组织能力的教师担任。按照择优任用的原则，每学年经过教师评议一次，由学校领导批准。

班主任职责（即"关于班主任工作的要求"）：

1. 热情关怀、爱护学生，负责做好本班学生的思想政治工作，教育学生遵守中小学学生守则，努力使本班形成一个遵守纪律、团结向上、勤奋学习、朝气蓬勃的集体，使学生在德育、智育、体育几方面都得到发展；

2. 经常与科任教师联系，了解和研究学生的思想学习情况，教育学生明确学习目的，端正学习态度，改进学习方法，学好各门功课，不断提高学习成绩；

3. 关心学生的生活和身体健康，加强生活管理，组织和指导本班学生参加文体活动，搞好清洁卫生，培养学生具有良好

---

① 教育部.小学暂行规程（草案）[M]//《中国教育年鉴》编辑部，编.中国教育年鉴（1949—1981）.北京：中国大百科全书出版社，1984：731.

的生活习惯；

4. 组织领导班委会的工作，指导本班共青团、少先队开展活动；

5. 负责组织、领导本班学生参加生产劳动，指导学生的课外活动，配合有关科任教师，开展课外科技活动；

6. 与学生家庭和社会有关方面取得联系，加强学生的思想政治工作。

班主任课业负担量：

担任班主任的中学教师，原则上每周担任两个班的语文或数学课，其他学科教师担任14节课以上；担任班主任的小学教师，原则上每周包教一个班的语文课和数学课，或担任两个班的语文课或数学课，其他学校教师每周担任18节课以上。

班主任津贴标准（略）。

1988年，教育主管当局分别发布《小学班主任工作暂行规定（试行）》与《中学班主任工作暂行规定》。其中关于班主任工作职责的规定为：

小学班主任职责	中学班主任职责
1. 按照《小学德育纲要》，联系本班的实际，进行思想品德教育，着重培养学生良好的道德品质、学习习惯、劳动习惯和文明行为习惯。	1. 向学生进行思想政治教育和道德教育，保护学生身体健康……

中国师资文化的历史特点与现实问题

小学班主任职责	中学班主任职责
2. 经常与任课教师取得联系，了解学生的学习情况，协同对学生进行学习目的教育，激发学习兴趣，培养刻苦学习的意志，教会学习方法，学好功课，并掌握学生的课业负担量。	2. 教育学生努力完成学习任务。会同各科教师教育、帮助学生明确学习目的，端正学习态度，掌握正确的学习方法，提高学习成绩。
3. 关心学生的身体健康。教育学生坚持体育锻炼，注意保护视力，培养良好的卫生习惯。	3. 教育、指导学生参加学校规定的各种劳动，协助学校贯彻实施《体育卫生工作条例》，教育学生坚持体育锻炼，养成良好的劳动习惯、生活习惯和卫生习惯。
4. 指导班委会和少先队工作。培养团结友爱、积极向上的班集体。做好学生的个别工作。	4. 关心学生课外生活。指导学生参加各种有益于身心健康的科技、文娱和社会活动。鼓励学生发展正当的兴趣和特长。
5. 指导学生参加劳动实践。关心学生的课余生活，支持并组织学生开展各种有益的课外活动。	5. 进行班级的日常管理。建立班级常规，指导班委会和本班的团、队工作，培养学生干部，提高学生的自理能力，把班级建设成为奋发向上、团结友爱的集体。
6. 搞好班级的经常性管理工作。对学生进行常规训练，做好学生的品德评定和学籍管理工作。	6. 负责联系和组织科任教师商讨本班的教育工作，互通情况，协调各种活动和课业负担。
7. 经常与家长保持联系，互通情况，取得家长的支持与配合，指导家长正确教育子女，注意争取社会力量教育学生。	7. 做好本班学生思想品德评定和有关奖惩的工作。
	8. 联系本班学生家长，争取家长和社会有关方面配合，共同做好学生教育工作。

关于班主任职责的如此规定，似乎条条都不可或缺。只是如此规定不免导致班主任对本班学生"样样管"。其中的问题在于：

1. 学生是否活该"被样样管"？

2. 班主任是否管得了？

3. 班主任是否尽职，能不能根据这些要求问责？

值得注意的是，教育部于2009年8月12日发布了《中小学班主任工作规定》，其中对班主任职责重新加以规定。

二

在学生行为管理与指导责任制度中，级任制、导师制、班级活动室制、辅导制之间虽有区别，而它们之间倒不无共同之处。它们共同之处根植于大致相同的价值取向。这就是：

1. 教育（其中包括德育）是所有教师的共同职责。没有哪一位教师可以拒绝承担应有的管理与指导学生的义务。

2. 级任教师、导师制导师，本身都是教师。其教学工作量只比一般教师酌减。例如，民国时期依照1935年的规定（1947年修订），初中专任教师每周教学时数为18—22节。学校中担任行政事务的主任与训育人员，每周教学时数不得小于专任教师教学时数最低限度的三分之二，否则就不具有专任教师的资格。

3. 尊重学生自主活动与学生组织自主管理的权利。教师对学生的组织行为，可以指导，但不得越俎代庖，不得侵犯学生自治权利。

这些前提，基本上也是苏联班主任制的前提。苏联以往班主任制的精义，在于其集体主义的内涵。它着眼于建构学生集体与教师集体。班主任的职责在于，作为班级任课教师联系的纽带和班级教师集体的核心；依靠教师集体建构学生集体；一旦学生集体形成，主要诉诸学生集体自主管理、自我教育，而教师主要关注学生集体的巩固。至少在理论上如此假设。如今情况或有变化。

我国现行班主任制度赋予班主任的实际功能是：既作为有别于任课教师的"德育工作者"，易生包办班级学生"德育"的误解，又代替学生组织包办班务，从而成为有别于其他学生行为管理与指导责任制度的特殊的经验形式。

一次循循善诱的主题班会

主题班会同上课不一样，讲求活动形式多样化，生动活泼。无锡市扬名中心小学赵国梅老师记载并整理的由该校尤仁德校长主持的"恳谈式"的主题班会，反而是不多见的班会形式。

这次班会的主题是通过讨论如何对待一个因打闹致伤的同学引导学生"学会关心"。"学会关心"是该校同华东师范大学教育学系合作研究的课题，由黄向阳博士参与指导。

这是一次循循善诱的主题班会。表现在以下几个方面。

1. 班会活动的方式是讨论三个问题：（1）"W的腿受伤后，我该怎么做？"（2）从这次事件中你吸取了什么教训？（3）扬名中心小学的特色教育是什么？如果从一开始就宣布讨论这三个问题，那就同通常的上课差不多了，而尤老师的问题是随着讨论的深入自然地提出，像是从学生回答中引出来的。

在每个问题讨论的过程中，教师不是说教，而是针对学生的回答再提出小问题加以追问。如学生说"可以从思想上帮助他"，教师接着问："你将怎样具体做呢？"又如，学生说"我将帮他补习脱掉的两个星期的课"，教师追问："你有时间给他补课吗？""你不怕影响自己的学习吗？"在讨论这次打闹事件的教训时，教师问："你当时制止了吗？""教室里有没有起哄的同学？"每一个这样的小问题都有针对性，并把讨论引向深入。

2. 通常学生讨论，无论是上课时的讨论，还是班会活动中的讨论，学生发言虽踊跃，却甚少认真思索；尤老师针对这种情况所提的三个问题，都要学生写下自己的想法，然后再参加讨论。这样，既使学生有准备地发言，更使全班学生都动手动脑。

3. 通常班会活动结束时，班主任即兴作总结，尤老师则在班会活动结束后，同班主任一道认真分析学生的书面答案，次日在晨会上加以总结。这种总结是对学生意见的归纳，是在集思广益基础上使关于"如何对待受伤同学"问题的认识系统化。

整个班会活动过程中没有一句豪言壮语、名人语录，没有生动事例、精彩节目，显得质朴无华。其中教师的提问，没有一个是多余的问题。这种班会不是少数积极分子的表演，也没有角色扮演，而是全班学生认真讨论一个需要共同解决的问题。作为班会，它不像各色各样的花架子那样吸引学生，却充满善意，感人至深，充分显示老校长尤仁德循循善诱的功力。即使作为一种上课方式，如今盛行的"满堂问式"的课也难望其项背。

赵国梅老师在黄向阳博士指导下对这次主题班会作了翔实记载，把活动全过程整理得有条不紊，为我们分析这次主题班会活动提供了可靠的依据。

我们这个时代的年轻教师，往往追求新奇，着意创造，其实，真正不平凡的教育建树，倒常常隐在平凡的教育活动之中。

不过，班会，按理是一个班级学生自主活动的形式，是由班级学生组织根据本班同学意愿自主开展的活动。只是在我国，不知从何时起，已经忘记了学生组织及其活动的固有性质，而把它作为班主任教育学生的工具。正由于如今这种学生组织及其活动缺乏内在的动力，才更加讲求其外在形式。在学生组织的固有性质尚未恢复的情况下，相对于徒具形式的班会活动，像扬名中心小学这样循循善诱的主题班会岂不是更有实效么？

如果为这次活动正名，它应称之为"伦理谈话"。

借题发挥式引导案例

在学校生活中，学生迟到、上课做小动作、不按时交作业、作业草率、乱丢纸屑、吵架、互相起绰号之类现象经常发生，常常是一波未平，一波又起。每当这些小事发生时，教师总少不了要说几句。不说不行，说了又往往逃不出"老一套"。而少年儿童生性活泼、敏感、追逐新异，最厌烦的莫过于家长、老师在自己的耳朵边唠叨。有时一件事情发生，大人还未开口，大人将会说什么，他们就能估计得到，而老师的话又常常验证了他们的估计。于是，同学间彼此偷偷会心一笑。教师的工作做到这份上，多么乏味！

无锡市扬名中心小学许多教师却不是如此。陈薇老师的《学生姓名鉴赏》和周励敏老师的《生日变奏曲》，记载的便是其中的两例。这类教例所体现的，是从学生存在的问题中，捕捉教育的契机，做足"教育"的文章。

学生间彼此起绰号，原不过是玩笑而已。有些绰号颇有幽默感，大家在一起开开心，倒也能显示出学生生活的情趣。只是有些绰号带有侮辱人格的性质，使被起绰号的学生受不了，因而不能不加以制止。同样，这年头，变换花样操办生日宴会，也成为中小学生中的时尚。本来，好朋友之间，互相祝贺生日，亦属人之常情，同学聚会也是对紧张的学习生活的一种调剂。问题是这种活动越来越频繁，请客送礼互相攀比，档次越来越高，也就有加以引导的必要。陈老师与周老师正是针对学生中的普遍现象，机智地加以引导。这种"借题发挥式的引导"，妙就妙在机智地转移话题与出人意料的发挥。

每遇到学生滥起绰号、滥做生日之类现象，教师通常会说什么，怎样说，大家都能估计得到。而陈老师、周老师却不说那些套话。在六（6）班，有些学生取胡逸同学姓名的谐音，戏称其"狐狸"。陈老师先不提绰号问题，而把这个话题转为"自己名字的来历"。让每个学生对自己名字的来历作一番调查，然后向大家解释自己名字的意思，其实也就是从自己的名字中掂量父母对自己的一番心意、一种厚望，从而珍惜自己父母与别人父母的拳拳爱心；周老师则巧妙地把学生对自己生日的关注，引向对自己父母生日的关注，让学生把父母对自己的关心与自己对父母的关心作一番比较。这两个教例，都像是教师用神来之笔做教育文章，妙在出乎学生意料之外，又在学生能够领会的情理之中，故能引人入胜。

教师的工作做到这份上，多么富有情趣！

学生名字鉴赏

陈 徽

"陈老师。××给我起绰号叫'狐狸'。"学生胡逸在向我"告状"，他的脸上写满了委屈和气愤。我放下手中的笔安慰道："好！陈老师待会儿去批评他，你先回教室吧。"对于这样的小事，我已是司空见惯，当然两三下就解决问题了。"好……吧……"，胡逸似乎对我的处理很不满意，悻悻地走出了办公室。

晚上，回到家，躺在床上，脑海中浮现出胡逸离去的情景，那望着我的大眼睛里盛满了不满，分明是对我工作的无声抗议。我感到不安和自责：我对这件事的处理太草率了，一定伤了孩子的心。可同学间起绰号不是挺平常的吗？

第二天，我把胡逸找来。"胡逸，你为什么不喜欢人家叫你狐狸呢？"我明知故问。"因为我的名字是爸爸妈妈花很长时间给我起的，有'与众不同'的意思，而狐狸是个坏东西，我不要做狐狸……"

是啊，每个人都有名字，是每个父母满怀热情的刻痕，它寄托了父母对孩子的无限希望。试想，在中国万千的文字中，父母为我们找到一两个最美、最动听的字眼作为名字，每个名字都可以写出一个故事，怎容别人亵渎呢？"张宸、胡逸、邵驾天、费璀、车一鸣"，他们的父母希望他们成为出类拔萃的人；"张诚康、潘奕"寄托了父母对孩子的美好祝福；"潘喆、洪智渊、胡潇博、翁嗣博"，父母希望他们成为知识渊博的学者；像"何洵栋、陈姚栋"这些名字，父母则希望他们成为国家的栋梁之材。如今细细品味每个人的名字，发现无论雅俗都有它的哲学和爱心。如果我们每个学生都能用细腻的领悟力去体味别人的名字，那么我们便会学会更多地互敬互爱；而如果我们能用心去体味自己的名字，就会深切地感受到父母的殷殷期望。而这些，孩子们知道吗？

我决定做个小调查，让每个学生写写自己的名字的来历、意思（允许回家问父母）。当收上来的时候，出乎我的意料，连平时不会做作文的孩子都把自己的名字解释得那么圆满，那么绘声绘色，仿佛人人的名字都是独一无二的，我有些震撼。然后我把孩子们写的东西读给大家听，我发现，孩子们听得那么认真、动情。我想，以后他们对自己、对别人的名字一定会有更深的理解吧。

你看，一个小小的名字，却包蕴了这么多层深刻的含义，如果每个人都能用心去理解，去体会，不也是一部很好的"爱的教育"吗？

——原载：尤仁德，黄向阳，主编."学会关心"研究[M].上海：上海三联书店，2001：41—42.

生日变奏曲

周励敏

一次，我正在批阅学生的周记本，一连几本，都是写参加同学生日宴会的事。忽然，我想起近一阶段，班里学生十分流行生日宴会，同学之间还相互攀比，谁家的菜好，档次高。而且去参加生日宴会，还要带生日礼物，几十块的礼物还拿不出手呢。

我想：现在的孩子已经理所当然地认为父母为自己操办生日是很自然的事，可是，如果长期下去，会出现怎样的恶果呢？……想了许多，我决定设法去刹一刹这股"生日风"。

在星期二的晨会课上，我问孩子们："你们的爸爸妈妈为你们操办生日吗？""当然了！""年年帮我过的！""年年操办生日的，请举手!"他们骄傲地举起了手,手高高的,坐在后面的几个男孩子索性站了起来。我接着问:"谁知道爸爸妈妈生日的,请举手!"一下子,缩掉了好多手,零零落落的只剩十来只手了。"向爸爸、妈妈祝贺生日的,请举手!"又缩掉了几只手,我点了一下,只剩四只手了。我沉默了,站在讲台前,动也不动。孩子们似乎意识到了什么,教室里静极了,几乎只能听到呼吸声。过了良久,我又问:"怎样才能知道你爸爸妈妈的生日呢?"像获得特赦一般,孩子们七嘴八舌地议论开了:"看身份证""问外公外婆""问爷爷奶奶"……一下子说了好多种方法。晨会课快结束了,我说:"你们的爸爸妈妈十分辛苦,不仅要工作,还要抚养你们,为你们的生活、学习操心,你们呢,每逢生日就要求父母操办生日,爸爸妈妈为了不扫你们的兴,再忙也抽出时间来,可是你们想过吗?生日,只是意味着你来这个世界上的时间,还有什么其他意义呢?相反,你们的爸爸妈妈却从来不提给自己过生日。是他们忘了吗?你们想想,是不是该为爸爸妈妈做点什么?"最后,我又向孩子们提了个建议,自己生日那一天,可以自己动手为爸爸妈妈做一件有意义的事,让爸爸妈妈高兴高兴。在知道爸爸妈妈生日的前提下,给父母亲一个惊喜,而祝贺的方式是多种多样的,只要表达自己的一份心意,爸爸妈妈会欣然接受的。

走出教室,我长长地吁了口气,也许孩子们会知道应该怎样回报父母的爱了。

——原载:尤仁德,黄向阳,主编."学会关心"研究[M].上海:上海三联书店,2001:57—58.

一个良好的教育案例引发的思考

读了沈芝瑾老师撰写的《我不知道该怎样进行教育——关于阳阳的故事》（《教育参考》2003年第4期），非常高兴。我不认识小学生阳阳，谈不出有关阳阳的别的故事，但同他的老师沈芝瑾有过不多的交往。她提到的阳阳的故事，归结起来，可算是"沈芝瑾老师从她的学生那里受到教育的故事"，而这样的学生正是像沈芝瑾那样的教师教育出来的。

本来，每个孩子都可能像阳阳那样，有独立的个性、聪明活泼、爱动脑子、敢想敢说。由于在他们成长的过程中，家长和老师老是对他们说"不"，他们如果不听话，便不讨人喜欢，甚至还可能受罚，于是，不得不顺从大人的意愿，不断调整自己的行为，结果从盲目地敢想敢说，变成盲目地以大人的眼睛代替自己的眼睛看事物，以大人的头脑代替自己的头脑想问题。虽算是一天天"成熟"了，但自己的脑子动得少了，敢想敢说的劲头也就随之消退了。同一般孩子相比，阳阳是幸运的，他像是从荆棘中、石缝中钻出来的茁壮的幼苗。

说到"阳阳爱给老师挑刺"这个断语，可能另有事实根据。单就这篇文章提到的事实看来，批评老师踩草坪，批评老师所定扣分标准过严，怎算得上"挑刺"？其实，年幼的孩子心目中的规则观念比成年人更强，这从他们对游戏规则的信守中不难看出。在他们看来，既然定了规则，谁也不能违背，即使是老师违背了规则，也该受到批评；至于他们常常违背老师所定的规则，那倒不一定都是故意犯规，通常不过是按自己的习惯行事罢了，一旦触犯了规矩，才想到自己犯了错误。只有在非常反感时，他们才故意犯规。

说到阳阳"爱说怪话"，也可能另有事实根据。就这篇文章提到的事实看来，本来，在这个寓言情境中，"狼吃东郭先生"和"狼吃驴"，这两种可能性都存在，而老师心目中只存在"狼吃东郭先生"一种可能性，也就想不到预先要学生排除"狼吃驴"的可能性。看来阳阳倒有点朴素的逻辑思考，他的这个意见何"怪"之有？倒是这篇教材缺乏训练学生逻辑思维的自觉。

可见，学生是不是"挑刺"，是不是说"怪话"，应当以事实为根据判断是非。这似乎不难，困难在于成年人有成年人判断是非的标准，儿童有儿童判断是非的标准。这里主要指的是基于在儿童那种理性发展程度上他们凭可能达到的判断力水平作出是非判断。问题在于，通常是以成年人的标准来判断学生行为的是非，而不承认，甚至没有想到儿童是非判断中可能有的合理成分。其实，超越儿童理性的判断标准，实际上对儿童的发展不起作用；如果起了作用，更可能是副作用，如前面提到的，以一种盲目性代替另一种盲目性，而压抑了发展的可能性。何况把成年人的标准强加于儿童，对儿童是不公平的。

话虽如此，成年人要了解儿童发展的水平，体察儿童的是非标准，是很不容易的。沈老师说："有时还会感到'缺氧'，无从教育。"这篇文章本身表明，沈老师并未把成年人的是非标准绝对化，她在教育工作中不断反思，不断自我反省，特别是从学生反馈中受到"教育"。所以阳阳还是那个有独立个性的阳阳，还不断说"不"，表明他的锐气并未受挫。这正是他的家长和老师的功劳。

顺便说一说学生敢想敢说和批评老师的问题。尽管一般说来，需要珍惜和尊重学生敢于说"不"的精神，然而未成年学生的理性尚在形成中，他们又缺乏经验，不知天有多高，地有多厚，所以，把学生的这种精神理想化，未必有助于他们健康成长。尊重儿童自由发表的意见，不挫伤他们自由发表意见的勇气和积极性，是一回事，鼓励他们"异想天开"则是另一回事。如把他们的胡说八道合理化，对他们究竟有何益？同样，应当尊重学生批评教师的权利，他们即使说错了，也不必介意，但何须鼓励他们批评老师？未成年人，不尊重师长，甚至随便"挑刺"，毕竟不是好习惯。

最后，不妨学一学阳阳，挑沈老师一个"刺"。在沈老师这篇文章提到的最后一个故事中，既然有两次队会内容已被忘记了，阳阳提出"能不能加上自己的联想"，其实是一个馊主意，是这个孩子自作聪明的表现，哪里算得上"真拎得清"？老师应当严肃地对他说："既然忘记了，在填表时干脆如实地写上'忘记了'，用不着自作聪明。"套用吴国平兄一句话，便是"真的就有价值"；而沈老师对这件事的态度却比较暧昧，不但把阳阳的这条"小辫子"轻轻放过了，更重要的是坐失了一次引导学生求"真"的机会。

我不知道该怎样进行教育

沈芝瑾

阳阳是一个很有个性的孩子。他聪明活泼，爱动脑筋，有创造意识，工作能力强，平时敢想敢说，有一定的号召能力，是班级中的焦点人物，在同学中很有威信。他爱给老师挑刺，有时说话不注意场合和对象，经常对老师说"不"。对这么一个不同一般的孩子，有时传统的教育方法会失灵。在和他的接触中，常常会发现教育他的同时也在教育自己，甚至有时还会感到暂时"缺氧"，无从教育。

"干吗追着东郭先生吃？驴也好吃的呀！"

"小朋友，关于《东郭先生和狼》这一课，你们有什么问题要提吗？"小朋友们争先恐后地举起了手。这时，我发现阳阳一只手高举着，一只手捂住嘴巴窃窃地笑。我没有请他。当其他小朋友发完言后，他还是固执地高举着手。我想：他平时就爱说怪话，提一些稀奇古怪的令人发笑的问题，这次不知会搞些什么花样，我不能请他讲。但转念一想，这样做不太好，我不应该剥夺学生发言的机会，说不定他会提一个很有价值的问题呢！于是，我请了他，他迅速地站起来，提了个问题："我觉得这只狼真是的，干吗追着东郭先生吃？驴也好吃的呀！"好家伙，给我出难题了！我正盘算着如何回答他这棘手的问题，几只小手举了起来。有的小朋友说："也许狼觉得东郭先生的肉比驴的肉嫩。"另一个小朋友说："我想驴是东郭先生的，狼吃了东郭先生，吃驴还不方便？""如果吃驴的话，就没有这则寓言故事了，作者是想通过这个寓言故事让我们懂得一个道理。"……阳阳对这些回答似乎颇为满意。

阳阳提了个怪问题，扰乱了我正常的教学秩序。但我认为这不是一件坏事，正因为阳阳提了这个怪问题，小朋友的思维被激活了。我们不正需要逆向思维和多向思维吗？这对教师的教学也有一定的促进作用，迫使我们去钻研教材，并具有随机应变的教学能力。

"沈老师，你耳朵没听见？不要踩草坪！你破坏绿化！"

天气骤然冷了下来，各班同学围绕操场在跑道上跑步，我跟着小朋友也跑了起来，不知不觉，我跑进了草坪。阳阳对着我大叫起来："沈老师，你耳朵没听见？不要踩草坪！你破坏绿化了！"这个小不点最爱管老师，上课的时候老要抢在我的前头，替我把我要说的话说完。下课时还不忘督促我："请讲普通话！"现在居然在大庭广众之下揭我的短，一点面子也不给我，太狂妄了！我毫不示弱地回敬了他："叫什么？谁要你管？管好你自己吧！"正当我叽里咕噜愤愤然的时候，一旁的蒋老师问我发生了什么事，我把情况告诉了他。他笑着说："你是错了呀，体育老师刚才特地在广播里提醒的！""啊？！"

我默默地跟在队伍后面走向教室。我想，平时我经常对小朋友说："老师也是人，也会有缺点错误，当老师犯错的时候，希望小朋友能够向老师指出。"阳阳对师道尊严提出挑战，对老师的行为是可以批评的。他没有错，不应该受到我的指责。现在我犯错了，却不接受学生的批评，硬要戴上一个面具，高高在上，真是不应该。我应该站在他的立场上，和他进行一次平等的交谈。

于是，下课的时候，我找到阳阳，诚恳地对他说："你刚才批评沈老师是对的，沈老师接受批评，也愿意改正，但是我对你批评的方法不能接受。希望你以后给别人提意见的时候要悄悄地说，还要注意语气要婉转些，这样别人就乐意接受。"他笑笑，点点头。

"请合理安排分数！"

教完新课，就要进行一次默写。一次默写完后，阳阳在日记中向我质疑，他写道："照你现在的打分方法，默30个词语，如果错2个的话，就是90分。如果全错的话，就是负50分！……分数对我们来说很重要！"阳阳明确表达了自己的态度，希望老师合理安排分数。

每次默写，无论是多少个词语，我都一律错一个扣5分，从来没有小朋友提出过疑问。现在阳阳提出疑问，想必其他小朋友也有他们的想法，我要听听小朋友的心声。于是在班会课上，我以辩论的方式亮出了两个观点，结果有很多小朋友支持阳阳，站在我这边的只有几个。我为自己辩护："我认为词语是阅读的基础，是写作的基础。掌握词语很重要，错一个就不行。错一个扣5分，是为了让你们吸取教训，重视词语默写，争取不错，少错；再则这样扣分计算也方便。分数是次要的，不必太计较。"阳阳和他的支持者们针锋相对："也许分数对老师来说没有什么，但对我们来说是非常重要的。我们的分数要面对爸爸妈妈，我们不希望爸爸妈妈怪我们考得不好。""再说分数高一点，我们就有信心了。""老师你为什么不鼓励鼓励我们呢?""错一个扣5分，比例不对，扣分也要实事求是!"……

我的习惯思维受到了挑战，在和孩子们的辩论中，我感到非常孤立，感叹现在的老师真是不好做啊! 但反过来想，我做事都是站在自己的角度考虑问题，没有站在孩子的立场上替他们想想，孩子们认为分数是他们学习水平的体现，况且他们还有那么多站得住脚的理由，我应该尊重他们的要求。

于是，接下来的默写，我合理地安排了分数。

"能不能加上自己的联想?"

大队辅导员把4张队会记录表交给我誊写。

我将几个主持过队会的小朋友找来，请他们填写。可是，他们中有两个人回忆不出主持过的内容了。我只能把这件事交给阳阳，因为也只有他搞得定。

他先去问了一下那两个同学，然后跑来对我说："沈老师，他们有一些内容忘记了，我能不能加上自己的联想?"我心中窃喜，好聪明的孩子啊! 真拎得清! 但马上心又一沉："我如果同意的话，不就等于教他胡诌吗?"我正犹豫着，他说道："我去写了，否则来不及了，马上要交的!"

望着他的背影，我不知道该说些什么，因为我不知道该怎样进行教育。

教师要关爱学生，要尊重学生的个性，要对学生宽容。这些道理在教育主管当局和教育专家的谆谆告诫中，不知重复了多少遍。真正这样对待学生的老师，当不在少数，而做得非常地道的老师不致太多。从沈芝瑾老师介绍的阳阳的故事中，不难看出，她正是一位非常关爱学生、尊重学生个性因而对学生比较宽容的老师。所以我曾就她介绍的阳阳的故事写了一篇小评论。这是2003年的事情。到如今，六年过去了，重温当年所知的这个故事，不禁发生两个悬念。

第一，阳阳如今大概已经是高中生了。不知他在小学毕业以后，是不是还像当年在宽厚的沈老师关爱下那样张扬个性、聪明活泼、爱动脑筋、敢想敢说？这就不清楚了。偶尔听说，他后来或许并不很如意，但愿实际情况并非如此。

第二，即使非常出色的学校，老师又都关爱学生，而各位老师关爱学生的方式也不见得相同。由于我国小学不再实行教师包班制度，沈老师所带的班级后来将转由别的老师去带，不知会遇到什么情况。偶尔听说，有的老师愿意去接这样的班级，因为这个班级在沈老师精心培育下，比较出色。但也有老师对自己能否适应这样班级的学生存有顾虑。至于实际情况，尚不清楚。

这恐怕都是值得考虑的问题。沈老师在介绍这个小故事时，所拟的标题是"我不知道该怎样进行教育"。不知她当时是不是把上述问题考虑在内。至于我的即兴之作，经过六年，也算是"时间考验"。我虽然也知道教师要关爱学生，要尊重学生的个性，要对学生宽容。不过，我也得承认："我不知道怎样进行教育。"

如今，关于我就此案例所作的评论，唯一的补充是，教师对学生的宽容，固然非常重要，从尔后得到的传闻看来，教育的常理常规，更具有普遍适用性。

2009年8月7日记

"教养"问题的发生

在我国文化中，"教养"是一个习俗用语；在现代教育理论中，德文 Bildung 是一个专业术语，由于中文中并无与此对应的语词，才姑且把这个德文词译为"教养"。话虽如此，我们仍不习惯使用这个中译词，而把"教养"现象称为"教育"。

所谓"教养"是指通过教-学活动把学生应有的文化知识与技能转化为他们的文化知识与技能，即成为他们的教养。由于我国从先秦时期开始就萌生"教育"观念，有道是"以善先人者谓之教""教也者长善救失者也""行道谓之教"。表明所谓"教育"，是同道德影响相关的，故单凭常识，便可知"教育"与"教养"是性质不同的两码事。不过，在"教养"概念形成后，逐渐形成"教育"的广义与狭义之分。狭义教育指称同道德影响相关的职能，广义教育涵盖狭义教育、教养和称为教学的教-学活动。问题在于在教育研究中，通常不明教育的广义与狭义之分，往往把"教养"也称为"教育"。

由于"教养"毕竟是外来语的中译词，难道我国教育研究中非用这个中译词不可吗？

其实这是一个常识性质的问题。

我以前曾提到，1956年我在大学开始学习教育学时，恩师萧承慎教授在"绪论课"上就对我们讲授凯洛夫《教育学》（1948年版）中的教育学基本概念，即广义教育中，包括教育（狭义）、教养和教学。由于我们不了解"教养"是什么意思，他对我作了解释，并说了一句题外话：我国所谓"普通教育""职业教育""综合技术教育"，在国外分别称之为"普通教养""职业教养""综合技术教养"。后来我问他：为什么会出现这种提法的不同？据他回答：在别的国家的学者看来，一批学生受了若干年小学教育或中学教育，虽达到毕业程度，但是否获得初等教养或中等教养，同班同学之间的差距往往很大。这反映别的国家同我国教养与教育的权重不同。

"教养"虽是现代教育学中的专业概念，而教养问题的发生却由来已久。其实教养问题的发生，源于文字的形成和文字传播的社会需求。在我国，"文化教养"问题的发生，正与此相关。不过当时表现为"经师"与"人师"的区别。所谓"经师"是在经学的意义上有教养的人。经师与人师的区别，反映我国自古以来，在教育与教养的权重上，教育重于教养，以迄于今。岂不知教育重于教养是针对现实中教养重于教育的所问而发。

有待认知的现代师资文化中的"教养"概念

　　教养，在汉语中是一个日常用语，为"教育培养"的意思。如嵇康自称"今但愿守陋巷，教养子孙"（《与山巨源绝交书》）。亦指文化品德方面的修养。惟在德国及俄国教育学中，"教养"（德语Bildung，俄语образование）则同"教育"（狭义）、"教学"同为教育学的基本概念，有其特定含义。如果不了解这个词的原义，那就很难恰切地解读这些国家的教育与教育学。由于汉语"教养"一词同Bildung或образование并不完全对应，采用这个译词，也就不免造成对这类教育学的阅读障碍。不仅如此，把"教养"作为教育学的基本概念，实际上代表一种教育价值取向，故有必要对"教养"概念加以辨析。

一

　　据我国翻译出版的俄罗斯学者弗·弗·克拉耶夫斯基《教育学原理》（2003年俄文版）一书称，在《俄罗斯联邦教育法》中，至今仍把образование、воспитание与обучение三个词"构成统一体"。这三个词，按照凯洛夫《教育学》（1948年俄文版）中文译法，分别为"教养"（或教育）、"教育"（或培养）与"教学"。表明俄罗斯教育学的这三个基本概念，至今未变。其中воспитание是指狭义"教育"。不过，据克拉耶夫斯基称，"至今学者们对这三个范畴并不存在统一的和同义的理解"。[①] 说明即使在现今俄罗斯教育理论界，教育诸概念（主要是"教养"与狭义"教育"）的单义性也成为问题。

至于把这三个基本概念，主要是образование和воспитание，译成中文，受我国用语习惯的影响，困难更大。如俄文среднее общее образование，直译为"中等普通教养"，而我国同类学校通称"普通中等教育"。又如原先把воспитание译为"教育"（狭义），比较符合俄文原义，如今在翻译《教育学原理》时，间或把它译为"德育"，同俄文原义便有出入。因为俄文中"德育"原词为нравственное воспитание。本人虽然不识俄文，由于以往在大学学习教育学时，受到过先师萧承慎教授的指点。后来逐步意识到，这不只是教育用语和概念问题，而事关由这三个基本概念构成的一种教育理论体系，反映出德-俄教育价值取向与别的社会-文化中教育价值取向的区别。为什么这样说呢？且从"教养"一词的含义谈起。

二

俄国（苏联、俄罗斯）教育学脱胎于德国教育学。在德国

教育学中，"教养"的含义，据《德汉学校教育学小词典》解释，"教养这个词，仅指教育的一部分。其中只涉及下一代应当获得的内容与技巧方面。这是学校承担的教育方面的任务"（按：这里所谓"教育"，是指广义"教育"，非指"教育"一词的狭义），"学校的这种任务，往往同实质教育的概念相联系。知识与技巧被视为学生受职业训练所需要的实质的东西。知识与教养被等同起来了。这就是教学计划不断扩展或各种新学科不断被引入各类学校的原因"。①此种解释，已经羼入现代学者的"教养"观念。

其实，教养并不等同于知识、技能与熟练技巧，而是指学生应当掌握的知识、技能与熟练技巧。这里的关键词是"掌握"或"获得"。未被掌握（或获得）的知识、技能与熟练技巧，不能算是教养。"教养"也不专指"职业教养"。在普通教育学校中，学生应当获得的，是"普通教养"。

凯洛夫《教育学》（1948年俄文版）称："所谓教养，是指掌握知识、技能、熟练技巧体系而言，并且在这个基础上，发展学生底认识能力，形成他们科学世界观，养成他们在自己的行动中为共产主义社会福利而贡献其知识的崇高情感和志向。"②其中所谓"发展学生底认识能力，形成他们科学世界观……"是指狭义"教育"。狭义"教育"的含义比严格意义的"道德教育"宽泛得多。

这种解释，似有"教养"与"教育"（狭义）混淆之嫌。其实不然。其中关键的句子，是"在这个基础上"。这就是说，

---

① 哈同，李其龙，等，编著.德汉学校教育学小词典 [M].上海：华东师范大学出版社，1990：75—76.
② 凯洛夫.教育学 [M].沈颖，等，译.北京：人民教育出版社，1953：15.

"教养"的本义在于掌握知识、技能、熟练技巧体系。由于在学校中教养是通过教学实现的，按照赫尔巴特确立的"教育性教学"原则，单纯传授知识、技能、熟练技巧的教学，是缺乏"教育价值"的教学。唯有"教育性教学"，才具有教育的价值，而"教养"则是学生获得教育的基础。在"教养"基础上教育，这就是近代理性的自律的教育（其中包括道德教育）价值取向，也就是传统教育学核心的价值观念。

学生要受到"教育"的影响，即发展认识能力，形成科学的世界观，养成在自己的行动中为社会福利而贡献其知识的高尚情感与志向，固然有赖于获得初等与中等的普通教养，然而，获得这种教养，是一个较长时期的过程，而平时陆续掌握的这种或那种知识，这种或那种技能，未必就能对他们的德性和世界观发生多大的影响。所以，在教学以外，还要辅以学生行为管理与指导。这种"指导"，或为"训育"（德），或为"教育"（狭义）（俄）。这只是就传统教育学而言。

三

在英语国家，间或也用"教养"一词。它们同我国一样，属于日常用语，而非教育学的基本概念。如今，在德语国家、俄语国家也间或使用"课程"一词，似还未超出日常用语的水平。这是由于德国、俄国历史形成的"教养理论"与"教学理论"，大致相当于英语国家形成中的"课程理论"。话虽如此，也只是大致对应而已。

在欧洲大陆若干国家，"教养"之所以成为教育学的关键词，是由于按照这些国家的社会-文化传统，学校旨在造就"有教养的等级"。现代"课程理论"则同传统的"教养-教学理论"大异其趣。因为英语国家的"课程"，实际上是指"学程"，至少表示向"学程"演变的趋向。正如《牛津英语词典》解释：课程（curriculum）复数是 curricula（拉丁语中其意与course，career相同），它意指一种学程，一种常规的学习和培训的学程，主要实施场所为学校或大学。[①]相对说来，传统的"教养-教学理论"着重解决的是"教程"问题。本文所用的"传统"一词，是这个词的中性用法。但不否认在国际范围内，在课程改革中，正在出现从"教程"向"学程"转化的趋势。

我国在教育现代化进程中，虽然多数教育词语，属于国际通用的词语，而我国这类译词所表示的概念，与别国并不完全相同。例如，我国把欧洲大陆国家的"普通教养""综合技术教养""职业教养""初等教养""中等教养"之类词组中的"教养"一词，都改译为"教育"。是由于他们关注的，是学生获得的是什么级别、什么类型的教养，而我们关注的，是对学生进行什么级别、什么类别的教育。又如，我国很久以来就兼用欧洲大陆国家的"教学话语系统"与英语国家的"课程话语系统"，而在我国，这两类话语系统所表示的概念，都同"教程"相关。现行基础教育课程改革，才堪称从"教程"向"学程"转化的历史性变革的开端。

---

① 埃利斯.课程理论及其实践案例［M］.张文军，译.北京；教育科学出版社，2005：7.

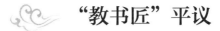

"教书匠"平议

人道教师是"人类灵魂的工程师"，那是对教师的美称；实际上教师常被视为"教书匠"，那是一种贬称，间或是教师的谦辞。这些都是比喻。前者是对教师在课程中应当扮演的角色的比喻，后者是对多数教师在课程中实际上扮演的角色的比喻。自然，比喻毕竟是比喻，难以确切地表述教师在课程中所扮演的角色。

一

匠，原指工匠，即手艺人。其引申义，有匠心、匠意等。如匠心独运，为匠人美誉。把教书者比喻为教书匠，是由于"教"也是一种技艺或艺术。艺术与技艺的区别在于技艺为手工操作技巧，而艺术为依据一定的理性原则对操作技巧的运用。由于自古以来就存在教学（教书）与教育（育人）之分，教书之"教"（第一声），近于技艺；育人之"教"（第四声），近于艺术。虽然教师也"育人"，而"育人"者未必都是教师，家长以及一切对别人人格发生"善"的影响的人，都可算是教育者，

155

而唯有承担教书职责的人，才算得上是教师。可见，教书是教师的本职。尽管任何社会都期待并要求教师不但教书，还要育人，而教师的本职、教师在课程实施中所处的客观地位，实比什么主观愿望与要求更能制约教师的角色地位。于是，人们也就从主观愿望出发，以一种伦理的方式制约教师，把只教书不育人的教师，贬之为"教书匠"。

"教书匠"，古已有之，到了现代，更加不合时宜。盖由于古代教师所授之"业"，从启蒙读物到权威典籍，基本上是伦理道德的载体，"传道"与"授业"、"育人"与"教书"的分化，尚不很显著。中国古代虽有"经师""人师"之议，对于"经师"倒也不以"教书匠"视之，只有"三家村"的塾师，才被称为"教书匠"。加之，古代课业有限，那时虽有"皓首穷经"先例，所"穷"之经，即"五经""四书"，合计还不足五十万字。主要"穷"在背诵与解经上。何况并不要求每个学子都通"五经"。故古代教师，果有"得天下英才而教育之"的大志，是有足够时间与精力在"育人"上下工夫的。近代以来的情况则大不相同。从19世纪下半期开始，不仅自然科学、技术类学科在课程中的比重大量增加，就连人文类学科也从以古典人文学科为主变成以近代人文科学类学科为主，随着客观性的知识、技术的增加，课程中的伦理道德成分相应削弱，导致"教学"与"教育"、"教书"与"育人"的距离拉大，使得现代教师更容易成为"教书匠"。不过，由于现代教育日趋专业化，相应地对教师教学业务的要求提高。在教师中，教学专业水平较高的教师，或可成为学科教学专家。学科教学专家虽未必都是"人师"，但人们也不以"教书匠"视之，而那些只能机械地教书的教师，不免相形见绌，以致"教书匠"的包袱落在了他们背上。

二

尽管一向在同"科学"比较的意义上，教学不失为一种艺术，不过，人们一般只把"匠心独运"作为技艺精湛的工匠、造诣精深的学者、画家、作家的美誉，而教师，即使是"人师""学科教学专家"，虽然他们用于本职工作的心思、才力未必逊于工匠、画家等，却难以分享这种美誉。这是由于工匠、画家、作家等的精神劳动，属于制造物化产品的劳动，其匠心、匠意凝结在可见的物化产品之中；教师劳动所提供的，是劳务，不是产品，并且作为"教育产品"的学生，属于"社会产品"，是在许多教师和不是教师的人们影响下自我努力的产物。因此，除了极少数杰出的"人师"以外，多数教师个人辛勤劳动成效（或少效、无效）被湮没在"社会产品"之中，以致就连各个教师的教学艺术也只能在学校范围之内有所比较，却难以得到社会公认。可见，教师并非真的都无匠心、匠意。

在以上提到的两类精神生产中，提供精神产品的劳动者，其生产过程可以离开消费者而独立存在，故个体工匠、画家、作家等可算是自由劳动者；而教师所从事的劳动，其劳务体现在生产行为之中，并同服务对象不可分离，以致在这种类型的劳动中，个人自由有限。它是在既定的学制、课程、教学制度背景下的工作，个人只能在有限的范围中发挥创造力。

如果说我国在迄今为止的教育体制下，即在"国家本位课程"或"地方本位课程"体制下，在"学科课程"编制框架中，教师基本上是在由"直接教学过程"以外的人们规定的范围内，从事带有机械性质的教学工作，那么，如今我国正在积极推行的一场新的课程改革，它将适当触动行之已久的课程体制、课程编制，并将适当减轻课业负担，这意味着教师教学的自由程度将逐步增加。尽管这种演变或许是一个漫长的过程，然而实现这种转变，已属大势所趋。随着"教书匠"所由产生的那种课程机制的削弱，以至泯灭，总有一天，"教书匠"会成为过时的词语。

课程-教学概念一元化刍议

课程-教学是历史范畴。不同时代、不同社会-文化中的课程概念与教学概念不尽相同。如，近代以来欧洲大陆德语、法语、俄语社会-文化中历史地形成了教学概念系统；时至现代，在英语社会-文化中逐渐形成课程概念系统。这两种不同的概念系统，虽用不同的语词指称教与学、学与用活动中大致相同的对象，其实，它们各自反映的教与学、学与用之间关系的价值观念，却存在微妙的区别。

问题在于，在我国，长期以来，教育学人对如此区别，几乎熟视无睹。因为我国教育学中所谓"课程"，实际上专指教学的内容，而我们所谓"教学"，主要指课程的实施。这表明我们似乎已经形成了另外一种概念系统，即"课程-教学概念系统"。不过，我们早已习惯了的"课程"用语与"教学"用语，同别的社会-文化中通用的同一语词的语义，虽存在微妙的区别，我们却对此浑然不觉。结果不仅在中西教育交流中无端地制造了沟通的障碍，而且在所谓"中西教学比较"或"中西课程比较"中，至少就语词与概念的运用来说，不免存在无中生有、文不对题之类问题。

有鉴于此，我这才于2000年在《学校教育原理》一书中，提出课程-教学概念一元化的刍议。其中尝试采用两个跨文化的形式概念，即分别以"教程"与"学程"表示教学概念系统与课程概念系统在教与学、学与用关系运用中的实质性的区别。

为什么把教学概念系统的运用归结为"教程"，把课程概念系统的运用归结为"学程"呢？

传统教育旨在造就"有教养的等级"，故教学概念系统以"教养"为核心价值观念。所谓"教养"，原是在一定社会-文化中，未成年人应有的学科知识-文化的价值选择，学科知识-文化的传承则是使客观的学科知识-文化成为学生的教养，即学生掌握的学科知识-文化。教程作为调节学科知识-文化传承的经验形式，主要通过教学程序的设计和教学法则的运用，使客观的学科知识-文化转化为学生自己的学科知识-文化。在这种经验形式中，实际上包含学生的参与及知识的运用。所以，教育本身便是教师同学生之间在教与学活动中沟通的过程。问题在于未成年人的经验同作为成年人经验结晶的学科知识-文化之间，存在难以跨越的逻辑鸿沟，随着教育的普及和学生自主意识的觉醒，教程的内在矛盾才日益显示出来。

以往尚未形成教程意识，一般把传统的教与学、学与用关系，直觉地表述为"以教师为中心""以书本为中心"和"以课堂为中心"。虽在一定程度上符合人们的印象，问题在于一旦察觉其"弊端"，为了谋求教与学关系、学与用关系的改进，便自然地从这种表面的印象中冒出一堆同传统教育"对着干"的念头。这便是"以儿童为中心""以生活经验为中心""以劳作活动为中心"。一度作为"欧洲新学校""进步主义教育"（合称"新教育"）的标签甚嚣尘上，课程概念系统便由此发生，从中显示出从教程向学程转化的迹象。至于"新教育"的命运如何？其内在的缘由，恐怕主要同学程建构的进度相关。

教程与学程并不是非此即彼的两种经验形式。他们之间的区别，主要在于教与学、学与用关系的权重不同。因为在教程中，教学程序的设计与教学法则的运用，就在一定程度上涉及教与学、学与用关系的处理。学程要得以成立，也回避不了教与学、学与用关系的处理。而在教与学之间、学与用之间都可能存在有待探索的中间环节与过渡形态。在标签族、标签派的操作下，教程与学程才成为互不相容的两种对立的程式。

话虽如此，从古代自发性的学程到近代教程，再经由"学程化教程"或"教程化学程"最终转向成熟的学程，或许是课程-教学经验形式演化的大趋势。

课程-教学概念一元化的再认识

2019年，我曾提出课程-教学概念动议，言犹未尽，不妨补充说明。这个问题，不过是针对把课程理论和教学理论当作互不关联的两种独立理论而言。单凭常识便知，实际上并不存在没有课程的教-学活动，正如没有同教-学活动无干的课程一样。不仅如此，问题更在于在所谓"教学理论"或"课程理论"中，出现"教师主导作用"或教-学活动"以学生为主体""以学生为中心"（或称"儿童中心主义"）之类论调。岂不知"主导"与"被导"，"主体"与"客体"，"中心"与"边缘"都是对应的概念，即没有"被导"谈何"主导"，没有"客体"谈何"主体"，有"中心"必有"边缘"。果真以学生为"主体"，势必承认教师在教学活动中处于"客体"地位，若以学生为中心，就不能不把教师列入教学活动的"边缘"。教师在教学活动中处于"主导"的地位，那是教师职业使然。至于"教师主导作用"，如学生果然"被导"，岂非一桩好事。问题在于学生究竟"被导"没有？因为不能不承认，在教育中引而不出，在教养中，输而不入，倒是常有的现象。惟其如此，进入20世纪之初，才发生对教学理论的反思。"课程"概念及与此相关的所谓

162

"课程理论"便由此发生。

一、"课程"究竟是怎么一回事？

"课程"是英文 curriculum 的中译词。而 curriculum 本身是以古拉丁文 crrile 为词根建构的新词，而那个拉丁文的词义为"跑马道"或"民族精神"，实同教-学活动无干。不过这个新词或同西方人的"教养"观念不无干系。由于是个新词，似乎表达一种新概念，又不是名副其实的"概念"。因为严格意义的概念是从客观事实普遍现象中抽象出来的本质属性与其内涵，故课程的语义是从对教-学活动及其理论的反思中形成的，从反思中得出什么新义呢？

从对传统教-学活动的反思中至少可知：

1.学科知识同未成年学生经验之间存在距离，甚至截然相悖；

2. 不同事物之间经验发生一定的联系，分化了的学科知识未必有助于对客观事物的认识的问题的解决；

3. 由此发生教与学脱节、学与用脱节，从而导致学生在学习中的被动以及同实际生活的脱节。

在一定程度上，关于传统教-学活动的反思，至少表明有必要对历史形成的教-学活动的设计，加以适当改革。至于如何改革，20世纪初期一度兴起的如"设计方法"（或称之为"设计教学法""道尔顿制""劳作学校"）以及"综合课程"之类的尝试，尤其是"学校即（as）社会""儿童中心主义"之类价值取向，都有待检验。其中对学科课程的否定，对"教师主导地位"

的质疑以及对学生自主性的张扬，存在争议。

不能不承认，关于对历史形成的教-学活动的质疑虽不无道理，因源于欧洲的现代教-学活动的设计，尤其是"古典中学"（或"文科中学"）以"有教养的等级"子弟为对象，其中包含的合理成分，无可否定。进入20世纪以来，随着中小学逐渐普及，由于教-学活动趋于平民化，其中涵盖的矛盾才较为突出。不论教-学活动的改革有何奇思妙想，都将是、不能不是一个漫长的历史过程。

说到这里，不能不考虑：何谓"课程"？考虑到curriculum是以古代拉丁文中近于"跑马道"或"民族精神"语义为参照建构的新词，这个新词或近于通过教-学活动实现"教养"的价值。如把这个词译为"课程"，其语义也可能大致如此。由于在这个词指称什么对象成为普遍存在客观事实的基础上，才可能从中抽象出概念的内涵。如今虽不妨把它作为"学程"的同义语，而"学程"为相对于"教程"的有待建构的另一类教-学活动的类型。

二、"教学"究竟是怎么一回事？

附带说说"教学"一词。近几年我常常采用称为"教学"的教-学活动提法，出于以"教-学活动"取代"教学"的意思，很引起别人的误解。明知"教学"一词早已约定俗成，改也难。考虑到改不改是别人的事，但都不能不讲求用词的确切。

其实，现代所谓"教学"，也是英语learning的中译词。17

世纪学者夸美纽斯曾称："在以前各世纪，这种教导与学习的艺术是很少有人知道的，至少，我们现在希望它能达到的完善的程度是很少有人知道的。"①表明西方社会原先并无"教学"一词，就连夸美纽斯也采用"教与学"的提法。其实我国原先也无"教学"一词。因为古汉语通常采用单音词，只是间或采取两个单音词连用。"教"与"学"连用，"教"与"育"连用，"道"与"德"（得）连用，才错把两个单音字连用当作双音词。其中"教"字一字两音，一词两义。去声的"教"（音叫）为规范词，平声的"教"（音交），为中性词。在西学东渐之初，现代汉语才常用双音词。原先把英语 learning 译为"教授"或"教习"，由于"教授"同大学教授一词混同。更重要的问题是在陶行知看来，"教授"不一定对学生学习有所指导，故把这个词改为"教学"，意思是只有"教学生学"，才定称"教学"。话虽如此，岂不知这样一来，就把这个中性词改为规范词。其实一个词的词性是改变不了的，故从那时起，通常仍把这个词作为中性词运用，即忽视教与学是双边活动，而把"教学"当作教师单方的活动，并且不论这种单边活动是否"教学生学"，都称之为"教学"。改为称为"教学"的"教-学活动"的缘由正在于此。其中"教"与"学"之间的"半字线"，表明这两者之间的抽象，至于它们之间的具体联系，有待具体分析。俄文教育学中称为"教与学是双边活动的过程"，有的日文著作对这个词也以另一词改译。（所改的词，记不清楚了。）原因也在于此。

---

① 夸美纽斯.大教学论［M］.傅任敢，译.北京：人民教育出版社，1985：5.

　　由此引起进一步思考的问题是：对教育案例究竟如何作出价值判断？

　　典型案例，哪怕是难得的优良案例，其中或有值得学习的授业精神或授业经验。是否学习其中的授业精神，主要取决于学习者本身的意愿，力戒因把典型案例变成谈话资料，使其中的可贵精神趋于淡化。至于其中的实践经验，由于个案中的经验都是在特殊经历中形成的个人心得，故是否有推广的价值，取决于案例本身是否有可持续性。不过对案例当事人的可持续性不等于在别人实践中的适用性。如若有普适性，就得使个人心得转化为某种规则或行为规范。

手工劳动教育价值的发现

19世纪与20世纪之交，欧洲"新学校"和美国"进步主义教育"运动蓬勃兴起，合称"新教育"。所谓"新教育"，作为传统教育的对立面，在实践上的一个显著特点，便是劳作性质作业的倡导。它相对于学科课程，又称为"活动课程"。这种课程的发生，在理论上同劳作性质的活动（即手工劳动）中潜在的教育价值的发现相关。所以关于"活动课程"须从手工劳动的教育价值问题谈起。

一

"作业"（德语arleit），在古代原指奴仆的劳作，是个贬义词。到了近代，才发现"作业"的教育价值，并不断拓宽这个概念的应用范围，破除对劳作的贱视，提升作业在学校课程中的地位，甚至一度还使其成为教育中的核心价值观念。

这个演变的过程为：

1. 18世纪德国学者莱辛、康德率先把作业从体力劳动推广应用于脑力劳动，形成"书本作业""精神作业"之类概念。[①]

2. 18世纪法国启蒙思想家卢梭，在前人启发下，发现主要是体力劳作的农业和手工业劳动的教育价值。他说，目前所有支持人的生活的职业中，最近于自然状态的，是手工业的劳动。所有的职业，最能独立不依赖于命运的，就是工匠。工匠只依赖自己的劳动生活。他是一个自由人。[②]故主张让儿童学会各种手工劳动。不是请师傅来上课，而是拜工匠为师，和师傅同住、同吃、同工作，但不忽视学别的东西。

3. 产业革命后，形成近代工人阶级。在进步的社会运动推动下，逐渐破除对以体力劳动为主的职业的歧视，从而排除在学校中设置手工劳动课程的思想障碍。

4. 19世纪与20世纪之交，鉴于传统的"读书学校"的弊端充分暴露，遂兴起以"劳作学校"取代"读书学校"的欧洲"新学校"运动和美国"进步主义教育"运动。"作业"成为"新教育"中的核心价值观念。

二

19世纪与20世纪之交，兴起以"劳作学校"取代"读书学校"的思潮，实同破除传统学校的积弊相关。

其实，在古代教学组织中，课业本身就是生徒的作业。因为古代教学组织以学为主，生徒在教学组织中的主要活动为认

---

① 姜琦.现代西洋教育史［M］.上海：商务印书馆，1935：211—212.
② 卢梭.爱弥儿：论教育（上卷）［M］.李平沤，译.北京：人民教育出版社，1985：249—250.

字、背书、习字、打算盘、作文等。在一般情况下，教师并不开讲，或甚少开讲。故一般生徒虽认字、背书，但甚少了解其中的意思。俗话说，"念书不讲，犹如隔靴搔痒"，成为典型的读死书、死读书。不仅无法思考，也无须思考，知识面又非常狭窄。到了近代，开始实施班级授课制度，从以"学"为主转为以"教"为主，即以教师讲授为主要方式。教师按照一定课程制度有计划地施教，从而奠定近代以来教学制度的基础。

从以"学"为主到以"教"为主的转变，是教与学组织的进步。因为教师的教，即使只是讲授，至少也可以增进学生对书本知识的了解。然而，随着学科课程和教学组织日益制度化，又产生新问题。主要是尽管教学法研究促进教与学之间的沟通、书本知识与实际生活之间的联系，而这种有限的进展，毕竟不足以改变教与学脱节、学与用脱节的基本事实。事实上，学生越来越陷入被动状态。

时至19世纪与20世纪之交，传统教育与急剧变化的社会需求的矛盾日益突出，从而使传统教育的改革势在必行。有识之士在寻求教育改革突破口的过程中，重新发现一个世纪以前就被发现的作业的教育价值。

"新教育"为什么会以作业为突破口呢？

因为以学生的作业（以儿童需要和兴趣为出发点的活动中的作业）为课程中学习的单元，将导致课程从书本知识向儿童生活转移，相应地使教与学组织的重心从教师活动向学生活动转移。

这类改革名目繁多，花样百出。如"工作学校""劳作学校""劳动学校""生活学校""生产学校""儿童中心学校"等。概言之，便是欧洲"新学校"、美国"进步主义教育"。这种教育思潮也称作"作业教育思潮"。

"新教育"虽然触及传统教育的要害，由于它从教与学、学与用中的一端走向另一端，故未能从根本上解决教与学、学与用之间的矛盾。它所带来的新问题，很自然地促成传统教育的反弹。

至于西方发达国家，所谓"新教育"与"传统教育"，所谓"革新"与"保守"，都是中性概念。20世纪40年代以后，"新教育"虽失去势头，传统教育仍占有相当优势。不过，它本身已经逐渐发生变化，何况"新教育"的影响还在。

需要指出的是，我国通常所谓"家庭作业"，有别于劳作性质的作业，主要为书面作业。这种作业的通行，实同对"新教育"引发的反弹相关。

历史证明，"新教育"在哪里传播最快，流行最广，哪里传统教育反弹的力度就最大。

"分科教学法"问对

张礼永：陈老师能不能把"教学法"给我们好好讲一讲？我们一直不懂这个"教学法"。

陈桂生："教学法"之"法"，人们往往把它误解为"方法"（教法）。其实，它原为教学的"法则"。有"普通教学法"与"分科教学法"之别。后来，"普通教学法"成为"教学论"，只剩下"分科教学法"。"分科教学法"的恰当名称叫作"教材教法"。杜威讲过，没有脱离教材的方法。教材的处理本身就有一定的方法。教材这样处理，还是那样处理，本身就是方法问题。没有空洞的方法。中国老一辈"教学法"专家，如俞子夷、沈百英，研究的就是"教材教法"。沈百英说过一句俏皮话："我有材（财）有法（发）。"

前几天在溧阳文化小学，我讲到小学数学中，四则运算怎么个教法？从加法、减法过渡到乘法，会遇到什么问题？问题应该怎么处理？从整数过渡到分数，分数应该怎么教？小数怎么教？百分数怎么教？几何图形怎么教？应用题怎么教？这些都是小学算术教学法研究的问题。现在把这些东西丢掉了。

一、"教学法"的由来

秦艳：陈老师，我们还是不太明白"教学法"与"教学方法"的区别。

陈桂生："教学法"之"法"是指教学的法则，而不是指教学的具体方法。这门学科，过去大家一直都嫌它浅，没有理论，因为它太结合实际了。"普通教学法"后来就变成了"教学论"，以为有了"教学论"，就比较有理论了，其实"空"掉了。过去赵廷为写过《普通教学法》，可以找出来看看。

黄向阳："教学法"一定是要与内容相结合的，比如说"四则运算"怎么教，是跟内容结合在一块的。

陈桂生：你说的是"分科教学法"。"教学方法"是从教育学里搬用过来的。

黄向阳：分科教学法，比如说"凑十法"。就是当个位数与个位数相加要超过10的时候，有一种方法，就是教给学生"凑十法"，就是看大拆小。比如说"8＋7"，7比8小，所以就从7里面拆掉2，跟8凑成10。在"分科教学法"的加法教学中，就会提到这些东西。

陈桂生：这些都作为经验传下来了。"普通教学法"是"教学论"里的一套，是具有普适性的。近代以来，"普通教学法"最早来自裴斯泰洛齐的"要素教学论"。因为从近代开始，就面临着一个很大的问题，就是整个的教学是书本教学，学生只是知道一些符号，一直到现在，也是这回事。教师讲的、学生学的，都是文字符号。文字指称的事实是什么？不知道。所以从近代开始，很突出的一个创造，就是"直观教学"，又叫"实物教学"。也就是说，如果教师要讲一个"杯子"，就要把杯子拿出来给小学生看。最初，"实物教学"红得很，因为这在过去是一个很大的发展。夸美纽斯一个很大的发明，就是"实物教学"，就是不能再停留在文字符号上，而要给学生展示符号所代表的实物是什么。按照杜威的说法，学校之所以产生，就是因为有文字符号。进学校就是为了学文字的，如果是学事情的话，不进学校也可以学。但是到了近代，学校就变成了专门学文字的了，大家就不会动手、不会做事了。所以最初的一条原则，就是"实物教学"（直观教学）。

后来，裴斯泰洛齐就想——因为过去也没有多少理论，都是靠动脑筋去想——怎么样才能把"实物"的东西抽象起来？文字的符号、这个概念怎么才能和实物联系起来？（过去还没有这套理论）建立近代科学的一个基本的尝试就是"要素分析"，就是把一个事物的整体加以分解，直到分成许多简单要素。裴老先生一直在考虑符号和实物联系的问题，有一天，豁然产生了一个灵感：其实，在学生学的东西里面，基本上是三个要素——数、形、语词。语词是语文的基本单位，数（字）和形（几何图形）是数学的要素。抓住这些简单要素之后，组成由易及难的各种练习，为"教学法"的建立奠定了基础。也就是说，我们可以把这些词从简单到复杂排列，因为必须契合儿童的需要；把数字和形也是由简单到复杂安排，这样不就找到了一系列过渡了吗？这是"教学法"最初的一个思想——

"教学（材）要素分析"，后来就慢慢地积累了起来。

一面是"直观教学"，一面分析一些抽象的东西，把它变成从简单到复杂的序列。裴斯泰洛齐的设计是这样的：小孩子在练习的时候，先说"我看到天花板"；然后是"我看到天花板上有一层纸"；慢慢再复杂一些，说"我看到天花板上的纸上有一个洞"。把句子从短拉到长，后来就变成了"练习"。之后才有了编教材的问题，才有了"循序渐进"的问题（古代的教材，比如说《三字经》，有什么循序渐进呢？），就是语词从简单到复杂，数字从少到多，后来又总结出许多规则，比如"从具体到抽象"等。

后来，斯宾塞又把这些原则归纳成六条格言。虽然都是自夸美纽斯以来积累的，经斯宾塞的归纳，就变成普及的、人人都知道的六条格言了：从已知到未知，从简单到复杂，从具体到抽象从个别到一般，从模糊到准确，……还给这六条定了一个名字，叫作"六条法则"，或是其他，斯宾塞的《教育论》里就有。今天看起来，这些原则好像比较简单，但在当时是非常重要的东西。这六条很普及，这就是普适性的东西。

后来，美国有学者尝试进行教学要素分析。课堂上的要素，比如说，有学生，有教师，有教材，有情境，很简单。也就是说，"教学法"是"教学论"的基础，是基于对普遍情况的分析，所以才具有普适性。我国现在也冒出了一些牌号的"教学法"，如：一个人抓住一个片段，比如说某人对"读—讲"很感兴趣，就搞了一个"读—讲教学法"，好像有特色。由于这是片面的东西，缺乏普适性，只能稍纵即逝。

后来，理性认识多了，结果就把"教学法"上升为"教学论"了。这样"教学法"的许多东西回过头来就有"教学论"可抄了。"教学论"的内容后来放大了，有了"这门课的性质""这门课的目的任务"，愈搞愈空了。

胡惠闵："情境教学法"是不是"教学法"呢？

陈桂生：主要看它是不是有普适性。它如果是基于科学分析，就会说明：到底有多少类情境，某种情境到底有多少要素，要素之间关系如何处理，才可望带有普适性地一"学"。

胡惠闵：所谓"情境教学法"是不是"教学方法"呢？

陈桂生：它又不单单是一种"教学方法"。它是一种特殊的实践经验。这种经验或许同蒙台梭利的设想相关，称其为"教学法"或"教学方法"，相当勉强。

黄向阳：赫尔巴特的"四步教学法"算吗？

陈桂生：对于赫尔巴特的"教学形式阶段"，后来有很大的误解。赫尔巴特的《普通教育学》也涉及这个问题：教学到底是怎么进行的？教学到底是怎么一回事？实际上他是按照到那时为止长年积累起来的教学经验和前人的研究成果，慢慢概括起来的。他没有什么四步、五步教学法之说，而叫作"教学形式阶段"。什么叫"形式阶段"呢？就是对教学的抽象思考，是对教学过程由具体到抽象再回到具体的思考，回答教学过程如何进行。

比如说，凡是成功的人都有这种经验，就是学一种东西要专心，不专心就学不好。这一点，像古代的孟子、荀子等，都讲过。荀子讲："君子壹教（一门心思地教），弟子壹学（一心一意地学），亟成（就一定能成功）。"多少名家都有这种见识。接着产生一个问题：人总不能专心看同一个东西，要从一个"专心"转到另一个"专心"，兴趣要转移，怎么去转？老是钻研一个东西，那不是学得就"单调"了吗？从一个"专心"转到另一个"专心"，不过是一个回合，这个回合还要反复，那就要形成"系统"。但是"系统"形成之后，还停留在认识上面，有的时候要运用，做做作业、练习题，叫作"应用"。

黄向阳：专心、联想、系统、运用或者叫方法。

陈桂生：这四个本来是"教学形式阶段"，是对整个教学的一种形式思考。只是大家在看赫尔巴特东西的时候不仔细。其实，赫尔巴特自己讲：看来这套东西，实际操作起来，只能在很小的范围内才有效。他罗列六种兴趣。六种兴趣怎么从一种兴趣转移到另一种兴趣呢？一种是思辨的兴趣、一种是直观的兴趣、一种是宗教的兴趣……从一种兴趣转到另一种兴趣，只能在小的场合。结果小的场合就变成了在一节课里的运用，也就是把一节课划成几个环节。最后大家看到的，只是赫尔巴特最后说的可操作的东西。他本来不是这个意思，他原有的东西是教学过程是怎么回事，到底怎么适合学生，他不是有一个"统觉"的观念吗？从旧知识要过渡到新知识。"导入"就是这样来的。不从旧的过渡到新的，难道新的是突然冒出来的吗？

"导入"没有固定的方式，要根据主题是什么来"导"。比如从下一节课开始要讲"分数"。学生从整数观念过渡到分数观念，是个非常艰难的跨越。比如，在学了分数之后问学生，4/8大还是2/4大，他们会说4/8要大一点，证明对分数还没有真懂。

又如，我学过了小数，到了高中之后，老师问了我们一个问题：0和1之间、1和2之间的距离有多大？我们都说，距离就是"1"。后来老师讲，其实0和1之间的距离是无穷大的。因为0和1之间还有小数。老师的这次讲课，真是给了我很大的启发。这证明我的脑子里面还没有小数的观念，只承认有整数。所以我就说，学生练习题会做了，可能还没有形成数的概念……

胡惠闵：陈老师的意思是说，当一种知识的性质发生变化的时候，新的知识一定要建立在旧的知识基础之上。比如说，从整数到小数、分数，就是知识的性质发生了变化了。这就是教学的难点。

陈桂生：新的知识如不建立在旧的知识基础之上，是很难建立的。

胡惠闵：上次陈老师讲了以后，溧阳文化小学好几个老师都在说，他们以前很少这样去想问题。其实现在就变成了，首先要对教材进行分析：在这一册里面，有哪些内容是属于知识性质发生了变化的？要首先去考虑这样一个问题。

陈桂生："教学方法"和教材可分又不可分。现在大家都认为教学法不时兴、不时髦，那就由各人自主选择吧！

二、"教学法"何以从我国教师培养培训中淡出

张礼永：教学法为什么会丢掉呢？

陈桂生：因为在大学里开设"教材教法"课程，大学生没有教学的经历，堂堂一所大学，居然讲小数怎么教、分数怎

教；讲怎么教识字、怎么教写字、怎么教阅读、怎么教作文；文章又分艺术性课文、应用性的课文、常识性课文等，都是一些"小儿科"。其实，这些都是和中小学教学密切相关的问题。再比如说，教地理会遇到什么特殊问题，历史教学会遇到什么特殊问题，科学教学会遇到什么特殊问题……这些都是"教材教法"中所要解决的问题。

在过去，"教材教法"是必修课，现在在大学里取消了，后来在中学教师的培训里也取消了。"教材教法"不"吃香"了，取而代之的是一些架空的研究：怎样培养创造性？怎样合作教学？……脱离了教材。所以，教师在学了这些"理念"之后，到底怎么教呢？还是不清楚。他们碰到教材中需处理的问题时，就凭经验，或凭空瞎捉摸。曾经积累了多少年的知识，现在反而变成生疏的东西了。所以我在溧阳文化小学偶然讲一点，大家好像都觉得新鲜。

胡惠闵：我们在溧阳文化小学有一次研究的是数学课的导入。什么样的课需要导入？有的教师就说，"我"的这种课就不需要导入，讲授新课才需要导入。什么样的新课呢？陈老师当时就讲了一点：当数学知识发生性质变化的时候，就必须要导入，这是一个底线。陈老师刚才这样一讲，真的让我豁然开朗。这样看来，我们的"教研组"的活动内容，应该是学习"教学法"。其实，我们现在的"教研组"讲备课、讲怎么上课等，还都只是建立在老教师的经验基础之上。也就是说，老教师上过这堂课了，再告诉年轻教师，这堂课应该怎么怎么上，缺少教学法理论的指导。

陈桂生：现在的备课，变成了一种经验交流，这是一类。另外一类，过去的教学法，现在大家慢慢地都淡化掉了。就像上次我们讨论"导入"，我讲了之后，大家都以为好像是新的东西，实际上都是以前的老东西。为什么要导入？导入是和新课的主题相关的。新课的主题是怎么回事，就怎么"导"。现在大家觉得这种说法旧了，改成了"引起兴趣"。

胡惠闵："引起兴趣"不也很好么？

陈桂生："引起兴趣"也不是我国发明的，这是美国后来搞的。但是"引起兴趣"这个"导"，跟原来的那个"导"，不一样。因为"引起兴趣"是泛泛的，而"导入"跟主题直接联系，是为了进入到主题。这些教育学上起码的道理，大家现在都淡忘了。

不过，俄国一直到现在还坚持"教学法小组""教学法委员会"。教学法是一种理论，有普通教学法和分科教学法之分。分科教学法是一种和教材结合在一起的理论。现在所谓"教学方法""教学研究方法"等，都比较空泛。"教学方法"跟"教学法"是两个概念。"教学方法"是从教育学里套用下来的。

胡惠闵：陈老师讲的，正好是我们中间缺的。也就是说，我们下位一点的"教研组"的活动，是建立在个人经验基础上的（完全是结合具体教材的一种就事论事的"备课"），是对教学方法的一种研究；上位一点的"教学论"又脱离了教材的内容，变空泛了。

陈桂生：我们现在没有什么"教学法"。如今广为流传的各种牌号的所谓"教学法"，缺乏教学法应有的普适性。教学法是普适性的东西，而如今那些时髦的"教学法"，其实是一些个人经验、个人心得，算不上是教学法。

胡惠闵：我们当时也学过"教学法"，小学语文教学法、小学数学教学法，都学过，一点也没有觉得学了有用（现在的学生学起来也没有兴趣）。去实习的时候，也没有觉得学了有用。所以我有这样一个想法，教学法应该是给备课的教师、参与实际教学的教师上的。

陈桂生：我读大学时，沈百英老师给我们上课，我们班上也没有一个同学感兴趣，而小学教师旁听时，听得津津有味。后来我跟沈百英老师到上海的一些县区去调查"三算结合"问题，发现教师们的积极性非常高，他们对这门课非常认同，对沈百英老师讲的东西一点就通。我有这种体会。我们现在缺少这种东西。

"分科教学法"本身也有问题。因为欧洲大陆来的这套东西，太具体、太实在，对备课非常有帮助，但是教师在备课以外就少有想法了。比如说在溧阳文化小学，我们现在搞的是课题研究，但是教师的理解就是备课。"我们备课，其他教师来听课，帮我们提提意见。"提的意见也是针对这篇或那篇课文，大家各自根据自己的理解，七嘴八舌，就事论事，他们也觉得有帮助。我觉得，在总体上，备课水平不高。因为这种备课不能超越具体的东西。

胡惠闵：不知道现在俄罗斯的"教学法小组"是怎么开展活动的，他们怎么能够保证教学法的理论能够和教学实践相结合，他们也都是一线的教师呀！

陈桂生：他们的教师培训，重在培训教学法，因为教学是老师个人的事情，其他人不得干预，他们也没有集体备课这样的制度。除此之外，他们有观摩教学，而他们的观摩教学不像我们这样普遍，是一学期搞一次两次。

古德莱得（J. Goodlad）讲，美国也是偶然会有这么一次两次观摩教学，是学区组织的推广新模式的东西，教师自愿参加。教学研究是不能强迫的。古德莱得讲的那些道理，跟我们现在的经验是相通的。

胡惠闵：我在想，是不是可以做个实验，比如说和打虎山路第一小学的数学组合作，研究教学法的理论如何与教学的实践相结合。尝试一下。有没有比较好的教学法方面的书？

陈桂生：我现在也不懂教学法了。俄罗斯的教育一直是很严肃的，教师的工作就是教学，而且不能让外界干扰教师的教学。我们的教师到底在忙些什么呢？观摩教学本身应该是研究如何"教"，但我们的观摩教学就延伸出了许多另外的东西：大家来展示，选拔教师，按照其他的意图来教课……离"谱"了。

胡惠闵：是不是可以这样认为：当我们想要把教学法理论与具体教材相结合的研讨作为教研组的中心任务的时候，我们都没有相应的教学法书籍可以参考。是这样吗？我记得沈百英先生好像以前写过《小学算术教学法》。

陈桂生：对。还有俞子夷。但是，他们的东西毕竟旧了，因为我们现在的教材跟他们那个时候的教材区别很大。当中国开始研究教学法的时候，就已经受到美国思潮的影响。美国的思潮有一个很大的问题就是，教材的编制必须要符合儿童的心理特点，因此教材的内容非常浅。我国以前受其影响，"四则运算"的范围里面，当初的教材起码有五个循环：十以内、二十以内、百以内、千以内、万以内或者万以上，一个一个的循环的加法减法，慢慢教。语文教材也很浅。大概在1945年，有一本小学语文课本，我现在还记得。第一课是"人"，就讲这一个字；第二课是"手"；接下来是"足""刀""尺""马、牛、羊"。"人手足刀尺"，一句话，就可以上五节课。其实我没有读过那所小学，邻居的小孩有这本书，我一下子就背下来了。后来，这本课本中的"小猫三只四只，白布五匹六匹"，就成了人们的口头语了。

中国革命根据地教育中的教学法探索

　　中华人民共和国教育就其主流的价值观念与教育体制来说，主要脱胎于1927—1949年间的根据地教育。不过，主要把1942年以后的教育改革，作为历史经验与优良传统加以继承。"教学法"虽不是根据地教学改革中的关键词，但当时在正规的学科课程与班级授课制度和非正规的教学选择之间的反复争议与不断探索，所解决或未能合理解决的，正是教学法问题。由于历史的惯性，当时的争议与探索，又在中华人民共和国教育历史上重演。故有研究的必要。

一

　　根据地师范学校中有"教学法"课程设置。不过，"分科教学法"不是教学改革中争议的焦点。教学改革中争议的焦点在教学组织与方式的抉择上。因为教学改革所要解决的，是教与学、学与做之间的矛盾。

　　根据地历史形成不同类型的教学组织与方式。这些教学组织与方式一般以当时的惯用语表示。

1. 私塾式教学。根据地创建初期出现的按私塾方式进行小学教学的现象。名义上是学校，实际上是改良私塾，即采用新课本的私塾。后来一度建立正规课程制度与班级授课制度，而在群众教育（含初级小学）改革过程中，因实行"民办公助"，不得不迁就农民要求，又基本上恢复了私塾式教学。其意义更在于对"制度化教育"的否定和对"非制度化教育"的肯定，即在一定时期重新把改良私塾合理化。

2. 带游击性的教学。其教学组织与方式同私塾式教学相近。不过，它是由新人用新思想、新方式采用的灵活多样的机动的教学方式，更是在被迫转移的流动环境中坚持办学的一种创造。

3. "旧型正规化"教学。从江西苏区开始，就反复出现教学"正规化"与教学中"游击习气"的争议。所谓"旧型正规化"与"游击习气"，都是争议双方强加于对方的贬义词。所谓"旧型正规化"，是指按有限的常规教学制度办学。其中包括课程制度、班级授课制度、升级留级制度、教师任用制度等。一度还实行义务教育制度。只是在非常落后的农村根据地条件下，按常规办学困难较大，故引起非议。

4. "新型正规化"教学。试图在"旧型正规化"教学与"非制度化"教学之间另辟蹊径。其中既保持常规教学组织与方式，又夹杂参照"新学校"先例解决教与学、学与做矛盾的尝试，如局部地区的"做、学、教的生产单元教学"与"新自学辅导"试验。

二

在中国农村，私塾较为普遍。北方根据地起初实行取缔私塾的政策。私塾虽被取缔，其影响依然存在。家长与多数未经训练的教师也习惯于私塾式教学。故私塾式教学在学校中普遍存在。其特点是：（1）不分年级，即使分年级也不实行班级教学；（2）没有日课表，即使有日课表也不按日课表上课；（3）不按照一定进度教学，讲到哪里是哪里；（4）采取死记硬背的方法；（5）不布置作业，不订正作业，没有考查制度。

据陕甘宁边区1939年的资料介绍，该边区教学的实际状况是：在教学法方面，虽一再提出最低限度的要求，即只废除死读书的方法，采取班级教学。这个工作在完全小学、模范小学尚能做到，有的学校还做得比较好。从鲁迅师范学校毕业的教师大体上也能这样做，而原有的当地教员则差得太远。他们仍用个别教学，不分年级。即使分级，同级的学生也是各读各的书。有的学生念到第二十几课，有的学生才念七八课，有些教师仍采用学生背诵的方式，读半天书，不让学生休息。此外，还存在打骂学生的现象。①

晋察冀边区甚至到1943年9月，教学上的基本情况仍然是：

1. 有的地区没有划分年级，还进行着私塾式的教学；有的地区虽已划分年级，并不坚持班级教学。一个年级划分为三四

---

① 陕甘宁边区教育厅.1939年上半年小学教育总结［M］//陕西师范大学教育研究所，编.陕甘宁边区教育资料（小学教育部分）上册.北京：教育科学出版社，1981：49—50.

个不同程度的小组，一学期甚至三个月以后，便再编一次班级。

2. 有的地区没有日课表，不规定教学进度，教员随意上课。有的虽有进度表，而教学进度表不完善，也不切合实际，故流于形式。

3. 大部分教师课前不准备，课后很少指导儿童作业。上课时照字面读课文，儿童随嘴唱读，并不了解其中意思。有些课本中的问题教员自己也不懂，马马虎虎，任意解释。

4. 大部分学校不注意考查儿童成绩，或不保存儿童成绩记录，不认真订正作业。升级、留级、降级都无凭据。[①]

这种种情况表明，当时农村教学尚未达到近代教学水平。

陕甘宁边区为了使教学工作制度化，从1939年开始制定《小学规程》（1941年重订），1942年又颁发《中学规程》。其他根据地也陆续发布中小学规程及其他教学规章制度。包括：

1. 实行班级授课制度；

2. 规定课程（包括课程标准）、日课表；

3. 提倡教学方法以启发式为主，讲解及讨论为辅；

4. 规定作业要求；

5. 确立考查标准、考试方法；

6. 建立学生入学、休学、转学、毕业制度，等等。

这个过程实际上就是把私塾式教学转变为近代以来通行的

---

① 晋察冀边区行政委员会.关于改进教学工作、提高教学效果的指示 [M] // 王谦，主编.晋察冀边区教育资料选编·教育方针政策分册（下）.石家庄：河北教育出版社，1990：73—74.

正规教学制度，割断古代非制度化教学的脐带。

然而，正规教学组织与方式本身也存在问题，主要是：在学与用的关系上，偏重书本知识的传授，不便于知识的运用；在教与学的关系上，偏重教员的讲授，不便于学生主动地学习。就根据地的特殊需要与特殊条件来说，这种教学组织与方式的局限性更为显著，故被视为"旧型正规化"教学。

三

根据地教学改革的价值取向是：（1）教育和实际生活打成一片，学习和实际生活密切联系，求得理论与实践统一，以解决学和用的矛盾；（2）实行"自动的集体学习"，并以集体的自动学习为"教学的最高原则"，以解决教与学的矛盾。[①]

一般说来，讲求知识的运用，讲求调动学生主动性，比较适合时宜。对于革命战争年代的农村根据地，更属势所必至。为此，根据地教学改革就要同时解决两大课题：一是把传统的"私塾式教学"转变为近代正规教学，一是把"旧型正规化"教学转变为"新型正规化"教学。然而，探索"新型正规化"教学需要时间。起初，在破除"私塾式教学"与"旧型正规化"教学之后，最自然的趋势，是带"游击性"的教学的产生。

"游击性"教学，并无明确定义。抗战初期学校生活"半

---

① 陕甘宁边区教育厅.边区教育的宗旨和实施原则［M］//陕西师范大学教育研究所，编.陕甘宁边区教育资料（教育方针政策部分）上册.北京：教育科学出版社，1981：134—135.

军事化"，以抗日民主的政治教育为主，文化教育为辅，注重实用。班级组织不健全，中等以上学校改为"队"的编制。教学制度灵活，课外社会政治活动较多，学生在学校生活中的作用增大。这似合乎教学改革的价值原则。这种教学不像私塾式教学那么呆板、守旧。不过，其形式同私塾式教学相近，都属非制度化的教学。虽在提高学生抗日、民主觉悟方面起过一定作用，却不利于教学质量的提高。故在教育工作"正规化"之初，同私塾式教学一样，"游击性教学"是一个贬义词。然而，在抗日战争中期，相当多的根据地从巩固区转变为游击区，正规教学制度行不通，"游击式教学"重新应运而生。人们自觉地实行"游击式教学"。它又分为两种类型：一是随军转移（中等以上学校及干部子弟小学），"敌来我走，敌走我教"；一是就地坚持，实行分组教学、巡回教学，在敌伪扫荡的特殊环境中，坚持教育阵地，起着正规教学所起不到的作用。不过它毕竟是权宜之计，一俟环境甫定，大都又转为正规教学。至于这种回归属进步还是退步，看法并不一致。

四

在放弃带"游击性"的教学，否定"旧型正规化"教学以后，根据地教育力图探索新路。不过，因缺乏经验，探索新路并不容易。

陕甘宁边区教育厅副厅长丁浩川曾经谈道，根据地对于教育理论与教育方针的研究很差，知道得很少，以致虽有明确的政治目标，却缺少同这一政治目标衔接起来的教育理论与方法。①

根据地也不乏了解西方近代与现代教学制度与方式并有一定独立见解的人，如山东省战时工作推行委员会（山东抗日根据地临时行政机构）教育处长杨希文，曾对若干西方国家的教学法研究成果作出评论。其观点如下：

1. 三段教学法与五段教学法。这种教学法基本上只适用于教师直接传授知识课程，有时也是机械的，但这种精神还有可取之处，是值得批判与接受的。"这种教学法基本的精神在于诉诸儿童的经验、注意实用、从归纳到演绎，但它是机械的。"

2. 自动教学、自学辅导、道尔顿制。这几种教学法强调学生自动、个人自觉，根据个性差异，使学生有充分的发展。道尔顿制打破年级界限，让学生按个人情形，订出学习计划，教员完全站在指导地位，从事考查工作，学生学习到一定程度即可毕业，完全打破年级界限。这种方法实行起来很困难，非有很好的教员、周密的计划不可。"一般地说，在小学很难适用，在中学尚可自学辅导，根据儿童个性差异，让儿童自动学习。"这种精神可取，不过也有限度，不能发展到绝对个人主义和自由主义。

3. 问题教学法及设计教学法。问题教学法重在引发学生的问题，使学生注意，引起自动研究的兴趣。这种精神可取。设计教学法根据"生活即教育"（应为"教育即生活"）原则。"它的优点很多，是旧教学法中比较进步的一种。若能以辩证的思想运用其技术，还可创造一套新的教学法。""这种精神虽然很好，但是

① 丁浩川.陕甘宁边区的教育工作［M］//陕西师范大学教育研究所，编.陕甘宁边区教育资料（教育方针政策部分）上册.北京：教育科学出版社，1981：217.

今天我们的教师能力太差、设备简陋，是不可能实行的。"

4. 艺友制与导生制。这种教学法是学生教学生。尤其是导生制，以优秀学生帮助教师领导其他学生。不过，时间配置、学科分配是一个复杂的组织工作。[①]

由此可见，当时对20世纪西方国家"新学校""进步学校"试行的教学制度的评价，尚较为客观与公允。

鉴于既不能轻易肯定与否定传统的正规教学制度，又不能简单地肯定或否定非正规教学制度，于是，根据地的教育改革很自然地找到了陶行知。陶行知反对"死读书、读死书、读书死"，倡导"活读书、读活书、读书活"。其理论原则是"生活即教育""社会即学校"，其组织形式是"教学做合一"，被视为解决学与用、教与学两个矛盾的可行的途径。所以，从陕甘宁边区、华北与华中各敌后抗日根据地，直到后来的东北解放区，无不提倡"教学做合一"。杨希文认为："我们今后虽不能普遍采用教学做合一的方法，但应该注意教与学的联系、知与行的联系。这就是多用启发的方式，把教的东西领导学生实地做一下。"[②] 至于以怎样的制度与方式体现"教学做合一"，依然是个问题。

根据地在实行"教学做合一"过程中，往往自觉或不自觉地实行"大单元教学"（或称"大单元设计教学"）及"自学辅导制"。

陕甘宁边区1942年的《中学暂行规程》规定"公民常识"

---

① 杨希文.展开中的山东新教育运动［M］//山东省教育科学研究所，主编.山东老解放区教育资料汇编（第2辑）.内部资料，1985：32—33.
② 杨希文.当前国民教育的改进问题［M］//山东省教育科学研究所，主编.山东老解放区教育资料汇编（第2辑）.内部资料，1985：55.

可作"大单元设计教学"。①

苏中区（属华中敌后根据地）在1941年（或1942年）颁布的小学暂行规程中提出："小学各科教学应力求联系实际，尽可能采用大单元之教学方法。"②

晋察冀边区在1942年的小学规程中也确定："以集体的启发为主，辅以自学辅导及行动上的设计教学。"③

1943—1944年否定"旧型正规化"教育以后，在小学中最初形成的格局，近乎回到非制度化的"游击式教学"。此后，"大单元教学""自学辅导制"的尝试相当流行。

在陕甘宁边区，三边分区赵老沟民办小学的不定时教学制度，"可以代表一般"。该校起初学生不多，故不分班级，进行个别教学，增至20人时，才分为4个班级，但不受班级限制，而是按每门功课的程度分组教学，也没有一定年限。学会一千字以上，不愿继续学习，即可毕业。有些小学虽然仍按年级分班，但个别程度高、进步快的学生可以升级。程度低或因生产误课的学生也不随意降级，而采取个别辅导及同学互助的方式帮助他补课。④

太岳区（属晋冀鲁豫边区）在1945年12月关于文教卫生工作总结中提到：经过教育改革，大部分学校都实行民主自治，启发儿童的自觉性，耐心地说服教育，使儿童懂得道理，服从

---

① 陕西师范大学教育研究所，编.陕甘宁边区教育资料（中等教育部分）（上册）.北京：教育科学出版社，1981：19.

② 中央教育科学研究所，编.老解放区教育资料（二）（下册）.北京：教育科学出版社，1986：510.

③ 同上：437.

④ 郭林.对边区小学学制的意见［M］//陕西师范大学教育研究所，编.陕甘宁边区教育资料（小学教育部分）下册.北京：教育科学出版社，1981：365.

真理，而不是盲目地服从教员，做到"学校真正以儿童为主体"；"实际生活就是教材"，适应季节，适应生产，结合政府工作，联系政策法令，教学方法上采用启发诱导，做到"四会"：会认、会讲、会写、会用。打破年级，实行分组教学。[①]

然而，如此"以儿童为主体"及"实际生活就是教材"，并不意味着教与学、学与用矛盾的真正解决。人们很快就发现教育改革中的经验主义与形式主义的倾向。山东胶东区发现在1944年教育改革以后，"学校一般是大单元教学，教学无系统、无计划，因而当时学生文化水平是低落的"。[②]于是，在1946年又发生正规教学制度为时短暂的复归。不过，这已不是1940—1942年"旧型正规化"教学的机械反复，而力图建立"新型正规化"的格局。虽然就教学组织、教学方式、考试制度方面来说，新东西不多，多数还属非正规教学制度向正规教学制度转变。其中也不乏新思想的闪光与新教学法创造的尝试。

五

解放战争初期关于教学组织与方式改革的试验有：

（一）"做、学、教的生产单元教学"

晋冀鲁豫边区教育厅厅长晁哲甫于1946年暑期，在边区中

---

① 太岳区文教卫生工作总结［J］//山西省教育科学研究所，教育史编纂研究室，编.山西教育史志资料.1985（3）.
② 山东省教育科学研究所，主编.山东老解放区教育资料汇编（第3辑）［M］.内部资料，1985：37.

学校长会议上提出"新教育方针"的初步设想。主要是"毕业即就业""中心工作即中心课程""业务课与文化课并重",并把陶行知的"教学做合一"的口号,改为"做、学、教",以示更加注重"学"与"做"。①他的这一套设想引起纷纷议论。许多人不赞成这些提法。不过,据晋冀鲁豫边区政府教育厅《关于"新教育方针"的初步意见》,当时的提法仍是"教学做合一"。其中提到,教学法在中国已有几十年的历史,它的过程是发展的。从单纯"注入"到"教学做合一",中间经过四五个阶段,一个阶段比一个阶段提高,内容逐渐丰富,但并不意味着一种方法的出现,就完全否定前一种方法。"教学做合一"是适合"社会即学校""生活即教育"这一教育思想的方法,应该是教学法(如果当作教育方法看)最高度的发展,是"理论与实践相结合"在教育上的具体方法,对我们这样的课程与教材的安排,也是完全适合而且必要的。运用"教学做合一"的具体做法是:结合实践,自动自学,具体形式不拘一格。一般讲,初等教育以"在做中学、在做中教"为主;在中等教育中,系统的理论学习与工作中学习并重;在高等教育中,系统的理论教育多于实际活动,而且实践中学习应更加精简;结合实际学习必须有充分准备、周密计划、严格组织、具体领导;贯彻"以自学为主"的精神,集体讨论和教师辅导也要在自学基础上进行。②由此可见,该边区似无

---

① 参见:吕鸿安《太行区学校教育会议总结》,华东师范大学教育系抄件(抄件存华东师范大学教育科学资料中心);另见苏贯之.关于太行二中、太行第二联中和左权中学的一些情况 [J] //山西省教育科学研究所,教育史编纂研究室,编.山西教育史志资料.1985(4):63—64.

② 晋冀鲁豫边区政府教育厅.关于"新教育方针"的初步意见 [M] //教育改革论文集.[出版地不详],冀鲁豫书店,1947.

"超越"陶行知之意。

然而，晁哲甫关于"做、学、教"的提法有其思想基础，并在该边区实际工作中确实发生了影响，因而一直成为争论的焦点。在《关于本边区实施"新教育方针"的初步意见》（上述文件的另一文本）中提出，系统的知识可分为两种：一种是科学的论理（逻辑）系统，一种是事物的自然系统（如做一件事情要有一定的步骤、秩序，这步骤、秩序就是事物的自然系统）。事物的自然系统也就是事物客观存在的规律，而科学的论理系统就是这种规律在思想上的反映，经过概括成为理性上的东西，而且有人编著成书以至完整的课本。不过，一般的课本是概括的概括，已经离开实际太远了。如果说要学系统的知识，这两种系统知识都是需要的，而且学习也应有先后，从感性到理性，颠倒了这个次序势必走弯路，强调一面，就不免发生经验主义或教条主义偏向。值得注意的是，这里把所谓"事物的自然系统"，即客观存在的规律，视为"系统的知识"。基于这种观念，导致对"做"的过分强调，对书本知识的忽视。惟其如此，该边区教育当局强调：从教育最切实的意义上说来，"我们是培养学生会办事，而且是能够办好事的人，而不是学会读书的人"。因此，"以课本为中心的系统文化知识的学习"的观念，必须为"从实际中取得系统知识"的观念所代替。①

根据边区政府教育厅的"新教育方针"，太岳区若干学校进行"做、学、教的生产单元教学"的试验（沁屯中学、士敏

---

① 晋冀鲁豫边区政府教育厅.关于本边区实施"新教育方针"的初步意见 [J].冀南教育，[出版年不详]，1（5）.

中学及国隆完全小学等）。[①]1946年12月，中共太行区委员会宣传部部长冷楚就在中学教育座谈会上，直率地批评了这类倾向，强调，学校的目的在学。所谓学，即提高系统的科学文化知识。为了目前，更重要的是为了将来更大的智慧作准备。[②]到1948年7月，在太行区学校教育会议上，重新讨论这个问题，指出"做、学、教"的口号是对陶行知思想的"未加批判的搬运"。[③]1948年12月，在《太岳区普通中学暂行实施补充办法（草案）》中，重新明确规定，坚决纠正大单元学习的偏向，实行钟点制，同一性质的学科不宜连续排列。[④]

太岳区在1948年从调查中获悉，单元教学"有好处，也有坏处"。好处是结合中心工作，可使学生了解时事，提高国文水平；坏处是学生摸不着头脑，学不上系统的基本的材料。例如1947年曾以"自卫战争新阶段"为单元学习中心，史地课结合讲蒋介石的历史、大别山一带的地理，由于缺乏系统的知识，学生"摸不着边沿"，教员"也靠不住教材"。[⑤]

（二）"新自学辅导"

陕甘宁边区所属绥德师范学校，鉴于班级授课制存在种种弊端，遂于1944年提出"加强学生自习"和"教员指导自习"的口号。按照各学科课时，分配各科目自习时间，并由教师指

---

① 太岳区教育结合生产的情况 [J] //山西省教育科学研究所，教育史编纂研究室，编.山西教育史志资料.1986（4）：19.

②③ 吕鸿安.太行区学校教育会议总结 [Z].华东师范大学教育系抄件.

④ 山西省教育科学研究所，教育史编纂研究室，编.山西教育史志资料 [J].1985（3）：61.

⑤ 山西省教育科学研究所，教育史编纂研究室，编.山西教育史志资料 [J].1985（4）：35.

导学生自习。起初遇到的问题是，如布置作业，学生自习的内容比较明确；如不布置作业，学生仍不懂得怎样自习。这就需要教员指导，但学生一般在晚间分散自习，教员难以全都照顾得到。于是，从1945年下学期起，在第29班（甲）国文科进行"新自学辅导"试验。接着在1946年上学期，又在第29班（乙）进行各学科"新自学辅导"试验。

"新自学辅导"的中心口号是：学生在教员的辅导下自学，教员在学生的自学中辅导。基本设想是：

1. 要养成学生的自习能力、自学习惯，则必须尽量使学生自己先动脑、动手、动口、动耳、动眼。教员只是根据学生自己学习的情形（程度、困难、问题、需要），来给以帮助和指导。为此，就须打破以教员讲授为主的课堂制度。

2. 学习方法和步骤必须以养成学生自学能力为主。每一学科的学习方法是按照不同年级和不同要求进行的。所以，要打破上课时教员单纯讲授、学生单纯听讲，自习时教员单纯指导、学生只是预习复习的死板的规定。

3. 以教学的步骤解决教学时间的支配，即讲解、自习，不在日课表上规定，而随教学进程确定。也就是把同一学科的上课时间与自习时间，由执教者统一分配，灵活使用。

4. 把自学场所和上课教室统一起来，即让学生在教室中上课与自习，以学习小组为单位就座。如全校都采用这个制度，则将把原先的教室变为"学科教室"，如国文自习室、数学自习室等。

5. 在学生个人自学基础上，开展学生的学习互助。把不同程度的学生混合编成若干学习小组。"这种集体主义的学习精神乃是新自学辅导的精髓",与建立在个人自由竞争基础上的自学辅导或道尔顿制有别。

6. 自学与辅导的比重,因学生程度与年级而异。

教学步骤（以一年级国文课为例）是：

第一步,学生朗读课文；

第二步,学生自习,包括阅读课文、查生字解释；

第三步,学生阅读课文,尝试解释生词难句,把生词难句记下来,在小组中讨论；

第四步,全班讨论小组中尚未解决的词、句；

第五步,学生自习,尝试解释课文,分段,小组讨论；

第六步,学生阅读,注意全文大意、主题、文体,小组讨论；

第七步,由学生自己分析文章、解释文章。①

"新自学辅导"的试验是有计划、有步骤进行的。后因内战的爆发而中断。

此外,太岳行政公署于1945年7月在《关于中学教育的决定》中提倡"以学生自学为主,先生进而（行）辅导"。大家都可提出问题,互相质疑,"先生也是学生,学生也是先生"。例如,沁县师范学校的学生委员会,就是师生共同组成的,"可以制订自己的学习计划"。讲课后,分组讨论、研究,提出问题,先生可作结论,但"主要是从讨论中解决问题"。"总之,新的教

---

① 潘开沛.学生在教员的辅导下自学,教员在学生的自学中辅导的理论与实际［M］//陕西师范大学教育研究所,编.陕甘宁边区教育资料（中等教育部分）（下册）.北京：教育科学出版社,1981：284—291.

育方法，先生仅是辅助的，主要是靠学生；为了使学生更加接近实际，从中学第二学年开始实行'分组教学'。"根据学生自愿和当前的工作需要，把学生分为若干班或组，如行政组、教育组、财政经济组、民众运动组等。一面请有经验的同志多来上课，一面让学生参加实际工作，"用自己的经验来教育自己"。①

所谓"做、学、教的生产单元教学"与"新自学辅导"，所谓"以学生自学为主"和"分组教学"，虽或多或少有点创造性，基本上未脱"设计教学法""道尔顿制""自学辅导""分组教学"或俄国的"分组实验制"之类"新教育"的窠臼。

东北解放区在中华人民共和国诞生前夕，发布的师范、中学、小学规程中，都明确表示"不许不加批判地采用欧美的反动的资产阶级教育学所提倡的教育方法"。规定小学教学的基本原则，是理论与实践一致，应以上课为主，配合必要的课内学习，教师应根据儿童心理，采取启发诱导方法进行教学，启发儿童的学习兴趣，培养学习的积极性、自动性与创造性，引导儿童积极学习，反复练习，应注意联系实际，多做实验、观察、参观等，力求启发儿童思想与创造力，引导学生面向实际，克服书本教学与实际生活脱离的毛病。②从否定的方面与肯定的方面，都同当时苏联教育学的基调相近。问题不在于原则的规定，需要合理解决的，是体现"理论与实践一致"以及教与学结合的教学制度、教学组织与方式。

---

① 山西省教育科学研究所，教育史编纂研究室，编.山西教育史志资料 [J].1986（4）：12.

② 辽宁省教育科学研究所，编.东北解放区教育资料选编 [M].北京：教育科学出版社，1983：247.

师生关系基本问题

 ## 师生关系价值判断中的误区

我们通常把师生关系视为教育者和受教育者间的关系。其中所谓"教育"其实是这个词的广义用法。实际上广义"教育"是一个复合语词。其中涵盖诸种性质不同的基本成分。如"教育"（狭义）和"教养"的性质有别，教育-教养和教-学活动的性质也不同。称为教学的教-学活动是中性的活动，这且不谈。有待关注的是常常出现师生关系价值判断的误区。这种误区是如何发生的呢？

这是由于尽管通过教-学活动使学生成为有道德的人，这种教-学活动才成为有教育价值的活动，或者在教-学活动中使学生应当掌握的文化知识或技能转化为学生自己的文化知识或技能，这种教-学活动才有教养价值。不过，事实上教-学活动未必都有教育价值或教养价值，由此不能不促成人们对广义教育的反思。如何反思呢？

在教育问题议论中，往往把广义教育的反思简单化地变成师生关系的议论。如针对在教-学活动中"教师主导作用",提出所谓"以学生为主体",或"以学生为中心"。岂不知"主体"是同"客体"对举的观念,同样,"中心"同"边缘"、"主导"同"被导"也是对举的观念。如以学生为主体,岂不是把教师当作教-学活动中的"客体"。若以学生为教学活动的"中心",那么如不使教师"边缘化",以学生为中心便流于空谈。"教师主导作用"提法的问题也与此类似。由此发生一种"聪明"的看法,即所谓"教师主导作用和学生主体地位结合",其实不过是掩饰"主导"与"客体"、"被导"与"主体"之间冲突的搪塞之辞,不过还有比如此搪塞更搪塞的说法,那就是教师和学生为"双主体"。如果如此话语成真,岂不知同时教师和学生都成为"双客体"。那么师生关系问题为什么流于教育空谈呢? 简单地说,便是误以关于教师或学生在教-学活动中的地位或作用的价值判断,取代教-学活动本身的事实判断。为什么这样说呢? 其实教师在教-学活动中的主导地位,学生相应地处于被导地位,是无可否认的,否认教-学活动便不能成立。问题在于处于主导地位的教师未必在教-学活动中发挥"主导作用",否则其"主导地位"便成为问题。反之教师主导作用果真引起学生"被导",正是正规教-学活动所求。只是学生果真"被导"谈何容易。故教师是否发生"主导作用",主要以教-学活动中是否发生教育(及教养)影响来衡量。

"影响"原为由"如影随身",如"响应声"现象构成的语词。只要拍一拍脑袋,便不难明白。教-学活动"以学生为主体",同教-学活动本身的"教育影响"或"教养影响"问题,即广义"教育"的价值问题。如迫使教师成为"客体",使之边缘化,那么不仅教-学活动能否成立成为问题,甚至各种非理性现象都可能发生。何况无论教师还是学生在教-学活动中的自主权利都非常有限,更不用说教师之间、学生之间的差别甚大。所以与其把教育本身存在的问题归结为师生关系问题,不如研究广义教育是否发生影响,如何发生影响。

其实,现代师生关系本身并不复杂。怕就怕的是使这种简单的问题复杂化。

变化中的师生关系

在现代师生关系中，涉及师生心目中的学生观念和学生心目中的教师观念。具体说，又是彼此对对方人格和教-学活动中的表现的看法。不过双方，尤其是学生心目中的人格和在教-学活动中表现的看法都若明若暗。惟其如此，故在一般情况下，师生关系尚保持正常状态。问题在于教师以及学生都是历史性的概念，故在从传统教育向现代教育历史性的变革中，学生观念、教师观念以及师生关系观念或早或迟都将发生相应的变化。好在这种变化将在漫长的岁月中逐步适应。不过在一定时期、一定场合，如处置不当，尤其是对学生引导失当，可能暂时导致师生关系发生出乎意料的冲突。

人格以及对人格的普遍尊重是现代社会才形成的价值准则，并且每个人的独立人格受到法律的保护。个人的人格不容侵犯，如受到侮辱，将得到纪律的追究或法律的制裁。"人格"一词是这个词的复数用法，表示每个人的独立人格都将受到尊重。由此进一步引申为所谓人人平等的价值与行为规范。其实独立人格不容侵犯才是人人平等的底线。岂不知在尚未形成现代意识的人们心目中，倒是这个底线最易于受到侵犯。如不把开口骂人当作一回事，甚至被骂的人也可能把被人侮辱当作被骂而已，还可以骂对骂了事，岂不知时至现代，果真如此，一旦受到追究（也不一定认真追究），也会后悔莫及。

独立人格如同独立个性混为一谈，将使触犯个性误判为触犯人格。其实个性不过是不同个体性格之间的区别而已，其实各个人的个性有自在的个性和自为的个性的区别。自在的个性是在出生后在同人们的接触与交往（通称"个体社会化"）过程中自发地形成的个人性格，尽管他人（包括社会）对某个人的个性不必介意，一旦任性，便可能侵犯别人或社会。自为的个性是指自觉或不自觉地形成的适应通行的社会行为规范的行为中表现出来的个性。所以并非任何个性都该受到尊重。

正如某种个性往往各以不同行为表现出来一样，人格也是如此。如不明人格及个性语义或概念的内涵，便可能把对行为的干预，误认为对人格或个性的干预，从而引起同学关系及师生关系的冲突。所以师生关系易比较简单，在不明什么该干预，什么不该干预的情况下，便容易发生误判或失误。

现代学生人格是不容侵犯的法律底线及伦理底线，对于学生的个性也无须干预，至于学生的行为一般按照通行的学生行为规范处理。其实学生经常性的行为还可能在一定程度上为其隐含的价值倾向的反映，从而涉及如何对待学生的价值倾向问题。不能不承认，学生的价值观念都在形成过程中，尚未定型。其中如有些学生不良的价值倾向较为明显，理应得到老师的关注。对于学生经常性的价值选择，老师固然应当适当鼓励，却不必以过高的要求苛求于学生。

　　这里针对通常往往把教育中存在的问题简单地归结为学生和教师在教-学活动中的地位的误区，尝试把师生关系回归教育问题。不过其中主要涉及教师如何看待与对待学生，至于学生如何看待与对待乃师以及乃师如何看待与对待学生对老师的态度，将另文陈述。

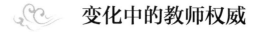

变化中的教师权威

如果说，在"一师多生"的情况下，更需教师有一定的权威，至少可使教-学活动正常运作，那么在"一生多师"的情况下，每个教师对学生的影响相对削弱，学生还可以对不同教师加以比较，有些教师在学生心目中的影响发生动摇。所以，时至现代，教师权威便遇到新问题。

一个教师如果没有一定的权威，将驾驭不了学生，也就影响不了学生；反之，教师也可能滥用权威压抑学生，其结果或激起学生反感，或在无意中训练了学生的奴性，反而滋生同学生交往中的困难。惟其如此，关于教师权威的议论甚多。只是，关于教师权威如何形成，教师应怎样对待自己的权威，仍有进一步分析的必要。

一

"权威"是常用词，一般解为"权力与威势"，系源于《吕氏春秋·审分》"万邪并起，权威分移"之说。

"权"，本义为秤锤，亦指秤本身，为衡量之具，而有资格

205

衡量的人，便获得了权力、威势；"威"，除含有威力（慑服人的力量）之义外，尚有威信、威望（人所共仰的声威、名望）诸义。故日常使用的"权威"一词，不单指"权力与威势"，还具有威信、威望之义。

教师权威，既有赖于教师在履行指导与管理学生的公职时所获得的权力，也可能是教师基于自身道德修养、学识修养、业务能力而形成的威望。这是两种性质不同的权威。它们都不是自然获得的，其教育价值也不尽相同。

尽管某种教育制度、学生管理制度赋予教师一定权力，学生也不得不服从这种权威，然而即使是这种性质的权威，也不是自然发生的。它取决于教师对这种权力的运用是否适当，即取决于教师是否按照既定的教-学制度、学校纪律规范与道德规范，权衡学生的行为，并适当加以指导。这就是说，教师的权力是有限的，他们对待工作、对待学生不能单以个人意志为转移。即使出于对学生的善意和关怀，也只能按规矩办事，讲求合情合理。这同教师自身的道德修养、学识修养、业务能力，并非一回事。即使是道德高尚、学识渊博的教师，若滥用管理学生的权力，也照样没有什么权威，照样不受学生欢迎；反之，一个教师只要忠于职守，恰当地行使自己的权力，且于道德无亏，即使不具有"人格魅力"，依然可以保持起码的权威。

真正的教师权威，是指教师在学生心目中的威望，而学生从这种威望中油然而生敬畏之心。其实，在一所学校中，多数教师大抵处于既无多大权威、又不是没有权威的状态。只有道德修养、学识修养、业务能力超出一般教师水平而又善待学生的教师，才真正有权威。

有权威的教师未必都有"人格魅力"。"魅力"之"魅"，原指中国古代传说中的山泽鬼怪；在现代，系指某种奇特的吸引力。教师的道德修养、学识修养、业务能力若能达到令人信服和敬仰的程度，可能在众多学生中产生"魅力"，却不一定对所有的学生都具有"人格魅力"；而有些教师多才多艺，或煞是可人，或仪表出众，堪称"帅哥""靓姐"，也许更可能对学生有人格魅力。所以，"教师的人格魅力"，往往可遇而不可求，它不是教师权威的必要条件。

通常把教师得自公职的权力，称为"外在的权威"，把源于教师自身修养的威望称为"内在的权威"。内在的权威自然优于外在的权威，一个过分依赖于外在强制力的教师，往往导致权威的丧失。不过，教师内在权威的教育价值也有限。

二

教师的内在权威具有双重价值。

1. 教师自身的道德修养、学识修养以及敬业精神、为人风范，作为学生学习和效仿的对象，本身就具有教育的价值。

2. 由于教师在学生中获得了威信，他们所实施的教学、教育，比较容易得到学生认同，甚至使学生信服。

然而，教师权威的价值也限于此。这是由于教师所施加的教育影响，不是他们自身的条件和行为所能充分体现的；教师的威望只是他们顺利实施教学、教育的条件。明乎此，才不致夸大教师权威的价值。

按照马卡连柯的见解，这种教师的特殊作用，在于在学生心目中增添对于"教师集体"的美感。

一所学校、一批学生，如果遇到有权威的教师，是值得庆幸的。有幸在学校和学生中获得权威的教师，更是幸福的。问题是教师要珍惜得来不易的威信。这是由于教师作为社会角色，其工作是履行公职，而不是单纯的个人行为。教师可以通过主观努力，从公职中获得权威，若端起"权威"架势，把个人意愿与威信凌驾于公职之上，这种"权威"便会产生负面影响，最终导致权威的丧失。事实上在学校中不乏水平甚高而孤芳自赏、一味自负、为所欲为的教师。

1. 在教-学中，学术权威高于教师权威。"吾爱吾师，吾尤爱真理"，此之谓也。同理，在教育（其中包括我国广义的"德育"）中，价值-规范的权威高于教师权威。故也可以说："吾爱吾师，吾更求真""吾爱吾师，吾更爱善""吾爱吾师，吾更爱美"。所以，明智的教师，不会端起"权威"架势，而不介意学生向自己挑战。

学生实在不敢向教师挑战时，那又怎么办呢？不妨顺带举一个例子。2002年年底，我有幸结识南京师范大学附属中学的吴非（王栋生的笔名）老师。据他说，他有感于学生在自己面前畏畏缩缩，有一次上课时，突发奇想，要十个男生到讲台前，每个人面对老师大喊一声，喊出自己的声音来。这位杂文作家在课堂上挥出的这一飞来之笔，凸显了这位语文教师的"人格魅力"，从中又洋溢着多么难得的人文精神。

2. 教师在工作中，公职高于个人的意愿与威信。一位威信较高的教师同威望不怎么高的教师相比，工作要顺利得多。因为他的话、他的举措比较容易得到学生认可。不过，在这种情况下，学生的行为可算是其改善也勃，其消退也忽。因为学生身上存在的问题，很快被掩盖了。这还属于自然之理。如果教师（不管他有无权威）把履行公职当成单纯的个人行为，甚至有意突出个人能耐，那就成为问题了。

如果说教师对学生，往往因人而异，那么学生对教师，更可能因人而异。例如张老师有威信，她的话也许不对，学生也能勉强接受。这叫作"因人成事"。李老师的话，明明是对的，由于看不惯这位教师，便听不入耳。这叫作"因人废言"。所以，有威信的教师工作比较顺利。有些教师由此而失去自觉，一味突出个人，博得学生青睐，似乎也能收到明显的成效，可一旦把他所教的班级交给另外的教师管理，学生似乎就变了样。这反映原先那位教师的工作成效有限，即并未真正解决学生教育的问题。马卡连柯尖锐地指出，有些教师只知道追求学生的"爱戴"，一味说其他教师都不中用，只有自己一个人"顶呱呱，有天才"。这种教师其实是"教育中的骗子"。教师中的这种人，在学生面前，在社会面前，惯于卖弄个人的才智，绝不能教育任何一个人；[1]反之，说话虽在理上，学生"不中听"，待他们稍

---

① 马卡连柯.普通学校的苏维埃教育问题［M］//吴式颖，等，编.马卡连柯教育文集（下卷）.北京：人民教育出版社，1985：82—83.

为懂事以后，仍会心中有数。重要的是不管学生反应如何，教师本人问心无愧。

话虽如此，有权威的教师毕竟至为难得。真正有权威的教师没有不尽职的。

教师对谁负责？

以往，我总以平常心看待教师问题，即以教师是否履行自己的本职工作，区分教师是否尽职，是否称职。至于某些教师在媒体上吸引多少眼球，在官场上行走如何得意，那是另外的问题。那些仍列入教师编制的人，只要承担的教学任务和履行本职的行为，不低于一般教师的平均水平，也就没有理由否认他们是教师。这就是说，既作为教师，起码就得承担教师应当承担的责任。读了姜霞芳、黄行福老师的《今天，对谁负责》（《教育参考》2009年6月号）一文以后，才觉得自己的看法非常肤浅。他们追问的是：教师实际上对谁负责——对校长负责，对分数负责，还是对学生负责？这就促使我们对教师责任问题作进一步思考。

以往，在我看来，"教师对校长负责"与公立学校校长"对教育主管当局负责"，都是"校长负责制"题中应有之义。教师"对分数负责"和"对学生负责"，又是他们"对校长负责"题中应有之义，并不觉得其中有什么矛盾。读了这篇大作，才懂得：关于教师责任，不仅视其是否负责、对谁负责，还得看其究竟负的什么责、如何负责。这样，才能进一步明白：就连教师的负责行为中，也还存在着正当与失当、公心与私欲、有益与有害之分。

这篇文章之所以深刻，道理并不复杂。

1. 明"负责"一词与"负责"概念之分。尽管任何概念都是用语词表达的，由于语词毕竟是一种符号，同一语词可以指称不同的对象，也就可以表达不同的概念。所以不能简单地认为凡是称之为"负责"的行为都是真诚的、正当的、有益的。重要的是看"负责"一词指称的是什么行为，所指称的行为具有什么意义与价值。

此文由此出发，根据有些教师在校长面前的行为与在校长背后的行为，来区分"负责"的真伪；根据追求分数的动机与效果，来区分"对分数负责"的利弊。即使是"对学生负责"的行为，也得看教师对学生是否偏爱、是否歧视、是否有助于学生的成长。

2. 以教师本职工作为判断教师负责的标准。从表面上看来，上述种种行为都具有"教育行为"的外观。恐怕其中有些行为，只能用另外的名目表达。作者能够透视种种"负责"现象的实际含义，正由于他们以教师本职工作为判断各种"负责"现象的标准。话虽如此，一旦遇到实际问题，不免又犯嘀咕。

教师即使打算对校长及教育主管当局负责，也得看其上级到底要他们负什么责。尽管谁都明白教师以教学与教育为本职，在教学与教育过程中对学生负责，然而教师为了履行本职，是不是有权回避或拒绝对同本职无干的事情承担责任？他们是否承担得起因拒绝旁骛而导致的后果？如果本职与非本职之间存在解释的空间过大，那么教师的责任还分得清楚么？

教师即使为学生考虑，落入"应试教育"的旋涡，算不算对学生负责？反之，在如今这种应试大局未变的状态下，教师若不为学生应试准备提供足够的帮助，能算是对学生负责吗？

说到教师对这负责，对那负责，那么教师要不要对自己负责呢？问题是教师怎样才算是对自己负责。如今提倡张扬个性，说什么"我的教学我做主"。且不说教学能否自主属于体制问题，即使实行"教学自治"，也得看教师到底做的什么"主"，教师授业的正当性如何，有效性如何，仍少不得接受检验与监督。

看来，"教师对谁负责"，不说它，并不觉得不明白。一旦稍微认真一点说起来，反而落入云里雾中。然而不提教师职业便罢，提起教师职业，这倒是一个含糊不得的话题。

"以身作则"平议

"以身作则"，是我国师道中的千年古训，至今仍广为流传。或许由于它早已成为不证自明的道理，人们对其要义也就甚少推敲。不过，如视其在教育实践中运用的情况，倒也不无可议之处。

"以身作则"，《辞海》解释为："则，准则、楷模。用自己的行动给别人作榜样。"尽管其运用范围不限于教师的工作，但由于在"教育"一词的多种含义中，最原始，且迄今仍属基本的含义是对学生道德人格的影响，故它更适用于教师。未成年的学生，无论在其理性判断力形成之前，还是理性成熟之后，成年人（尤其是教师）的人格远比学生应当学习的道理和必须遵守的规范更易于影响学生。因为这种影响的载体既直观，又可信。惟其如此，也就要求教师比其他从业人员更加讲求以身作则。

话虽如此，由于教育中的实际情况相当复杂，以致对这么一个简单的命题（或规则）就会有不同的理解和运用。

1. 如果把它解释为"凡是要学生做到的，教师自己也该做到"，似乎顺理成章。不过，如果教师真的成为"人格化的学生

214

守则"，岂不是把"学生守则"当成"教师守则"了吗？

2. 若把它解释为"凡是教师说到的，他都该做到"，这也符合常理："连自己都做不到的话，怎么可信？"然而，教师该讲什么，不该说什么，既不单以教师自己的行动为依据，也不全以教师个人的愿望和意志为转移。再说，言行都这么一致，谁做得到？

自然，这么说，未免过虑。因为在学生看来，老师是老师，学生是学生，他们是分得清楚的。老师如以身作则、言行一致，固然会受到他们的尊敬，老师的言与行即使有些出入，只要不出格，不违背一般道德底线、教师伦理底线，学生也不致说某位老师"不以身作则"。然而，这么说又不全是过虑。事实上，在有些管教师的人或深明教师修养之道的"专家"看来，由于教育工作本身需要教师以身作则，所以似乎对教师的要求再高都不算过分。于是，便产生一个问题：对教师的要求是不是该有一定的限度？

在作为公共教育机构的学校中，教师是公职。有关教师任职条件和履行其公职的规定是有一定限度的，只是一旦谈起教师修养、教师专业发展，这种限度就模糊了。什么教师是"人类灵魂的工程师"，要有"崇高的理想""优良的师德""热爱学生""渊博的知识""宽阔的胸怀"，要像"父亲那样的严格，母亲那样的慈爱"，像是点燃了自己、照亮了别人的"蜡烛"……这类重复了无数遍的比喻和道理，谁也没法否定。只是既然谁都知道教师工作已经非常辛苦，早就不胜负担，再为教师加压，添加这样、那样堂皇的理由，到底于心何忍？

诚然，有关教师任职条件和履行其公职的规定，只是教师的合格标准。尽管这种合格标准随着教育需求提高而逐步提高，它同更有成效的工作仍有距离。问题是超越合格标准的追求，是教师自己的事。即使为了激励教师更加勤奋、更加有效地工作，也不需要那些早已耳熟能详的说教和套话，在实践中已有教师职称评定、教师奖励之类的办法。要求一般教师都成为优秀教师，既做不到，也不一定合理。关于教师问题漫无边际的空谈，不仅于事无补，反而可能转移对切实监督教师履行起码职责的注意。

一般以为对教师要求越高，教师对自己的要求也就越高；教师对自己的要求越高，那就越能有效地教育学生。这种假定虽有一定道理，但也不无可议之处。

教师工作本身是平凡、琐碎而又繁重的，其中少不了大量重复性的事务，而教师的时间、活动空间与精力有限。虽然从这种平凡的工作中，也能涌现出一批又一批优秀教师，他们无怨无悔，不仅以教师为职业，而且以此为事业。那是由于他们自己从工作中体验到乐趣，并愿意在工作中实现自己的人生价值。对于一般教师来说，耳熟能详的说教不过是耳边风，外在的强制性的要求，如果成为他们不堪承载的负担，不仅不能使教师对自己的要求提高，反而会使他们把工作看成是应付不迭的苦差事。

教师对自己要求严格，自然难得。至于这种教师的工作成效如何，既取决于他是否能在超负荷工作的情况下保持正常的心态、良好的心境，还取决于他能否以平常心看待学生。

一般来讲，一个对自己要求很高的人，往往自然地按对自己要求的尺度要求别人。如果自己成为"工作狂"，那就更可能"为工作而工作"。不仅忘记了自己，也可能忘记工作的对象，如果不把工作对象当作"人"看待，那就成为问题。正像不能因讲求"以身作则"就把"学生守则"当成"教师守则"一样，教师即使出于对学生的关爱，也只能按照通行的学生行为规范和学习要求去要求学生，而不宜把个人对自己的要求、对学生的期望强加于学生。所以"清教徒"式的教师，虽能得到上司的青睐，却未必能受到学生的欢迎。

"教学相长"平议

《学记》称："虽有嘉肴，弗食不知其旨也；虽有至道，弗学不知其善也。是故学然后知不足，教然后知困。知不足，然后能自反也；知困，然后能自强也。故曰：教学相长也。《兑命》曰：'学学半。'其此之谓乎？"

"教学相长"，现在通常解为：（1）教师本身通过"教"和"学"可以互相促进；（2）用来指师生之间互相学习，共同提高。作为辞目释义，如此解释，倒也不错。作为《学记》研究，则宜把这一词放在《学记》这一章的语境中，考察其原义。为此，又需在《学记》全文背景上理解这章的旨趣。

从《学记》全篇看来，其头三章，为"学"之三辩：一为治国之需（"化民成俗"），一为修身之要（学以知'道'），一为宏道之举。"教学相长"是宏道的引申。

"虽有至道，弗学不知其善也。"照此说法，似乎只要"学"，就能知至道"其善"，不过，依作者之见，还得看如何"学"。"至道"毕竟同"嘉肴"有别。嘉肴，食即可知其旨（美味）（现代"美食家"另当别论），而至道，则以越学越知自己之浅而悟其深；不仅如此，单知不足，"然后能自反也"，自

218

反，即重新学，仍未必尽知至道其善。为此，还得诉诸"教"。"教"，既得使已知之道让人明白，还得经受别人质疑问难的考验，故而"教然后知困"。"知困"之不同于"知不足"，在于使自己对已经相信的那点道理，可能产生疑问。"知困"，才是"自强"的起点——知至道其善之所以必经这样的过程，其原因盖在于"道"之深，知"至道"之不易。

《学记》援引《尚书·兑命》所谓"学学半"为据。有注本引严陵方慤称：上学字，宜读曰"敩"。《说命》亦作"敩"。"敩"即教也（《礼记集说》卷八十八）。《十三经注疏》采晋代梅赜传本，其中伪古文尚书《说命下》，"学学半"已改为"敩学半"。[①]

"敩"，音效。惟《说文解字》解"敩"，称"学，篆文敩之省"，即解"敩"为"学"，且《说文解字》中未收"学"字。[②] 表明：

1.《学记》所引"学学半"，前一"学"字，照《说文解字》之意，或为篆文"敩"之省，而后人为明这句话之意，才又改为"'敩'学半"。

2. 古代"教""学"可通，"敩"既通"教"，又可通"学"，便是明证；直至汉代，"教""学""敩"并用（《说文解字》与《高彪碑》可为证），后来"教"与"学"之别日益显著，"敩"

---

① 原文"惟敩学半，念终始典于学，厥德修罔觉"，今人解为：教人是学习的一半，思念终和始取法于学习，道德的增长就会不知不觉了。参见：周秉钧，译注.白话尚书 [M].长沙：岳麓书社，1990：304.
② 汉代《高彪碑》有"为敩者宗"之说，仍用"敩"，为"学"之义。宋代洪迈《隶释》凡二十七卷，前十九卷著所藏汉碑一百八十九种，皆以楷书录其全文。《外黄令高彪碑》亦在其中。

字才罕见。

3. 在《学记》中，"学然后知不足，教然后知困"，显示"教""学"有别，而"教然后知困"之"教"，仍属于"虽有至道，弗学不知其善也"之"学"。表明当时尚属"教"与"学"既可分又可通状况。

教师职业修养基本问题

本来，经过一定的考察，达到合格的标准才能成为教师。这表示既成为教师，即都有起码的职业修养。不过，具备一定的师资条件不一定就能有效地实施教育。故教师还须适应实施教育及教养职能的需要，不断提高自己的职业修养。说到教师的职业修养，通常以为教师一定具备优良的道德品质和足够的专业知识，并关爱自己的学生，都不无道理。不过，即便如此也不一定就能有成效地影响学生，那么还需什么修养呢？由于未成年的学生，其道德水平和文化水平都是逐步提高的，并不需要老师有多么优良的道德品质或专业知识水平，那么还需什么职业修养呢？这就是，无论是教育的实施还是教养的实施，都少不了运用可靠的知识指导学生，正当而又恰当地解决学生学习中的问题。所谓"恰当"地解决问题，大致是恰如其分地解决。是否恰如其分，并非什么高标准，而以当事人（师生双方）认可为限度。正当的教育，也须恰当，而不致苛求于人。这便是运用智慧进行教育或教养。品德高尚的教师不一定对学生品德发生影响，教师若成为"道学夫子"，反惹学生烦。学者型教师不一定有效地实施教学，原因便在于此。

"智慧"一词，病在神秘化。其实每个教师都可能运用自己的智慧履行自己的职责，如此范例，也不少见。

教师职业伦理基本概念辨析

　　教师职业道德，通常简称"师道"或"师德"，早就习以为常。然而，在中西教师职业伦理比较中，因各方历史形成的"道德"概念或有区别，故在教师职业伦理规范中显示出差异。由此便引起关于我国教师道德规范问题的争议。争议的焦点在于师德的规范应当限制为以戒律表示的道德底线，还是包括超越道德底线的价值追求？可见，这不仅同教师职业价值相关，还涉及"道德"内涵问题。

　　其实，随着时代的变迁，历史形成的教师职业伦理观念也在变化中。为了揭示教师职业伦理演变的轨迹，这里尝试采取更带包容性的"教师伦理"概念，其理由何在呢？

　　在中国古代文献中，"伦理"一词原来指称道德关系及其相应的道德规范。[①]不过，原先"道"与"德"是对举的两个概念。在西学东渐中，以此为英文ethic（道德）译词。不过，它既作为"道德"的同义语，又以此指称道德的理论。在ethic末尾加字母sh，用单数时，译为"伦理学"。[②]故以"伦理"一词

①② 冯契，主编.哲学大辞典［M］.上海：上海辞书出版社，2001：892.

把中国古代所谓"道"与"德"，西方"习俗道德"与"伦理道德"、"义务道德"与"美德"涵盖在内。

惟其如此，关于教师职业伦理问题，就得从"道德""职业伦理"等上位概念谈起，进而讨论教师伦理在职业伦理中的特点，我国历史形成的教师伦理，同西方社会-文化中教师职业伦理的异同，以及现代教师伦理的变化。

中国文化传统同西方文化传统颇有区别。其中"道德"概念含义不尽相同，表达方式上也不同。不过，它们有可比之处。

我国古代"道"与"德"，原是对举的两个概念。"道"与"德"又都是多义词。

"道"，原是路的意思，引申为价值法则。其法则，不限于"道德关系"中的价值标准与价值取向，还指人生、世界、政治等价值观念。

"德"，原词为"惪"，是动词"得"的意思。这个词又用以表示"质"。不单指人的品质，还泛指动物以及事物的属性（如阴阳家邹衍的"五德终始说"中所谓"五德"，是指水、火、木、金、土）。

"道"与"德"之间的关系，有所谓"志于道，据于德"一说。朱熹解"志"为心之所之，"志于道"，即内心指向人伦日用之间当行之事；"据（音倨）于德"，是得其道于心而不失。表明"道"与"德"，原是"道德"的两面："道"作为正当德的价值追求，为应然之"德"；"德"作为修道而成的品行，为实然之"道"。

中国自古以来的文化传统基本上并未中断，"道德"概念也随之长期流传。到了近代，在西学东渐中，中西文化的沟通，才使其成为受到关注的问题。

西方社会-文化中的"道德"一词，是近代参照古代希腊文、拉丁文词根建构的新词。因词源不同，也就有内涵有别的两个词。

英文morality一词，源于拉丁文moralis。拉丁文中这个词的原义为风俗、习惯、品行等。现今定义为：以善恶评价为标准，依靠社会舆论、传统习惯和内心信念的力量规范人们之间相互关系的行为准则。

此外，英语中还有"virtue"（美德）一词，源于希腊文arete。它是同"义务道德"对举的概念。

由此发生两个问题：一是西方morality与virtue两词如何会通？一是中西"道德"概念如何对应？

由于"道德"一词源于习俗，其行为规范只能是道德准则的底线。故又有伦理道德与习俗道德之分。其中伦理道德或指超越习俗道德的伦理价值追求。

同"美德"对举的"义务道德"，其中obligation（义务）源于希腊文debere，原义为"负有""应有"。"义务道德"指在个人对他人或社会不得不承担的道德义务情况下，意识到自己应尽的道德责任。由于各个人的义务感不尽一致，故通行的义务道德，当指对习俗道德的认同与遵循；美德则出于个人自觉的道德价值追求，别人或社会无权干预个人的价值选择。其价值追求，高于义务道德的水准，故被视为值得赞扬的"美德"。

这样，便大体上可知，西方道德准则分为两个层面。其中

"义务道德"相当于"习俗道德"，为任何人都不可违背的普适性的道德；"美德"属"伦理道德"范畴，为个人自觉的道德价值追求。

中国自古以来的道德价值，同样存在两个层面。相对来说，所据之"德"，相当于"习俗道德"；所志之"道"，相当于"伦理道德"。只是中西双方"道"与"德"的权重不同。相对来说，西方更重于"德"，而中国更重于"道"。这只是权重的区别，而不是非此即彼的选择。这种权重的不同，不仅是中西道德文化之别，更是不同时代道德文化的反映。因为在现代社会，对个人社会行为的约束，只能限制在底线的程度上，而对个人的意识与志向，不可强求，但对正当的，尤其是高尚的价值追求应予弘扬与激励。否则人类社会便不会有道德的进步。

教师职业伦理价值历史性的变化

  我国教育历史上原以"师道"为正统的价值观念，自西学东渐后，逐渐以"师德"概念取代"师道"概念。倒是从日本学者小原国芳的著作中得到启发，提醒了我对我国"师道"的追溯研究。

  日本学者小原国芳，针对近代以来教师重术轻道、重利轻道的倾向，在该国17世纪教育家山鹿商祐的师道学说启发下，重新提出师道问题。

  山鹿商祐，字子敬，号素行。世称山鹿素行。为日本师道学说的先驱。他只比黄宗羲小6岁，比黄宗羲早死10年，可算是黄宗羲的同龄人。他虽崇尚孔子儒学，却与程朱陆王的理学异趣。其师道学说与中国的师说亦大相径庭。

  他认为"师者，志也"，而"志者，尽人之道也"。其"师道"的要义为：

  （1）人之范，行之则，乃为师；

  （2）为有志于为人之道者，乃为师；

  （3）众望所归，而不得不为人师者，可谓真正之师；

（4）教育终以道德教育为中心，故而恪守师道。①

小原国芳作《师道论》，对于"师道"的本义、内容重新加以解释。他旁征博引，反复举例，说明"道"与"术"的区别和重道的意义。

他认定："师道就是斯宾诺莎所教导的'在永恒世界中'，追求永远之道的意思。就是以坚定不移之心，遵从理性的启示。"②

"术"就是技术，是技巧，"道"就是"宇宙的大法"。③

上述师道论同中国传统师说的区别在于，我国古代师说，多为针砭世事、矫正时弊之作。唐宋师说主要针对士大夫之族，不仅耻于从师，而且以师为笑谈。明清师说的锋芒则指向谬托师名的伪师，而对于为师之道，反而甚少论及。郑晓沧在评论韩愈《师说》时，一针见血地指出："韩氏所谓'受业'云云，殆为'授业'之意。"惟"韩氏对于此点，未加发挥，其文之后段，且敝弃之（'非吾所谓传其道解其惑者也'，欲不言受业或授业）。韩氏因着重于'传道'云云，于'业'则非所重，殆犹是吾国士大夫之素习。"④相比之下，日本学者从山鹿素行到小原国芳的师道之论，则属为师之道。客观上由于中国古代师说以"非师者"中的"反师道现象"为批判对象，而小原国芳则针对教师中的"重术轻道、重利轻道现象"。倒是黄宗羲的《续师说》《广师说》，对于"应试教育"风潮中的某种"名师现象"

---

① 小原国芳.小原国芳教育论著选（下卷）[M].刘剑乔，由其民，吴光威，译.北京：人民教育出版社，1993：323，364—365.

② 同上：323.

③ 同上：324.

④ 郑晓沧.广师说[M]//王承绪，赵端瑛，编.郑晓沧教育论著选.北京：人民教育出版社，1993：229.

的批评，至今仍不失警示的价值。

小原国芳的《师道论》，旁征博引，反复举例，却缺乏谨严的论证，以致其"师道"概念并未展开，但其精神还可以领会。说得明白一些，便是以教师职业为自己的事业，对教师职业有敬畏之心，立志为教师职业的完善而坚持不懈地努力。这不是"师德规范"所能解决的问题。

如上所述，小原国芳的师道论，其"师道"概念并未展开，也就没有形成思路。他所提出的教师的信念和师道的内容，是他所倡导的"全人教育"，从而把"师道论"折入"教育论"。好在同时期杜威提出的"教师的职业精神"，倒有助于打开"师道"的思路。

"师道"，原是植根于东方社会-文化中的概念，萌生于西方社会-文化中的杜威学说中提出的"教师的职业精神"，实相当于"师道"。

杜威于1919—1921年间在华讲学中，多次作过以"教育者的天职""教育者的责任"为专题的演讲，其中提出了"教师的职业精神"概念。

他提出教育者的责任为：

（1）对于知识应负的责任。教师不是把自己头脑中的知识"搬出来"教给学生，就算了事，必定要培养一种兴趣，对于学问上有很大的热忱，有继续研究的精神，时时在知识改造中，这种研究精神，是学生的精神，也是教育者应有的精神。

（2）对于学生应负的责任。做教育者，如能对于学生有一致进行共同利益的观念，视学生的快乐就是自己的快乐，学生的进步就是自己的进步，那么，不但不以为苦恼，转觉得很快乐的了。

（3）对社会应负的责任。教师不但注意于学校以内，更当注意于社会，不但做学校的教师，更当作社会上一般人的教师、学生家属的教师。个个教员有这种意思，继续地做去，那么中国前途很有希望。①

由于教师的本职为教学，并在教学过程中教育学生，故每个时代都不致忽视教师掌握所教学科的知识。近代教育趋向发展学生的个性，相应地要求教师尊重学生个性，并为发展学生个性奠定基础；到了现代，逐渐意识到学生的个性，其实是个体社会化过程中显示出来的差异。学校教育旨在促进个体社会化。为此，就有必要沟通学校与社会之间的联系。相应地要求教师具有社会责任感。不仅使学校教育适应社会需要，而且主动为社会服务，以促进社会进步。

在这里，不仅反映时代潮流，赋予教师以社会责任，而且使教师对知识的责任与对学生的责任获得新意。

杜威把上述教师应有的责任，作为现代"教师的职业精神"的三要素。其实也可把它视为"现代师道"的三要素。

从杜威倡导的"教师的职业精神"到实践中建立教师职业的价值标准与行为规范，经历了长期探索过程。全美教育协会1975年厘定的《教育专业伦理规范》，堪称现代教师伦理价值-规范体系的雏形。

---

① 袁刚，等，编.民治主义与现代社会——杜威在华演讲集［M］.北京：北京大学出版社，2004：568—570.

教育专业伦理规范 [①]

1975年为全美教育协会（NEA）代表大会通过

序言	教育工作者相信每一个人的价值和尊严，承认追求真理、献身卓越和培养民主节操极其重要。这些目标的根本在于保障学和教的自由，并确保所有的人享有平等的教育机会。教育工作者接受坚守最高伦理标准的责任。 教育工作者认识到教学过程固有责任之重大。渴望同事、学生、家长及社区成员的尊重和信任，勉力从事，以达到并保持最高程度的伦理品行。《教育专业伦理规范》表明全体教育工作者的抱负，并提供评判操行的标准。 对违反本规范任何条款的纠正措施，应仅由全美教育协会和／或其分会制定；本规范的任何条款，都不得以全国教育协会或其分会特别规定之外的任何形式强加推行。
原则一： 对学生的承诺	教育工作者努力帮助每个学生实现其潜能，成为有价值又有效的社会成员。所以，教育工作者为激发探究之精神、知识和理解力之获得及有价值的目标之精心构想而工作。 在履行对学生的义务中，教育工作者—— 1. 不得无故压制学生求学中的独立行动。 2. 不得无故阻止学生接触各种不同的观点。 3. 不得故意隐瞒或歪曲与学生进步有关的材料。 4. 必须作出合理的努力，以保护学生免受对于学习或者健康和安全有害之环境的影响。 5. 不得有意为难或者贬低学生。 6. 不得根据种族、肤色、信条、性别、出身国、婚姻状况、政治或宗教信仰、家庭、社会或文化背景或者性别取向，不公平地： 　（1）排斥任何学生参与任何课程； 　（2）剥夺任何学生的任何利益； 　（3）给予任何学生以任何便利。 7. 不得利用与学生的专业关系谋取私利。 8. 如非出于令人信服的专业目的或者出于法律的要求，不得泄露专业服务过程中获得的关于学生的信息。

[①] 斯特赖克，索尔蒂斯.教学伦理［M］.5版.黄向阳，余秀兰，王丽佳，译.上海：华东师范大学出版社，2018：20—22.

原则二：对本专业的承诺	公众赋予教育专业以信赖和责任，以冀其怀有专业服务的最高理想。 　　教育专业的服务质量直接影响国家和国民，基于这种信念，教育工作者必须竭尽全力提高专业标准，促进鼓励运用专业判断力的风气，争取条件以吸引值得信赖者步入教育生涯，并且帮助阻止不合格者从事教育专业。 　　在履行对本专业的义务时，教育工作者—— 　　1. 不得在申请某一专业职位时故意作虚假的陈述或者隐瞒与能力和资格有关的重要事实。 　　2. 不得出具不符事实的专业资格证明。 　　3. 不得帮助明知在品格、教育或其他有关品质上不合格者进入本专业。 　　4. 不得在有关某一专业职位候选人的资格的陈述上故意弄虚作假。 　　5. 不得在未经准许的教学实践中帮助非教育工作者。 　　6. 如非出于令人信服的专业目的或者出于法律的要求，不得泄露专业服务过程中获得的关于同事的信息。 　　7. 不得故意作有关同事的虚假的或恶意的陈述。 　　8. 不得接受任何可能损害或影响专业决定或行动的馈赠、礼品或恩惠。

　　在这个文本中，"序言"为教师应有的价值观念，即教师的伦理价值标准，相当于"师道"；"原则一"的小序为教师应有的学生观念（属"师道"），"教师对学生的承诺"为教师对待学生必须遵循的行为准则（属"师德规范"，基本上为戒律）；"原则二"的小序为教师应有的职业-专业观念（属"师道"），"教师对本专业的承诺"为教师对教师职业必须遵循的行为准则（属"师德规范"），从而形成教师伦理价值-规范体系的雏形。

　　在此规范的序言中，宣称"教育工作者认识到教学过程固有责任之重大"，即认定教师的本职为教学，主要在教学过程中教育学生，以本职工作尽社会义务。这是由于在现代社会中，已经形成发达的社会教育系统及其他公共服务事业。教师参与学校以外的公共事业或公益活动，属于个人自愿的事情。教师组织不宜就此对其成员作出强制性的规定。

综上所述，教师伦理价值-规范体系的形成，经历了长期摸索过程，才算有了一些头绪。如果以史为鉴，从中便不难看出我国在建构教师伦理价值-规范历程中有待解决的问题。

单从表面现象看来，我国古代主要关注师道，当时关注师道，是由于普遍忽视师道，如今通行师德，以致迄今尚未萌发建构包括师道、师德在内的教师伦理价值-规范体系的念头。这且不谈。真正的问题或许倒在于我们所谓"师德"，到底是怎么一回事！

在我国，"师德"是教师教育中的必修课。可惜本人以往没有机会修习这种课程，也就不知道这门课程的教师究竟讲些什么，更不了解这种课程起了什么作用。好在从我国教育行政当局会同教育工会于1997年修订的《中小学教师职业道德规范》中可以知道一些线索。

中小学教师职业道德规范
（1997年8月7日修订）

一、依法执教	学习和宣传马列主义、毛泽东思想和邓小平同志建设有中国特色社会主义理论，拥护党的基本路线，全面贯彻国家教育方针，自觉遵守教师法等法律法规，在教育教学中同党和国家的方针政策保持一致，不得有违背党和国家方针、政策的言行。
二、爱岗敬业	热爱教育、热爱学校、尽职尽责、教书育人，注意培养学生具有良好的思想品德。认真备课上课，认真批改作业，不敷衍塞责，不传播有害学生身心健康的思想。

三、热爱学生	关心爱护全体学生，尊重学生的人格，平等、公正对待学生。对学生严格要求，耐心教导，不讽刺、挖苦、歧视学生，不体罚或变相体罚学生，保护学生合法权益，促进学生全面、主动、健康发展。
四、严谨治学	树立优良学风，刻苦钻研业务，不断学习新知识，探索教育教学规律，改进教育教学方法，提高教育、教学和科研水平。
五、团结协作	谦虚谨慎、尊重同志、相互学习、相互帮助，维护其他教师在学生中的威信。关心集体，维护学校荣誉，共创文明校风。
六、尊重家长	主动与学生家长联系。认真听取意见和建议，取得支持与配合。积极宣传科学教育思想和方法，不训斥、指责学生家长。
七、廉洁从教	坚守高尚情操，发扬奉献精神，自觉抵制社会不良风气影响。不利用职责之便谋取私利。
八、为人师表	模范遵守社会公德，衣着整洁得体，语言规范健康，举止文明礼貌，严于律己，作风正派，以身作则，注重身教。

这个文件所列"师德规范"，共8条43款。实际上是8类43条规范。按理作为普通教师，只能把明文规定的道德规范，作为自己的行为准则，严格遵循。不得说三道四。好在近据报载，教育主管当局正在就进一步修订这个文本征求意见，^①也就不妨就此说说一些看法。

1. 这个称之为"教师职业道德规范"文本中的条款，虽然

---

① 教育部、中国教科文卫体工会全国委员会于2008年重新修订和印发了《中小学教师职业道德规范》，条款有较多修订。

条条都对，问题在于它究竟能在多大程度上作为"道德的"规范，调节教师的职业行为。

"道德"，据《哲学大辞典》（上海辞书出版社2001年版）解释，其含义为，以善恶评价为标准，依靠社会舆论、传统习惯和内心信念的力量，来调整人们相互关系的行为准则和规范的总和。依照这种解释，只有符合公认的善恶标准的规范，才称得上"道德的"规范。违背这种规范的行为，才可能受到社会舆论或个人良心的谴责。那么这究竟是怎样的道德规范呢？一般说来，主要是针对已经发生或可能发生的"失德"行为的规范，即以戒律表示的规范。它属于道德的底线。这就可以理解，为什么从18世纪学校规程到20世纪全美教育协会《教育专业伦理规范》的教师道德规范，大都属于戒律。这些规范所禁止的行为的表述，都比较具体，并不含糊，以防止规避这种戒律。而在我国现行教师职业道德规范中，只有5条戒律，占规范总数（43条）的11.6%。

惟其如此，近年来我国教师中发生的一些突出的涉德事件，如尹健庭解聘事件、"范跑跑事件"、"杨不管事件"等，当事人都曾受到公众舆论的谴责，而一旦对当事人作出严格处理，当事人反而受到舆论同情，这或许同我国师德规范较为含糊不无关系。

2. 以上是就习俗道德意义上的师德而言的。在这个意义上的师德是历史地形成的。它是所有教师都不可违背、多数教师不致违背的行为准则。惟其如此，触犯这种戒律的行为才可能受到公众舆论与个人良心的谴责。然而，这种习俗意义上的行为准则，毕竟只是师德的底线。随着时代变迁、社会进步，局限于习俗道德，也就不足以反映社会对教师的普遍要求和变化了的教育状况，故在不同社会-文化中，又提倡反映该社会-文化中核心价值的伦理道德与教育价值取向，相应地提倡教师伦理道德。

伦理道德与习俗道德的区别，在于它是提倡的行为准则。主要诉诸人们的信仰，尤其是诉诸人们的理性。所以它首先是先进分子的行为准则。伦理道德的规范一旦成为人们普遍认同和习惯了的行为准则，它便成为较高水平的习俗道德。

隐含在教师伦理中的价值观念可视为现代意义的师道。小原国芳正是把师道作为教师价值追求的东方文化的表达。杜威所提倡的"教师的职业精神"，用东方简明的语言表达，便是现代的师道。这种"师道"，正是"教师伦理道德"的精义所在。

我国现行《中小学教师职业道德规范》中，除少数戒律外，多数规范都属于（或近于）伦理道德。如把它同全美教育协会《教育专业伦理规范》对照，那就不难发现，由于我国长期囿于"师德"视野，又忽视"习俗道德"与"伦理道德"之分、"师德"与"师道"之分、"道德规范"与"行政规范"（纪律）之分，尚未形成建构教师伦理价值-规范体系的自觉，故所列教师道德规范不得要领。

鉴于现代教师职能涵盖教育（狭义）职能与教养职能，可知我国及日本的师道指称狭义教育伦理，那么所谓"教师职业精神"，则是指称广义教育的职业伦理。

合作的教育行动研究问对

对话者：D. L市教育科学研究所教育科研室主任

T. L市教育学院教育学教师

C. 教育学教授

M. 教育学硕士

H. 教育学硕士

时　间：2005年8月28日

地　点：竹影茶室

D：拜读《到中小学去研究教育》一书，觉得耳目一新。最近这本书的增订版问世，增加了不少新内容。今天借此机会想了解：你们这个"教育研究自愿者组合"所从事的"教育行动研究"同一般的"教育行动研究"有什么区别？

C：所谓"教育研究自愿者组合"，那是上一世纪（20世纪）末的事。从2000年起，它就"烟消云散"了。由于我们对别的"教育行动研究"的成果知之甚少，我们自己也只是进行几点几滴的研究，实际经验有限，还难以作出系的总结，故无法把我们的研究同别人的研究加以比较。

236

T：提起这事，正触及我心目中早就不解的两个问题：你们为什么不放手多搞一些研究？你们这么好的研究群体为什么会"烟消云散"？

C：你以为想多搞一些合作研究就能够多搞一些么？任何一个研究群体，想维持就维持得下去么？不过，"运动战"停了，"游击战"还在继续。

M：既然有此机会讨论"教育行动研究"问题，不妨讨论一些实质性问题。

T：我虽然大体上了解《到中小学去研究教育》一书中"合作的教育行动研究"的要义与思路，不过，到中小学去了，仍然不知道从哪里入手。虽也知道从了解情况入手，而听了学校情况介绍以后，还是觉得无从下手。所以，我建议今天着重讨论"合作的教育行动研究"的开篇，不知行不行？

D：也好！

M：我赞成。

一、关于"了解学校的真实意图，并澄清课题研究的目标"

H：说到合作研究的开篇，从根本上说，还得了解"教育行动研究"同"教育科学研究"以及各种名不副实的"教育行动研究"的区别。"行动研究"旨在谋求教育行动的改进。既然如此，就得了解选择什么"教育行动"作为研究对象，通过这种"教育行动"的研究要达到什么目标。由于教师是教育行为的主体，也将是教育研究的主体，故重要的是了解教师的意图，尤其是校长和主管学校教育研究的教科室主任的意图。参与合作研究的学校，有的已经形成课题研究的方案，其中有的课题已经列入省级或市级课题，有的学校则希望我们帮助他们选择课题。不过，我们所看到的课题研究方案，大都是为了争取在教育研究部门立项而迎合主管部门的意图，不顾学校实际情况大肆铺陈。用他们的话说，"先立项再说"。用我们的话说，"那是写给别人看的研究方案"。由于他们自己对自己匆匆草就的课题研究方案到底如何实施心中无数，这才寻求合作研究的对象。

M：参与合作研究的学校，大都希望校外"专家"给他们"出点子"。有些专家"点子"多得很。不过，我们没有那么多"点子"。还是那句话，既然教师是教育行为和教育研究的主体，局外人即使有什么"好点子"，即使教师乐意接受这些"好点子"，依然解决不了他们的问题。因为这种"点子"未必能在这种学校工作中生根。教师如果没有明确的价值追求，而机械地靠局外人"手把手地教"，做起来也不会不走样。所以，重要的是了解校长、教师的真实意图和实际追求。

T：这种情况，我们以往也常常遇到。我们能够了解他们的意图和追求吗？

M：我们在同有些校长、教师接触中，倒也或多或少了解他们的意图和追求。其中有些校长把他们的追求美其名曰"教育理念"。不能说不是他的信念。不过，他们所谓"教育理念"，或出于从长期教育实践中得到的体会，或只是受时髦论调的影响。至于这种或那种"教育理念"固有的含义是什么，它的实现意味着什么，同他们所理解的"理念"是不是一回事，这就需要在初步沟通中加以澄清。

D：你们的设想和做法，使我想到美国有一个影响甚大的民间组织，叫作"国际与跨地区鉴证委员会"（CITA）运作的私立学校鉴证事务。这种鉴证虽也近于学校评价，而他们旨在通过几个阶段的鉴证，帮助接受这种鉴证的学校，实现学校自己提出的目标。同你们的设想和做法，倒是异曲同工。

C：我在今年10月就参与你所提到的CITA联盟在中国的合作机构（紫江教育鉴证审计事务所）对上海金苹果学校和西安外事学院"候选校资格"审议。这种鉴证与通常的学校评价、督导不同，它不是把外在的标准强加于学校，而是为了帮助学校实现他们自己的意图与追求。虽同"教育行动研究"不是一码事，其宗旨倒与我们有不谋而合之处。

T：你既有"教育行动研究"的经历，又参与鉴证事务，这两种活动的旨趣又有共同之点，据你看来，这二者的操作过程有什么区别？

C：刚才只是顺带提到鉴证事务。这不是我们现在议论的话题。我只能说，美国人是从他们国家的情况出发，他们并不了解中国学校的实际情况。在美国那种教育体制的背景下，学校的校长、教师需要和可能形成较为明确的教育目标。所以，鉴证活动重在考查学校自己确立的教育目标，到底是否得以实现，实现的程度如何。简单地说，便是"循名责实"。这种"循名责实"的工作，并不是否定他们的目标，或代替他们去解决他们面临的问题，而是帮助他们澄清他们自己的思路。

T：你说得对！美国学校办学过程中非常注重教育目标的选择。例如泰勒在《课程与教学的基本原理》一书中，就有一半篇幅讨论教育目标选择问题。其中谈到教育目标选择过程包括对学习者（学生）本身的研究、对校外当代生活的研究、对学科专家建议的参考，在此基础上还得按照哲学和学习心理学的观点对上述研究成果加以筛选，这才确定教育目标。尽管校长未必都照此办理，至少在理论上指导校长向这个方向努力。而在中国，校长确立什么"教育理念"，什么"教育目标"，并不讲求根据，倒好像这是轻而易举的事。

C：所以，我在同美国人一道参加鉴证时，看到他们对中国学校提出的"教育理念""教育目标"那么看重，反而觉得他们因不了解中国的实际情况而显得"呆气"。

二、关于"从学校原有教育经验中寻求学校教育的生长点"

H：除了了解校长、教师的真实意图和价值追求并帮助他们澄清他们的"教育理念"以外，还得了解这所学校、这些教师到底有没有可能、在多大的程度上实现他们的"教育理念"。为此就须了解他们原先在这方面有些什么经验，现在具备什么实现这种"教育理念"的条件。因为根据我们的经验，只有从学校原有教育经验中寻求学校教育的生长点，所作出的课题选择才较为可靠。

M：话可以这么说，实际上由于合作双方彼此从不熟悉到熟悉，从而取得共识，须经历相互沟通的过程。他们倒不是不想让我们熟悉他们的情况，一般也乐意于介绍他们的经验，问题是他们对我们想要知道什么，并不很清楚。况且参与合作研究的双方人员领悟对方意图的水平也参差不齐。这都可能成为彼此沟通的障碍。

H：这还是就双方都诚意进行合作研究的情况而言的。事实上现在不少学校迫于升学竞争的压力，以致有些学校虽主动要求参与合作的教育行动研究，却又多生疑虑，很怕参与教育研究会干扰应试。其中有的学校只是希望同大学挂钩，借以提高学校声誉。这正是我们在决定是否参与合作时优先考虑的问题，也是我们不多搞一些合作研究的原因。

D：你们到底如何了解学校原有的教育经验？

M：在商定合作研究以后，首先进行一次集中调查（2～3天）。其中包括：（1）学校介绍基本情况；（2）参加各类教师座谈会；（3）查阅学校档案材料，特别是以往课题研究成果和总结，以及准备合作实施的课题研究方案初稿。

H：这些初步调查，由于学校情况不同，成效也就不尽相同。有的校长，主导思想明确，观点鲜明，平时比较关注教育研究的进展。有的校长重实干，不善言谈，但领悟能力甚强，也有一些校长主要关心学校基本建设和升学率，并不真正想在教育研究上有所作为；教师座谈会主要发动教师谈他们自己的教育经验和体会。不过，每次座谈会同带头发言的教师的引导相关，而带头发言的教师对于该谈什么、不该谈什么，心中也无数。故从有的教师座谈会中能发现不少值得总结的经验和值得研究的问题，而有的座谈内容较为一般。

M：每所学校都有较为完整的档案。只是学校对自己的档案材料很少有兴趣研究，而学校以外的参与合作研究的人员往往也忽视对档案材料的研究。我们以往在打虎山路第一小学研究该校管理改革问题时，曾用几个月时间搜集并整理该校档案材料，写出该校《学校管理改革纪事》，从中梳理出这所学校管理观念变化的轨迹。在此基础上才写出《超越规范的学校管理》调查报告。不过，这种工作费时太多。现在的初步调查由于只有三天左右时间，故大体上只以研究学校原有课题方案和参加教师座谈会为主。

C：我们最近先后在江苏和福建的两所学校中的初步调查还算成功，但多少也有点碰运气。根据参加鉴证候选学校资格审议的经验，看来以在认真阅读档案材料基础上个别访谈和召开座谈会，更为有效。

D：你们的研究工作从学校实际情况出发，并非常尊重学校当事人（校长、教师）的意图、价值追求和已有的经验，问题是怎样从学校原有教育经验中寻求学校教育的生长点呢？

T：最好举例说明。

C：在《到中小学去研究教育》（增订版）中，就有这样的例子。如深圳市蛇口小学（它不是我们合作研究的对象，但我同他们有过接触）原定课题是"提升学校德育实效性基本策略研究"。我到该校访问时，发觉该校校长反复强调的，是"小学生行为习惯的养成"，而对于学校"德育的实效性"如何"提升"，有何"策略"，却说不出所以然。其实，要讲求德育的实效，还有什么高明的"策略"比"小学生行为习惯的养成"更为切实呢？我参加了教师座谈会，并认真翻阅该校有关小学生行为习惯养成的几十份材料，相信他们原先在这方面工作与研究的基础都比较扎实，且又有继续工作与研究的志趣。经过议论，他们终于按照自己的心愿，把课题改为"小学生行为习惯的养成"。我同他们一道对课题研究方案作了三度修改，并对修改后的课题研究方案加以"解读"。

H：由于我们的教育行动研究价值取向，不是把什么"理念"和"模式"从外而内、自上而下地灌输甚至强加给中小学教师，正像《到中小学去研究教育》一书"跋"中所说：我们是"从活生生的实践中汲取教育的诗情"。我们为了"走近教师"，不是把总课题按照逻辑（或想当然）机械地划分为若干子课题，而是从教育案例中发现教师的追求和经验形式，聚零为整，梳理成子课题。这样，参与合作研究的不少中小学教师，"发现"合作研究的，是他们自己的教育实践，是同他们一道实现他们的追求。这样，他们中的不少人也就自然地"走近我们"。

T：我原先就是从中学来的，现在在教育学院从事教学，参与了中小学教育研究。平心而论，也有重新走近中小学教师的愿望，态度也不成问题。现在看来光有这种愿望与态度是不够的，重要的是寻求同中小学教师沟通的途径。

M：的确如此。前面谈到的是合作研究双方如何沟通，尤其是就课题的选择达成共识。这反映我们作为校外的合作者所作的主动走近中小学教师的尝试。它不只是一个愿望与态度问题，而是从中小学教师的教育实践中寻求共同关注之处。

H：不过，如果不放下什么"专家"的架子，没有探求与中小学教师沟通的途径的诚意，也就不会去寻求这种途径。尽管如此，我总觉得我们的经验还有缺陷，但又说不清楚。

三、关于我们所进行的尝试的局限性

C：你说得对！我们的探索不仅是初步的，而且有局限性。本来，课题研究是为了发现问题与解决问题。按理应当通过调查去发现存在的问题，分析问题的症结，继而寻求解决问题的途径。然而我们并未从发现学校中客观存在、有待解决的问题入手。

M：你说的虽也符合事实。不过，现在学校中普遍存在的问题是明摆着的，主要是盲目追求升学率，并不需要我们去"发现"；如果我们打算按照学校的真实意图去帮助他们解决问题，他们如果要我们帮助他们去提高升学率，这个忙我们帮得了么，应当帮么？

H：即使不谈什么升学率问题，虽然任何研究都得按照发现问题、分析与解决问题的思路运作，才称得上研究，不过，教育研究有科学研究与实践研究之别，而教育行动研究属于教育实践研究的范畴。我们虽没有从发现学校中客观存在的问题出发，而我们重在发现学校当事人有关"教育研究的观念"和"某种课题的观念"中存在的问题，同时发现中小学教师解决问题的途径，岂不正符合"教育行动研究"的本义？

M：我们这种做法，在"谋求教育行为的改进"和"提高教师对自己教育行为的反思能力"方面，也属"教育行动研究"题中应有之义。此外，我们也有过近于教育科学研究的尝试，如带有试验性质的"班级小主人行动研究"和"教育性评语研究"，可惜都只取得阶段性的研究成果，并未坚持到底。

H：我们的教育案例研究中，也包括不少从"发现问题"入手的研究成果。

D：现在普遍存在的情况是，中小学要求大学的专家参与合作研究，往往不是为了请专家帮助他们解决学校中客观存在的问题。他们不是不清楚，学校教育中存在的问题，校外专家是无法解决的。他们主要请专家帮助学校"在教育思想方面上一个台阶"。这句话不好理解。说白了，便是希望专家帮助他们打造"形象工程"。社会风气如此，这是我们最感到难办的问题。

C：我们不屑做这种事。如果谁把我们也看成是炒作之徒，我们是不会与他为伍的。我们做了一点事，与其说是帮助中小学，毋宁说是为了自求多福：学习与中小学教师沟通，解脱背了多年的"理论脱离实际"的包袱。就集纳在《到中小学去研究教育》一书中的研究成果看来，其中有少量实证研究与试验研究，而较多的则近于"经验总结"。只是这种经验总结有别于一般的心得体会，其中有或多或少的研究含量。所谓"合作的教育行动研究"，我们越做越感到困难。因为"合作研究"毕竟不单以其中一方的意志为转移。

M：既然是合作研究，参与合作的双方的沟通既是前提，又是难题。难在学校一方有种种实际困难，而像我这样一向在书本中讨生活的人，难在不善于同别人沟通思想。

D：我们也参加过不少合作的教育研究，总觉得"万事开头难"。今天初步了解你们合作的教育行动研究的开篇，相信像你们这样"良好的开端"，算得上是"成功的一半"。

C：合作研究的开篇，从合作研究的谈判开始，到课题研究方案的确立。今天着重讨论的是课题选择过程中的反思和沟通，至于课题研究方案的设计，我们参与合作研究的课题研究方案有什么特点，为什么会作如此设计，在《到中小学去研究教育》一书中已经大致谈到，也就不必继续讨论下去了。

D：我们倒想了解"教育研究课题设计"和"中小学教育研究的机制"问题。

C：这也是我们想要解决而未能解决的问题。要不要议一议，就看时间安排了。

D：谢谢！

教师教育行动研究的再认识

近二十年来，教育事业蓬勃发展，教育研究蒸蒸日上，尤其是中小学教师参与教育研究的形势更加喜人。究竟按照什么标准衡量教研成果的研究含量？人们常常提到的标准，大抵是"科学性"和对教育实践的指导。这是由于我国早已习惯于把所有教育研究都统称为"教育科学研究"，并认定中小学教育研究旨在指导教育实践。这种判断以若干假设为前提，即：（1）假定教育研究只有"科学研究"一种类型，即实证-实验性质的教育研究；（2）假定中小学教师都有条件参与实证-实验性质的教育研究；（3）假定教育科学研究成果能对教育的具体实践起指导作用。当我们评价中小学教师教育研究成果时，恐怕有必要慎重考虑，在实证-实验研究的严格意义上，这些假设能够成立么？不过，这里无意从理论上探讨这些假设，只拟在对不同性质与类型的教育研究范式加以比较的基础上，讨论什么是比较适合中小学教师运作的教育研究范式问题。

一

我国通常把教育研究统称为"教育科学研究"。其实，教育 247

研究按其性质有科学研究与实践研究之分。科学研究与实践研究中又各有不同的研究范式，每种研究范式的研究目的与检验研究成果的标准不尽相同。为了选择比较适合中小学教师运作的教育研究范式，须对各种研究范式加以比较。

在近代，严格意义的"科学"，指的是实证-实验科学。它旨在分析现象发生的原因与条件，揭示一种现象与另一种现象之间的内在联系，即揭示隐藏在现象背后的客观规律。简单地说，它回答"是什么"的问题，不直接指导具体实验。典型的实证-实验科学是自然科学。在自然科学兴起以后，人们试图按照自然科学先例，建构人文科学，而率先起步的，倒是对教育进行科学研究的尝试；随着教育"科学"研究的展开，人们逐渐发现这种研究范式的运用，存在不少问题，从而引起对"教育科学研究"的反思。

教育科学研究的成果往往并不具有像自然科学那样的客观性，它们的结论是在有限的条件下产生的，并且教育实验的结果，很难在同样或类似条件下重复出现。基于这种认识，有些有识之士进一步对按照自然科学的先例进行教育研究这个前提表示怀疑，主要怀疑对教育进行"科学研究"的可行性。这是由于教育研究的对象，不同于作为自然科学研究对象的客观存在的物质及其运动，而是人所参与的活动，是人们认为有价值的活动，即带有价值倾向性的活动。由于面对同一事实，不同的人有不同的价值判断与价值选择，也就难以对教育实践进行纯粹客观的研究；不仅如此，由于每一教育活动是由特定的教师在特定时间、地点、条件下对特定学生施加影响的过程，故每一教育过程的实际影响具有"一次性"，不可能重复出现，也就难以重复检验，难以从中发现带有普遍适用性的规律。

即使是经过科学检验的规律，由于任何规律都不能不具有作为"规律"所不可缺少的普遍性，它也就同每个教师在具体时间、地点、条件下的实践存在或大或小的距离。这样，它对具体实践的指导意义也就相当有限。

正由于教育科学研究旨在发现教育的一般规律，而中小学教师受其职业活动范围与研究条件的限制，很难参与严格意义的教育科学研究；同时，置身于中小学以外的教育研究者、教育专家，从作为教育理论源头的活生生的教育活动之外进行的教育研究，也有同教育实践的实际需要与具体条件脱节的危险，未必能真正反映教育的客观实际。

二

在现代，从对"教育科学研究"的反思中得出不同的结果，这就是：继续按照实证-实验研究的范式，规范教育研究，使教育研究的成果具有科学性；或者放弃按照自然科学的先例研究教育的意图，重新探索有别于自然科学的人文科学研究范式，并寻求符合教育特点的教育科学研究范式。只是这种类型的"教育科学研究成果"，同样不断成为反思的对象，被认为是标榜"科学"的教育实践研究。除此以外的尝试是，坚持由来已久的科学理论与实践理论二重区分的传统，在教育科学研究之外，另辟蹊径，致力于教育实践研究，并探求教育科学研究的范式。

严格意义的教育实践研究与教育科学研究的区别在于：教

育科学研究旨在揭示教育的客观规律。简单地说，它回答"教育是什么"的问题。惟其如此，科学的假设须接受事实的检验，即以经验事实加以证明或证伪。如以已经发现的教育规律为依据，在已经发现的某种原因、条件与它必然引起的结果之间的内在联系之后，借助于相关领域的技术，研究教育活动的程序，创设必然引起某种结果的条件，并形成一定的操作技术，这就是教育技术研究。它回答教育工作中"做什么——怎样做"的问题。这种教育技术研究也属于广义的教育科学研究范畴。因为它仍属对教育进行客观研究的尝试，有别于教育实践研究。

如果说教育科学研究以已经存在的教育事实为研究对象，那么教育实践研究则是研究已经存在的教育事实的变革，使教育实践有所改进，更有成效。它着重回答的问题是："教育应当是什么"（教育应当发生什么变化）、"教育应当做什么""教育应当怎样做"。这些属于教育价值观念与行为规范问题。对"应当是什么"的回答，如以"是什么"的可靠描述为依据；对"应当做什么""应当怎样做"的回答，如以关于"做什么""怎样做"的技术研究成果为依据，这样的实践研究成果就有一定的科学性，惟检验实践研究成果的标准，主要是教育工作有所改进，更有成效。

教育实践研究又有不同类型。其中以一定社会-文化情境中的教育价值观念与行为规范为研究对象的领域，有规范教育哲学研究、教育规范理论研究、教育价值理论研究等；以范围有限的特定教育实践为对象的教育研究，也有不同的抉择。其中最值得注意的，是教育行动研究。

综上所述，教育研究就其性质与类型来说，可有诸种不同的选择，并非只有教育科学研究一种研究范式。每位教育研究者可以根据自己的意愿及主观与客观条件作出选择。正像不必强使教育科学研究者、规范教育哲学研究者解决学校教育中的具体实践问题一样，无须按照教育科学研究的一般标准苛求中小学教师的教育研究成果。相对说来，比较适合中小学教师运作的教育研究范式，是教育行动研究。只是教育行动研究不等于教育行动本身，也不是说关于教育行动的任何解释、感想、经验总结都可算得上是教育行动研究。因为教育行动研究有一定的理论背景和规定性。

<h1 style="text-align:center">三</h1>

教育行动研究有技术的教育行动研究、实践的教育行动研究与解放的教育行动研究之分。其中最值得注意的是解放的教育行动研究。

解放的教育行动研究的倡导者对"教育行动"的解释是教育行动由教育行为、教育环境及教育行为主体对自身教育行为与教育环境的理解三个要素构成。一是教育行为。教育行动首先是由一系列连续的教育行为组成的。由一系列教育行为组成的教育行动，是教育工作有始有终的段落，以谋求一定的教育效果。二是教育环境。任何教育行为都是在一定环境中发生的，并受到它所依托的环境制约；人们又可以控制并利用环境改进自己的教育行为。三是教育行为主体对自身教育行为与环境的理解。为了改变教育行为，需要变革制约教育行为的环境；无论是教育行为的变化，还是教育环境的变革，都首先取决于教育行为主体对自身教育行为和所处教育环境的理解。

一般来说，教师对自己的教育行为与所处的教育环境都有一定的认识。只是教师难免受自己专业修养、认识水平、价值观念的限制及习俗观念的影响，对自己的教育行为及环境理解程度不同，也可能发生误解，这就有待澄清。

从对"教育行动"的这种解释中派生出来的教育行动研究的规定性是：

1. 它是"为了教育"的研究。它不是为了发现一般的教育规律而进行的研究。其中或许包含教师对自己教育经验的总结，只是这种总结是为了从中吸取经验与教训，以便改进工作，而不只是显示自己的成就和供别人参考。总之，它是教师为了改进自己的教育行动而进行的研究。所以，这种研究的成果，主要不是漂亮的文章，而是教育行动的成效。

当然，教师如果不自觉地研究自己的教育行动，单凭自身良好的专业素养和辛勤的努力，也能取得良好的成效。不过，这种教育行动或多或少带有自发性，教师本人从中得到的效益也就有限；有些教师为了从根本上提高教育成效和自己的专业水平，遂自觉地研究自己的教育行动，即对教育行动中连续的教育行为及其环境，不断进行观察和分析，澄清对教育行为及环境的认识，及时改进教育工作，积日常教育成效而使整个教育行动最终取得良好的成效，这才算是对教育行动的研究。

2. 它是"在教育中通过教育"的研究。一般讲，教师通过在职或离职业务进修，其中包括丰富本门学科知识，掌握一定的教育理论，参考别人的教育经验，也能提高自己的业务水平。

问题是从自身教育行动以外获得的知识、经验与理论，同自身的教育实践本身不免存在或大或小的距离。这种"从理论到实践"的过程，充其量只能提高教师的专业水平，增加改进教育工作的可能性，并不直接导致教育行动的改进。相比之下，教育行动研究则是"从实践到理论"的过程，即从实践中发现的问题或自认为值得研究的问题出发，不断分析问题与解决问题。为了研究问题，少不得学习相关的知识与理论，参考别人的经验，结果就会在研究问题的过程中，使一般的知识、经验与理论转化为自己的知识、经验与理论。

3. 它是"以教师为研究主体"的合作研究。一般讲，对于某个教师的教育行为以及他所处的环境，当事人最为了解，加之由于教育行动研究不但谋求教育行动的改进，还把提高教师对教育行为、教育环境的反思能力作为这种研究题中应有之义。这就决定教育行动研究应以教师为这种研究的主体。问题是中小学教师受自身活动范围与视野的限制，未必真正理解自己参与的教育行动。有些教师自以为对教育有独到的见解，其实他的见解未必真有独到之处；反之，有些教师有独特建树，自己倒未必意识到。所以，不少教师的经验总结中，所表达的往往是别人的思想与经验。有些教师怕别人说自己的研究"理论水平不高"，硬把流行的术语、时髦的口号贴在自己的经验总结上，反而使自己独到的见解与活生生的实践经验淹没在套话中。这是由于个人对教育的认识水平有限，又免不了受习俗观念的影响所致。为摆脱个人认知的局限与习俗偏见，就需要进行合作研究。其中包括本校教师之间的合作研究，中小学教师校际合作研究以及中小学教师与教育专家之间的合作研究。只是合作研究仍须以中小学教师为研究主体。

惟其如此，也就不能用一般科学研究、价值、规范理论研究的尺度，衡量教育行动研究的成果，检验教育行动研究成果的标准，只能是教育行动变革的成效与教师对教育行动的反思能力。

四

怎样使中小学教师的教育研究堪称"研究"？教育行动研究过程也像其他类型的教育研究那样，包括课题选择、课题设计、研究方案的实施、研究成果的陈述以及课题研究总结等环节，但它的各个环节又或多或少带有教育行动研究的特点。

本人所参与的"教育研究自愿者组合"，从1997年起，曾尝试按照教育行动研究的范式进行若干课题研究。我们所经历的探索过程，在《到中小学去研究教育——"教育行动研究"的尝试》一书中有较为详细的介绍。不妨根据我们的初步经验，说明如何从教育行动研究的特点出发，在中小学开展课题研究。

（一）关于课题选择

如今随着中小学教育研究的展开，仿佛已经形成了课题选择的套路。这就是：每年学校都试图择定一个标志性的核心课题，或称"龙头课题"，以便通过这种课题研究，亮出学校的牌子，叫作"学校形象设计"。这种"龙头课题"似乎越新越好，多为时髦的口号，并期待校外专家"出点子"，美其名曰"专家指导选题"，好在不少热心的校外专家，也乐于成人之美。这种自上而下的选题路线，不管其道理如何、成就大小，至少同教育行动研究的旨趣不尽符合。

鉴于教育行动研究旨在谋求教育行动的变革，选题固然要着眼于我国教育改革的走向，尤其要考虑的是在特定学校开展这种课题研究的可行性。其中既要顾及在中小学开展这种研究所必不可少的研究条件，也不能不考虑作为教育行动研究主体的教师有没有研究这种课题的志趣。这样看来，教育行动研究课题的选择还是以自下而上地筛选更为恰当。我们作为教育行动研究的参与者，在选择课题时，着重考虑的是：从学校特定环境、具体条件、实际经验与教育价值取向中，发掘值得研究的课题；从学校日常教育事件与偶然现象中，发现问题，捕捉教育学生的契机，并采取相应的行动，使其成为研究对象；从教师自觉或不自觉的教育行为中，发现教育实践的灵感与智慧，加以总结。我们所择定的课题，如"超越规范的学校管理""学会关心学生""班级小主人行动""教育性评语"等，都是从有关学校活生生的实践中产生的课题。

（二）关于课题设计

我国已经建立了从上到下的教育研究管理体制，各级教育研究管理机构为了规范教育研究，业已形成课题设计框架，即以表格表示的课题立项申请报告；惟统一的课题设计套路，因涵盖基础理论研究、历史研究及应用研究，很难顾及中小学教师参与研究的实际情况。虽堂皇，不免过于复杂。对于一般中小学教师来说，填表就是一道难题，而幸蒙立项以后，这种表格往往束之高阁。有鉴于此，我们在参与课题研究时，尽可能同有关学校达成不争取立项的谅解，独立自主地开展研究。

由于教育行动研究以中小学教师为研究主体，并且作为研究对象的教育行动是一个有待不断推进与不断反思的过程，所以，这种课题总体设计以简明为要。例如，我们关于"教育性评语""班级小主人行动"等课题研究方案，是参照《21世纪议程》与《中国21世纪议程》的框架设计的。其中只有"行动依据""目标""行动"三项，只有1—2页篇幅，给参与研究的各个研究者自行制订与不断调整具体实施计划留有充分的余地。这就意味着把"课题设计"本身也视为反思对象。

（三）关于研究计划的实施

教育行动研究是在教育过程中研究教育。其中所谓"研究"，主要是关于教育行动的设计与对教育行动的理解。例如，关于"班级小主人行动"课题研究的目标是：以"学会民主——小学生民主生活训练"为中心，假设：（1）不是通过说教而是通过班级管理制度的改革，进行民主教育；（2）班级管理制度改革的重点是，适当增加"小干部"岗位，适当进行"小干部"轮换，按照民主程序选举"小干部"，使小干部从"教师的助手"变为"同学的代表"，把学生的注意力从"当干部"引向"做合格的班级小主人"；（3）把以教师为中心的民主教育转变为学生的自我教育，即把班级集体作为学生自我教育的主体。此项课题研究实施过程表明，许多研究者对这些假设都很赞成，只是各人对这些假设的理解各不相同而又浑然不觉。通过各个班级不同试验（如

"学生当家制""小秘书制""班务分担制"以及"值日小班长制")的比较，各位研究者重温了他们原先参与制定的目标，不同程度地增进了对原有假设的理解，进而调整了教育行动。又如"学会关心"课题，原是一个比较笼统的概念，各个研究者理解不同，每种理解虽然都与这个课题沾边，但都未形成一种具体引导学生"学会关心"的思路。通过对学生"关心人"的各种事例的观察与分析，把这个总的假设分解为尊重别人、理解别人、恰当地帮助别人、不妨碍别人等，并对这些问题进行专题研究；同时，研究教师引导学生学习，体验"学会关心"的教例，从中探讨如何发现问题、如何分析问题、如何从问题中发现教育契机，以解决问题，以及如何关注每一举措的实际效果。

（四）关于对教育行动过程及其成效的表述

其中主要问题是，尽可能把教育行动作为一个过程表述，即不是静止地描述教育行动，而要说清楚事情的演变过程，说明从发现问题到分析问题、解决问题的过程，说明学生行为变化的曲折过程，并尽可能用较为全面的事实表述实际效果。

（五）关于研究总结

主要是对照计划，尤其是课题目标，陈述教育行动研究的过程及其结果；更重要的是陈述研究者通过课题研究，转变教育观念的过程和提高反思能力的情况。

总之，近几年来，通过同中小学教师的合作研究，初步证明教育行动研究是比较适合中小学教师运作的研究范式。

教师教育经验平议

　　一位工作几年、十几年、几十年的教师，很自然地会积累或多或少的教育经验。其中有些教师在自己丰富的阅历与实践经验基础上还形成了自己关于教育的价值观念。尽管有些自认为独到的见解，未必是原创性的教育观念，而作为个人的价值选择，若转化为自己的教育信念，便不会不在自己的教育实践中留下烙印。这些或深或浅的烙印，日积月累，自然会集中反映出来，从而显示出自己教育工作的特色。

　　我们教师多年从事教育工作，甚至一辈子献身教育事业，辛辛苦苦。固然，在学生的成长中已经体现了我们工作的价值，而学生的成长，实际上也是我们教育经验的结晶，教育价值观念的实现。"我们自己的教育经验"到底是什么？这就需要总结。这种总结，如果只是为了供别人学习，恐怕未必能总结得好，而重要的是从中进一步领悟自己工作的价值，并更加自觉地探索。那样，我们的工作才不仅是辛辛苦苦地付出，而且也是一种乐趣，一种精神享受。不过，从许多老师已经提供的教育经验总结中，可以得出一种印象，即我们自己认定的教育经验，不一定都称得上是"教育经验"，而其中所提到的措施与事例表明，也许我们真正的经验并未被自己认识；同样，我们自以为是独到的见解，倒可能是教育的常识或流行的教育观念，而我们自己真正独到的见解，也可能未被自己意识到。所以，我们通过教育经验的交流，可以对我们已经作出的经验总结加以评论。这种评论旨在发现各位老师独特的教育经验与教育价值观念。这样，就需对老师们已经写出的经验总结加以分析，区分其中哪些称得上是经验，哪些只是反映一般教育经验的常识，哪些是属于自己独特的建树，自己的教育观念有没有形成思路，有没有形成一定的经验形式，怎样把所创造的经验形式确切地表述出来，等等。一句话，是去伪存真，去粗取精，沙里淘金。

老师们的初步总结，大致有两种情况：一是已经形成一定的经验形式，不过还没有以全面的事实材料把这种经验系统地加以表述，也没有分析在实践中遇到的问题；一是有比较明确的教育价值观念，也进行了一些实践尝试，只是在初步总结中所提到的措施与事例，还不足以说明所要说明的问题，至少表明我们对自己所用的教育概念、自己的教育信条，还没有充分理解。其实，这也是迄今在各种教育杂志上发表的大量教育经验总结类的文章中常见的情况，从中反映出"教育经验总结"与"教育研究"的区别。不妨分别举例加以说明。

一

所谓"教育经验"，指的是自己关于"做什么"和"怎样做"选择的过程和在这种实践过程中的体验。表明一种"教育经验",至少要显示出"做什么"与"怎样做"。如果不是偶然这样做,而是系统实践的尝试,便会形成某种与众不同的实践形式,称之为"经验形式"。例如L老师的"心灵对话",W老师的"学生竞争当小干部",H老师的"每周和家长联系",S老师的"小组习题竞赛"等,都属这方面的探索,只是这些老师并没有以全面的事实说明自己在相关实践中"做什么"和"怎样做";其中有些老师陈述"做什么""怎样做"的眉目倒也清楚,但对于如此实践遇到了什么问题,哪些问题可以解决,哪些问题无法解决,老问题解决了,又出现什么新问题,等等,都未提及。

例如L老师每天在黑板上抄一条名言警句,并要学生抄下来,还要写出自己的理解或感想,叫作"我手写我心"。老师每天批阅,每星期组织学生交流一次。这种"心灵对话",既是学生同伟人、名人、民族传统精神的对话,也是学生自己同自己对话(反省)、同学之间对话、师生对话。能够日复一日,周复一周,坚持一学期,很不容易。这里就有许多问题值得研究。例如,名言、警句如何选择?单由老师选择,还是师生共同选择?由学生选择岂不更好?是不是需要每天更换名言警句?是不是需要每周交流一次?能不能以每周一条名言警句每月交流一次作比较?学生写的解释与体会情况如何?老师批语的情况如何?能不能以学生相互批阅与之作比较?学生对这种"心灵对话"态度如何?前后发生什么变化?这种做法对学生行为发生了怎样的影响?诸如此类问题,如及时加以分析,便会使这种举措不断得到改进，使其更加可行，更加有效。

又如 W 老师的"学生竞争当小干部"的经验，旨在解决班级管理中一个引起普遍关注的问题，即小干部多次连任，成为学生中的"老干部"，多数学生缺乏参与学生组织管理的机会。这种尝试对学生会有吸引力，也可能鼓励一些学生积极进取；不过，这类试验中也有不少问题值得研究。如：虽然学生想当小干部的心理是很自然的，问题是该不该迎合这种心理？怎样看待学生之间的竞争？为当小干部而竞争是不是有副作用？频繁地更换小干部会不会增加教师与学生的负担，会不会使班级缺乏稳定的核心力量？也许在实施中诸如此类问题并未发生，或者发生的问题已经加以解决，只是在总结报告中没有把这类问题提出来，并加以讨论。

二

有的老师经过长期努力，使一个班级的面貌发生了显著变化，以此为基础，进行了全面总结；有些老师的总结类似专题研究，如"树立学生自信心""培养学生自信、自勉、自强""培养学生责任意识"等，反映不少老师有相当明确的教育价值观念，甚至有自己的教育信念。这些教育观念相当开明，也切合时宜。问题是有些专题总结中所提到的措施与实际事例，并不足以说明总结的主题，即这些措施不足以实现这些老师的教育价值观念。

例如，Z 老师深切地感到学生在初中学习时基础知识、基本训练不扎实，故进入高中后缺乏自信，碰到挫折时，容易自暴自弃。为此，他设计了一份问卷，着重了解学生为什么要读高中，自己的理想是什么，为自己理想的实现做了哪些准备，对现今社会中的激烈竞争有什么看法，自己准备如何参与竞争，等等。老师的意图很明显，是借以提醒与督促学生。答卷表明学生的头脑还是比较清醒的，此后，学习态度也有改善。这固然很好，问题是：向学生提出的这些问题是不是过于沉重？用如此沉重的问题提醒与督促学生，是不是能够解决学生内在动力不足、缺乏信心的问题？C老师也很重视培养学生"自信、自勉、自强"精神，她举了一个较为成功的例子说明这个问题。据说有一个学生（像是一个小干部的材料）严于责己，乐于助人，举止大方，善于团结同学，并受到同学信任。她的许多门功课的成绩都很好，只是对数学产生"恐惧症"，对数学学习缺乏自信。原因是在小学时，一次数学考试成绩不好，老师当着全班同学的面，说她"真笨"。此后在她的心灵中留下一道难以摆脱的阴影。C老师针对她的这种情况，致力于消除她心中的阴影，经常表示对她信任与理解。例如老师发现她作业中的错误时，以愧疚的口气表示自己没有尽到责任。结果如何呢？有一次数学测验，她得了77分，"醒目的77分压得她抬不起头，喘不过气"。在老师的鼓励与同学的关心下，她没有丧失信心，终于在期中考试中得了90分。这个成绩本身，是她学习数学能力的证明，自然有助于她增强学习数学的信心。问题是这个学生心理上存在问题的症结到底是什么？她的整个行为表明，她并不是一个不自信、不自勉、不自强的孩子，也许恰恰相反，由于她过于自信、过于好强，才对自己的弱点过于敏感，以致得了77分，竟会觉得无颜面对家长、老师和同学。正由于对自己的期望值过高，她才失去了平常心。所以，使这类学生保持平常心，才更切中要害。以上两位老师的教例，提出一个有待进一步探讨的问题：到底如何培养学生学习的信心？向学生提出过于沉重的问题，或学生自己抱有过高的期望，究竟能不能增强学生的自信心？

还有一位老师的总结，以"培养学生的责任意识"为主题。其中包括教育学生对自己负责与对集体负责；对自己负责中，又分为对自己理想负责、对自己学习负责、对自己行为负责与对自己身体负责。像是一个工作大纲，又像是教科书式的陈述，这种总结虽梳理了自己的思想，恐怕并未触及这个问题的症结。因为一个有责任意识的人，对什么事都可能负责，而一个缺乏责任意识的人，不仅对集体不负责，对自己也不见得负责。所以，这个问题的症结不在于学生对什么负责，而在于如何使学生负起责任。这篇总结显示出老师的责任意识甚强，工作的成效也相当显著。值得研究的是：老师是如何负责任的？所取得的是什么样的成效？是学生学习成绩的长进、班级工作的有序，还是学生责任意识的增强？只是在总结中尚缺乏这种分析。不过，这篇报告的结尾倒透露出一个很有意思的信息：期末考试前，有一个班级生活委员给老师提出一个意见："请你不要一有空就往教室跑。"老师虚心接受了他的意见。以后，尽量避免在午后休息时进教室，而后来发现教室中又开始大声喧哗了。这个教例倒显示出教师的责任意识甚强，重要的是教师怎样使学生形成"责任意识"。

上述诸教例表明，不少老师虽有较明确的教育价值观念，或有一定教育信念，但对自己的教育观念或许还缺乏足够的理解。学生的自信心、责任意识都属于学生自身的心理与道德素养问题，主要靠学生的自我修养。固然，老师对学生的信任是重要的，不过要看是怎样的"信任"。是单纯口头上的鼓励，或表示支持与谅解，还是提供适当的环境与适当的机会使学生经受锻炼，从自身实践中得到体验。

以培养"责任意识"为例。所谓"责任意识"，其实属于"义务感"问题。义务，有"必须承担的义务"与"应尽的义务"之别。前者带有强制性，如法律上规定的义务、行政纪律、工作或学习的责任；后者指道德上的义务，是植根于良心的意愿。由于这两者性质不同，教育要求与管理方式应有区别。为了使学生形成责任心与义务感，不必对学生行为过程多加干涉，而应少加干涉，否则他们会把做什么或不做什么、这样做或那样做，看成是别人的事、老师的事。同时，更重要的是要求学生对自己行为的后果负责，并使其无法逃避应负的责任，否则，就意味着对学生的放纵。凡不属于某个学生责任范围内的事，决不强求他去做，而是尊重他的意愿；否则他便会认为对他不公平，即使勉强去做，也算不上是责任意识的表现。还要培植健康的舆论，树立良好的榜样，发扬正气，激发良知。总之，应当把学生置于纪律环境与道德环境中，使他们在履行义务与责任的过程中，逐步形成义务感与责任感。自然，在具体实施中需因人因事而异。

教师职业培训中的师徒制

　　在现代学校，初任教师（新教师）入职辅导中，常常采用有经验的教师与初任教师结成对子的办法，对初任教师进行个别辅导。由于这种办法借鉴古代行会中的学徒制，故称其为"师徒制"。学校中的这种师傅带徒弟的办法，一方面，不仅可能对于初任教师开始适应教师职业生涯有一定帮助，还可能使入职期（少则1年，多则3年）已满的年轻教师的教学业务进修得到专门的指导；另一方面，它也可能使学校中卓有建树的教师所代表的学校文化得以传承。不过，事实上学校中的师徒制主要运用于初任教师入职辅导，并且即使在入职辅导中，它也不是唯一的办法。即使有些学校在入职辅导中不采取这种办法，也不至于成为问题。因为，师傅带徒弟，既可能带出好徒弟，也可能带出新问题。所以，严格说来，学校中师傅带徒弟，可能是一种好办法，但并未形成具有普遍适用性的师徒制。不过，在实践中仍不妨采用这样一个简约的名称。

　　问题是在现代初任教师入职辅导中为什么会采用师徒制？只是由于根据经验采用这种办法往往有效吗？为什么可能有效？既然采用这种办法不仅对初任教师可能有帮助，对一般年轻教师也可能有益，还可借以传承学校文化，为什么没有在学校中建立具有普遍适用性的师徒制呢？只有通过对古代职业训练中的学徒制、近代以来的职业教育和教师职前教育（即师范教育）认识演变过程的梳理，才可能比较清晰地回答这些问题。

一

师傅带徒弟原是古代手工技艺传承的方式。在行会形成以后，才成为手工技艺传承的制度。欧洲14—15世纪学徒制非常盛行。时至16世纪，随着自由贸易的扩大，行会趋于瓦解，而学徒制仍旧通行。从17世纪初开始，把学徒制置于行政管理之下。在18世纪60年代至19世纪70年代之间，欧洲主要国家先后通过产业革命实现工业化，即以机器工业生产取代手工业生产。此后，学徒制逐渐解体。大致在20世纪中叶，在重新评估学徒制价值基础上，又开始建立现代学徒制度。相比之下，在中国，由于工业革命滞后，自古以来的学徒制长期传承不息。在现代，只是由于受到西方学徒制演变过程的影响，这才亦步亦趋，发生一些变化。

学徒制为什么会发生如此曲折的变化呢？

首先，从根本上来说，古代学徒制的盛行与个体手工技艺的特点相关。古代以农业、手工业为主的个体经济的技术基础，是手工工具与手工技艺的结合。手工技艺（手艺）即操作手工工具进行产品生产的技能与熟练技巧。操作不同的手工工具，需有不同的手艺。技能愈熟练，劳动效率愈高，同时在个体劳动中，通常由一个劳动者完成某种产品生产全过程的劳作。在以工场手工业（以分工为基础的协作）取代个体生产以前，一种产品生产的过程（工序）即使对于劳动者个人来说，也是一种秘密，个体劳动者只能按照世代相传的陈规与个人经验进行生产。其中有些劳动者可能掌握某种特殊的技艺、家传或自己改进的工具或诀窍（如原料的配方、火候的掌握等）。惟其如此，如果要学习某种手艺，除了可能在家庭以内父子相传以外，便是当学徒，拜手工业师傅为师。

如果说在以个体手工业为基础的时代，学徒制训练为学习手艺的必由之路，那么在从个体手工业过渡到工场手工业阶段以后，每个劳动者从参与一种产品生产的全过程，到按照分工，各自只参加其中一道工序的生产。这样，不仅生产过程对个人劳动技能的需求降低，而且整个手工业生产的秘密又因工序的划分而破解，更重要的是在以机器生产取代手工生产以后，由于机器越来越成为科学技术的产物，它大大简化了工人的操作技能，从而使工人从"使用工具"到简单地"服侍机器"，进一步贬低了个人手工技艺的价值，遂导致学徒制解体。

其次，学徒制的解体，除出于技术原因以外，还在于它所确立的学徒对师傅的人身依附关系，与近代以来，尊重个人独立人格，以解放个体劳动力以及公共关系形成的时代潮流相背。

学徒制的职业训练过程，是学徒住在师傅家中，在现场操作过程中，由师傅言传身教，学徒模仿师傅的动作，反复机械地练习，师傅随时从旁矫正，并在技能练习的同时，熟悉材料的辨别、工具的选择、产品销售和行规等。所以在学徒制的职业训练中师徒关系非常密切，造成学徒对师傅的服从与依赖。由于手艺是师傅谋生的本领，故不轻易把手艺外传。行会对师傅授徒有严格的限制，以维护行业的垄断，并抑制行业以内的竞争。由于授徒与师傅在行业中的声誉相关，迫使师傅不能不对徒弟严加管教。学徒如手艺不精，尤其是有违背行规或不服师傅管教的行为，学徒期满以后便不被容许在行业内就业。遂导致学徒对师傅的半人身依附关系。如在欧洲历史上，按照《学徒契约》，师傅不仅可以打骂学徒，即使把学徒打死，也不承担法律责任。学徒即使满师以后，仍得孝敬乃师。"一日为师，终身为父"，此之谓也。如此师徒制度，自然为近代以来的社会所不容。

第三，在学徒制职业训练瓦解以后，代之而起的，是职业教育的发展。以职业教育取代学徒制职业训练，不仅是因为传统的学徒制职业训练失效和存在缺陷，更出于现代技术发展的需求。

19世纪与20世纪之交，以电力为动力的机器体系逐步取代以蒸汽为动力的机器体系。以蒸汽为动力的机器体系，由蒸汽发动机、传动装置与工作机（工具机）组成。中心发动机与传动装置决定了工作机的同一性，机器操作的工艺过程非常单调。以电力为动力的机器体系，由于电力的采用，实现了各台工作机的动力自治；也就是把原先机器体系的三个环节，联成一个统一的机构，即把发动机（工作马达）、传动装置（通电线路）装入工作机；从而使各台机器可以进行不同的工作，促进了工作机与工具专业化、产品多样化、工艺过程复杂化，加上后来的改进（如组合机床），使原先由于机器生产简化工作职能、降低对工人技能需求的趋势，转为对工人技术与文明修养的需求，即工人如不能看懂图纸，便无法进行操作。不仅要能够操作机器，还须了解机器生产的一般原理，并以文明的态度对待越来越精密的部件和机器，并适应现代企业管理的新情况与新要求。正是在这种背景下，职业教育从初等职业教育到中等职业教育，以至高等职业教育，得到蓬勃的发展。

然而，在职业教育发展到一定程度以后，原先那种职业教育的局限性也就逐步暴露出来。且不说狭窄的职业口径越来越不适应日趋频繁的职业流动性，单就职业技术的掌握来说，由于原先的职业教育主要是在与职业现场平行的学校中进行的，职业学校即使有必要的技术设备供学生操作，而在技术迅速变革的时代，学校的技术设备终究跟不上企业技术设备更新的步伐；更由于学校职业课程中的知识与技能仍带有技术基础教育性质，不免同特定就业岗位所需的知识、技能有距离。基于对职业教育的反思和对学徒制价值的重新估价，导致现代学徒制度的重构。现代学徒制度并非传统学徒制度的回归，而是学校与企业合作、师傅指导与职业技术理论教育兼施的新制度。

这只是作为学校初任教师入职辅导中师徒制背景和一般职业训练中学徒制的演变过程，而学校入职辅导中师徒制与一般职业训练中的师徒制有别。

二

学徒制的曲折演变过程对学校入职辅导中的师徒制有什么启发？学校中的师徒制与企业中的师徒制有什么不同？

首先，古代教育实体中的师-弟子关系，近于学徒制，而又与学徒制不同。因为手工技艺根植于个人肌体的动作系统，而教育中传授的是普适性的文化知识，并且古代尚未形成专业的教育理论，无论官学还是私学中，又都基本上不存在近代学校中的教师群体，也就不发生教师中的师徒关系问题。近代以来的学校属于公共教育机构，无论是公立学校还是私立学校中的教师都是公职，教师之间的关系属于公共关系，也就不容许在工作中夹杂私人关系。这是作为"公共教育机构"的学校的优点，也是其缺陷。如在教师中建立师徒关系，可以弥补学校缺乏情感色彩与人际关怀的缺陷，其前提是这种师徒关系不具有排他性。

其次，正如一般职业训练中，现代师徒制度的建立基于对职业教育的重新审视一样，现代学校中的职后教育与入职辅导中的师徒制，也是对以往盛行的教师职前教育（师范教育）反思的结果。由于职前教育中虽少不了教育实习环节，整个说来，它是在中小学教育现场以外进行教育与训练。其中同中小学课程对应的文化科学知识与技能虽为学生就业后执教某门学科奠定基础，而其中的教育专业课程，由于学生缺乏教育实践的阅历而难以领会。即使领会了，同入职以后的实践仍有很大的距离。故有必要进行初任教师的入职辅导及所有教师的职后教育。师徒制作为初任教师入职辅导的一种尝试，也就得到肯定，但只是把它作为公共关系加以肯定。问题是师徒之间如果没有真情实感，也能很有效地传承学校文化，只是这种私人感情以不具有排他性为前提。由于在实践中因人而异，所以学校中师傅带徒弟的方式很难成为具有普遍适用性的师徒制。

现代师资培训问题的症结

　　教师职业修养，原称"教师进德修业"，意思是教师以自己进德和修业逐步提高自己的职业修养。不过，众多教师未必都有进德修业的尝试。加之基础教育事业的规模相当庞大，并且基础教育普及的进程不断加速，教师职业修养的水平不平衡，故以大规模的"师资培训"逐步取代"教师进修"提法。

　　教师职业培训的迅速兴起，不仅由于教育普及程度的提高，还同逐步提高教师学历程度相关。如果以前曾以中等师范学校毕业为教师入职的合格程度，如今越来越以高等学历为教师合格标准，而现有高等师范学校不胜负担，在外来的影响下，遂兼由普通高等学校输送师资。问题在于即使是获得高等教育学历的教师，仍不免同基础教育的需求之间存在或多或少的距离，于是加重了师资培训的任务。

　　大规模的师资培训，固然是基础教育迅速发展并逐步提高教育质量过程中引发的问题，自然由此也不免成为教育事业中新发生的难题，这就是既然大规模的师资培训出于发展与改善基础教育的客观需求，那就少不得把师资培训当作相当数量教师不容推卸的"硬任务"。问题在于教师本身是否有意愿接受培训，是否有时间接受这种培训，何况不同类型不同程度不同自我认识的教师，对于接受培训有各自不同的需求，而师资培训犹如教师在自己授业中的那样，把众多的"学生"当作"一个学生"培训，并且多为"培"（输入）而不训。于是师资培训的有效性遂成为值得关注的问题。

其实师资培训问题的症结，还不在于接受这种培训的教师方面，而在于承担培训的"老师"有无参与师资培训任务的思想准备与充分的业务准备，对培训对象及其履行职能状况的了解程度如何。

由此不由得联想起1942年延安文艺座谈会的经验，那次座谈会召开的背景是：20世纪30年代末40年代初，大批进步的文化人纷纷从大中城市转移到以延安为中心的农村革命根据地，以便为农村大众服务。他们原先就萌生"文艺大众化"的意识与价值追求。进入农村后，很自然地力求向农民大众传授有价值的文艺作品（其中不少被称为"洋""名""古"的作品），却发现农村革命根据地并非他们"用武之地"。因为在毛泽东看来，他们的"大众化"实际上是"小众化"，果真试图实现"文艺大众化"，势必到农民中去，从了解农村实际情况和农民对文艺的实际需求出发。为此就需要到农民中去，向农民学习，由此得出"要做人民的先生，先做人民的学生"的结论。

其实这个异常难得的至理名言，更适合用于思考教育。因为在广义教育中，无论是狭义教育还是教养，都非授业者单方面的活动，而是把学生应有道德品质或文化知识与技能转化为学生本身的道德修养与文化修养的价值追求。惟其如此，

education的原义为"引出"，其实教养既有"输入"必要，若无"引出"，也可能输而不入。不论教育还是教养，如欲"引而出之"或"输而入之"，都少不得要做学生的先生，先做学生的学生。有效的师资培训也与此同理。

在教师职业修养及师资培训的价值取向中，尽管教育和教养本身都不可或缺，但在不同社会中，教育与教养的权重有别，也是师资文化中不能不加以考虑的问题。

我国教师职业环境的特点
——"教研组"在中国

　　尽管教师职场培训中的师徒制和职场外的师资培训，都有助于教师进修。且不说教师之"师"实际情况如何，其成效实际上取决于教师自主进修的意愿与需求，而教师进修的意愿，出于教师个人的自我认识与需求。由于众多教师自我认识与个人需求不尽一致，对于职业进修的观感与态度，不免存在差异，我国教研组问题便由此发生。

　　"教研组"原为从别国引进的概念。不过外界以"教研组"为"教学研究组"的简称，其研究以"各科教学法"为主，原则上自愿参加，不涉及职业活动以外教师相互关系，我国从建立农村革命根据地时期开始，就长期形成有组织的集体行动的传统。我国的教研组有别于教学研究组，而以广义教育为研究的对象，实际上更是教师之间相互支持、相互帮助、相互鼓励与相互监督的"教师组"。虽无强制参加之说，却是习俗使然，并且越来越成为非正式的学校行政基层组织。教研组组长以及年级组长虽未列入学校"干部"之列，实际上起着学校中基层干部作用。

　　我国如此教师职业环境对于促进教师职业进修的影响虽不容低估，或许毕竟缺乏先例的借鉴，以致虽有近百年的历史，积累了丰富的经验，迄今尚未形成适当的"教研组制度"，更待形成专业性质的教研组研究成果。

问题在于通常习惯于以别的教师职业环境，理解我国如此教师职业环境，甚至可能对我国教师职业环境多所误解，甚至非议。故有必要对我国教师职业环境的合理性，加以客观分析。

简单地说，现代学校中，早就形成"一师多生，一生多师"的格局。由此可能发生教师对不同学生的比较，学生对不同老师的比较，也可能发生教师之间的比较，诸如此类比较，在标榜教师授业自主权的教师职业环境，是自发的，除了离谱的现象以外，一般情况下，不容外界干预。同样，教师授业各自为政，原则上互不干预，即使发生相互支持的情况，也是出于彼此自愿的选择。

一般看来，接受过一定教育与训练的成年人教育尚未成年的学生，似乎是再简单不过的职业。这取决于对教育及教养属性的了解与价值追求如何。严格说来，通过教师履行的教-学活动，使学生应有的道德人格转化为他们自己的人格，或使学生应当掌握的文化知识与技能，转化为他们自己的教养，实际上是各行各业中最为困难的职业。尽管教师入职前，接受过起码的教育与训练，其实每个教师一旦入职，便面对诸多难题，即使授业多年的教师，也未必有效地履行自己的职责。故在一般教师职业环境中，教师充其量只能做到在不违背教育底线的情况下，能做到什么，就做到什么，如此而已。

我国素有以"师道"为核心价值观念的师资文化传统，自农村革命根据地以来，在中国共产党领导下，一以贯之地继承我国师资文化传统，并把我国师资文化发展为以集体为核心价值观念，以教研组为组织形式的现代师资文化。尽管维护教师授业权利，实际上使每个教师成为教师集体中的成员。原则上教师集体对教师负责，而教师个人对教师集体也承担一定的责任。由于习惯成自然，以现代不同地区，不同学校之间的差别，在很大程度上，是学校中教师职业环境的差别。

尽管教研组或美其名曰"教师教育研究组"，问题在于教师研究什么，如何研究，才到位？由于教师兼负对学生教育（狭义）职能与教养职能，故教师的研究对象有教育与教养之分。不过教师的教育（广义）对象，有别于校外"专家""学者"的教育研究。那些研究或为"驾空教育"的研究，或为"接地气"的教育研究，出于他们的选择。教师的日常工作异常忙碌，面对的实际问题与难题有待解决，教师的教育研究或教养研究，最好是接地气的研究，即解决实践存在问题的研究。至于这种研究如何接地气呢？由于教育旨在使学生应有的道德人格转化为他们的人格，并使学生应有的文化知识与技能转化为他们的教养，至于这个转化过程是否实现，如何实现，那就少不得从了解学生情况入手。根据了解的情况，研究教-学活动中有待解决的问题。按照毛泽东的意思，这就是要做学生的先生，先做学生的学生。这种研究即近于道德教育研究或分科教学法研究，问题在通常认为这种研究算不上什么理论研究。岂不知可靠的道德研究或分科教学法研究，正植根于接地气的研究，不接地气的研究，喧嚣一时，总不免自生自灭，"理论"之乎哉？

既然老天赐给我们教师研究教育的机会与条件，何乐而不为？

有必要打造"跛足的教师"吗？

——谈"教师专业化"

如今，在城市中小学，语文教师不会教数学或其他学科，数学教师不会教语文或其他学科，小学低年级语文教师教不了高年级语文，高年级数学教师教不了低年级数学，是一种常见的现象。惟其如此，跨学科、跨年级的教师之间几乎难以进行业务交流。一旦聚在一起交流，也多半是互为"外行"的对话。彼此之间不仅听不懂或很难听得懂对方到底在讲些什么，为什么这样讲或那样讲，而且对方讲的东西很难引起自己的兴趣。小学尚且如此，中学更不必说了。教师尚且如此，家长那还用说？即使是有高等教育程度的家长，也很难胜任对小学生家庭作业的辅导。这算是一种什么现象呢？不客气地说，这样的教师岂不是成了"跛足的教师"么？

谈起教师的素养，说城市教师的水平普遍比农村教师高，谁也不敢否认。可是，农村教师，尤其是落后地区的农村教师，却几乎什么课都能教。不仅"腿不瘸"，而且倒像是"全能的教师"。如果用跛足的教师标准衡量，这种教师的水平自然成问题。

农村教师的工作状态，是那种不利的环境逼出来的，城市学校的境况与农村学校几乎不可同日而语。不谈别的，单就学校规模来说，如今城市学校越来越膨胀，越来越肥胖，也就可能在教师之间进行越来越细的分化。有的教师专门教这门课，或以这门课为主；有的教师专门教那门课，或以那门课为主；有的教师专教低年级学生；有的教师专教高年级学生；此外，还有一批水平最高、经验最丰富的教师，专任"把关教师"。"把关"者也，其实际含义是，把学校中最好的教育资源投入于看来国家最不愿意学校投入的"应试教育"。这倒不是哪一所学校的校长、教师愿意如此，无非是面对无法消除的"公害"，迫不得已而为之罢了。这算是一种什么现象呢？堂而皇之的说法，叫作"教师专业化"。

说到专业化，不管是什么专业，原都是一个中性概念。就其功能来说，像是一柄一柄的双刃剑。职业分工、专业分化，有可能使从业人员专注于一种职业、一个职能部门或一个部门中的一种职能，精益求精，以提高工作效率，直到成为某种职业的行家里手、某种专业的专家。然而，一个从业人员，如果长期甚至终身专门从事一种职业，并在一种职业中只从事一种狭窄的职能，那么他即使在某种职能上达到相当高的专业水平，而对别的职业或同一职业中别的职能，却越来越少关心，越来越无知，久而久之，便成为畸形发展的"跛足的工作者"。这便是马克思所谓的"职业的痴呆"，即僵化的职业分工、专业分化造成的人的"痴呆"。

在诸多职业中，有事务性职业与专业性职业之分。尽管专业性职业本身提供给个人发展的机会比事务性职业多，专业人员如果囿于本专业的见闻，甚至形成本专业的偏见，戴上本专业的"眼镜"看外界事物和自身，同样难逃"职业的痴呆"的命运。

明乎此，并且稍存以人为本的念头，对于专业和专业化，便会作出兴利除弊的选择。问题是在我国，"专业"不是中性词，而是一个响当当的褒义词。谁不以当专家为荣呢？至于"以人为本"是什么意思，"人的全面发展"作何诠释，不知还有多少人顾得上去推敲。

至于中小学教师这种职业，是不是单纯属于事务性职业？它是不是有可能成为专业性职业？所谓教师专业化，到底是什么意思？在我国，恐怕是一个只有书呆子才会去考虑的问题。现实的问题是，如何普遍提高教师的专业程度，如何使越来越多的教师成为专家型教师或教育专家。关于我国教育界普遍关注的这个课题，迄今为止，省市级、国家级课题研究成果层出不穷，各级教育行政部门和为数众多的学校也有一套又一套的部署，委实令人鼓舞。令人困惑的只是教师专业化是不是等于把教师按学科或年级加以分化；这种分化属于凝固的分化还是带有一定流动性的分工；教师专业化的追求是不是如我们在城市学校中经常可见的那样，造就越来越多的"跛足的教师"。

如此困惑，居然也会发生，恐怕也还是书生气在作怪。话虽如此，倒也不能不考虑，教师的教育视野越来越狭窄，且把狭窄的视野凝固化，对教师个人的发展是否有利，会不会使其成为"职业的痴呆"，成为自己任职学校中诸多日常工作的外行，或许还在其次；重要的是这种职能活动（即教学本身）达到怎样的专业化程度，才有助于学生的适应，而不致造成学生适应教学的障碍。

专业、专业化原本清楚。说到教师专业化，这才越说越糊涂。不是别人糊涂，而是本人自己糊涂。

IV

虚虚实实的教师话题平议

教师就是教师，怎么会有虚虚实实的教师呢？

说来话长。在文化中仿佛有两种习俗：一是因人成事，随之以人说事，即以伦理说事；一是因事成人，即以事理说人。我国在20世纪与21世纪之交，舆论中一度出现所谓"名师""专家型教师""学术型教师""知识分子教师"以及"特级教师"，固然是因人成事习俗使然，怕就怕的是实实虚虚。为什么这样说呢？诸如此类"名师"，总有一定出色的业绩甚至一以当十，才"出师头地"，大概是不争的事实。若循名责实，同一般专家、学者比起来，未免言过其实。怕就怕的是一旦成名，就忘乎所以，甚至撇开自己的学生，整日价在县里县外、省里省外或国内国外，另找"学生"。果如是，同坚守岗位的普通教师相比，那就只能说不逊色也逊色。

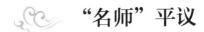

"名师"平议

　　这些年，"名师"成了经常被议论的话题，更有各种名目的"名师工程"开工、作业。从20世纪70年代末开始，就有"特级教师"的设置，新近又出台"跨世纪园丁工程"。其中包括在1999—2000年间由教育部组织的重点培训中小学及职业学校万名骨干教师，政府还对有突出贡献的教师给予特殊津贴及奖励，并已形成制度。单就上海市来说，在1979—1999年间，就分七批先后评选出特级教师达387人之众。"国将兴，必贵师而重傅"（《荀子·大略》），此之谓也。然而，令人着急的是，迄今名师不多，居然成为这个话题中的话题。

　　名师多少是相对的。人们普遍觉得现在名师不多，是相对于20世纪50—60年代的情况而言的。其实现在的优秀教师何尝比过去少，只是如今优秀教师似乎没有他们的前辈名气大；当然当今不少正在风头上的教师，名气也够响了。看来对所谓"名师"问题还需作具体分析。

　　关于名师，久有"名师出高徒"之说，正像母以子贵那样，师以生重。依照此理，是不是"名师"，大抵以"高徒"为证；然而如今的优秀教师大都处在壮年时期，他们的"高徒"，充其量是考取重点大学的高才生、高考状元、奥林匹克学科竞赛金牌得主。这样的学生固然出色，将来是否都能成为栋梁之材，尚属未知之数，故而今名师多少，得由时间老人评估，急什么呢？急也无用，只能相信"是金子总会发光"。

其实，现在的优秀教师，相对于越来越庞大的教师群体，已经出类拔萃，他们的名气未必有上一辈名师那么大，其成就倒不一定都比以往名师逊色。问题是在以往那种英雄崇拜的年代，杰出人物比较容易受到崇拜，如今随着时代的变迁，人们的自我意识普遍觉醒，对别人的成就不再轻易认同；况且以往的名师为数毕竟有限，而现在评选优秀人物的项目，名目繁多，得个什么奖，上个什么职称，顶个什么头衔，来得容易，优秀人物怎不贬值？真正优秀的老师反而比以往更容易被湮没。加之以往名师甚少实惠，人们没有理由挑剔；而如今一旦高中，名至实归，容易诱发可能发生的苛求。

如果说以往关注名师，主要着眼于高徒，那么现今相当一部分教育行政人员、某些教师所关注的，与其说是培养高徒，倒不如说是名师的品牌效应。因为这种品牌效应，既可招徕更多学生，更可耸动长官的视听。这表明随着星移斗转，名师的视点从深层转向表层。说得直白些，一些人更关注的倒不一定是"师"，而是"名"。

本来，教师活动的舞台在学校以内，活动的对象是学生，这就注定他们的大名难以飞越学校的门墙。况且按照"名师出高徒"之理，果为出名才去培养学生，等待高徒奇迹般地出现，得等到猴年马月？故真正优秀的教师鲜有这种奢望。如今，社会倒为教师冲出学校、冲向社会提供了广阔的舞台，随着名师视点的移易，少不得有人一试。现在，一个教师只要在教学业务上有点资本垫底，敢发出奇之论，善于标新立异，再博得名人青睐，便不难经常出没于这个会、那个会、数不清名目的会，时不时在电视屏幕上亮相。至于是当嘉宾、作辅导，还是给应试材料作广告，效果都是一样。如打出一个什么牌号，编一两本教学品牌说明书，再请长官赐个序，这点资本就算盘活了。到那时，你即使不想出名，也没有办法，已经放出去的大名，像离弦的箭，收不回来了。教师而有名，能说他不是"名师"？

在当今这个时代，你即使拿定主意，终身埋头教书，往往也身不由己。假如人民一定要选你当"代表"，同行选你当"委员"、当"模范"，上级把你定为"跨世纪人才"，你即使受之有愧，也觉得却之不当。于是，不得不同别的"代表""人才"一样频繁地出没于会场、宾馆、屏幕。不上瘾算你不失本色，一旦上了瘾，劲头越来越大，离课堂越来越远，对学生面孔越来越生疏，反而离"名师"越来越近。真是奇妙的逻辑。自然，这种逻辑并非当代教师的新发现，君不见上一代名师中有些能人，焉知不是因其告别讲台三十年、四十载，乃至更长时间，才更有资格当"名师"？

总之，一定说现在的名师比过去少，可能为暂时的现象所惑；说现在出了名的教师不一定都堪称"名师"，倒符合实情。或谓需要形成名师脱颖而出的氛围，那是不错的，得看对氛围如何理解，尤其要考虑名师视点如何。

　　以往没有什么"名师工程"，少数教师出类拔萃是自然发生的。惟其"名由实生，故久而益大"（刘禹锡语）。当年孔老夫子"不患人之不己知"，欣赏曾皙之志："莫春者，春服既成，冠者五六人，童子六七人，浴乎沂，风乎舞雩，咏而归。"（《论语·先进》）那才是名师高风；如今躬逢盛世，名师受到前所未有的关注。惟其如此，"贵玉之国多珉，好凤之国多珉。名之所在，伪之所趋"（方孝孺语）。这恐怕是"名师工程"可能遇到的挑战。

　　说到这里，不免犯疑，是不是有煞风景之嫌？"名师"不"名师"，不说也罢，就此打住！

"学者型教师"平议

如今，我国为了应对新世纪教育面临的挑战，已经启动"跨世纪园丁工程"，旨在普遍提高教师的教养水准与教育教学质量。其中又以培养中小学骨干教师为重点，积极创造有利于优秀教师脱颖而出的条件与环境，以期从教师群体中涌现出成批的"学科教育带头人"。这堪称有远见的决策。与此同时，在若干地区，所谓"学者型教师"的口号应运而生。

欲问"学者型教师"的含义是什么，按照中小学的实际情况，到底需要什么样的骨干教师，所谓"学者型教师"，在什么意义上适合时宜，在什么意义上不适合时宜，恐怕仍是值得讨论的问题。

一

"学者型教师"，顾名思义，指的是像"学者"那样的教师。那么"学者"的含义又是什么呢？据《辞海》解释，它有二义。一是指求学的人，一是指学术上有一定造诣的人。如今提出"学者型教师"，显然非指"学生型教师"，而是指在学术上有一定造诣的教师。既然搭上"学者"名义，总该多少有些真才实学，最好在学术上有所建树。

其实，在中小学教师（尤其是中学教师）中，历来不乏学识渊博，甚至在学术上有一定造诣的人。只是教师生涯毕竟与一般学者的境况不同。由于教师的本职不是发现新知，而主要是"传知"，人们也就主要以"传知"的成效衡量教师的价值。惟其如此，在中小学，有学问的教师虽受人尊重，却不一定都受学校当局和学生欢迎。唯有既得真知，又善传知，人缘不致太差，对学校领导又不敢怠慢的教师，才是备受欢迎的骨干教师。

德国著名学者马克斯·韦伯在题为"以学术为业"的学术报告中，这样写道："每一位受着感情的驱策，想要从事学术的人，必须认识到他面前的任务的两重性。他不但必须具备学者的资格，还得是一名合格的教师，两者并不完全是相同的事情。一个人可以是一名杰出学者，同时却是个糟糕透顶的老师。"[1] 他是就大学教师而言的。至于中小学教师是不是一定要成为"学者"或"学者型教师"，他未提到，而学者与教师"不是完全相同的事情"，对于中小学来说，情况更是如此。

二

提出"学者型教师"问题，虽然无意要求教师"单以求知为旨趣，而不讲求教书育人的成效"，无非是鼓励教师像学者那

---

① 马克斯·韦伯.学术与政治 [M].冯克利，译.北京：生活·读书·新知三联书店，1998：21.

样孜孜以求，以便使教育、教学工作更有成效。如果教师出于教育、教学需要，并从本校可能提供的条件出发，钻研学问，这样治学，同执教自然相辅相成；问题在于真正的学者大抵以求知为旨趣，以探究为乐趣。对某种感兴趣的学问，一旦进得去，往往出不来。甚至反而觉得上课、批改作业、开会、出考题，妨碍自己研究学问。这样的教师甚至就连职称怎样，奖金多少，也在所不计。既然他还是教师，又像学者那样求学问，算得上是"学者型教师"了；然而不管这种教师在学术上小有成就，还是大有建树，作为教师，只能算是"学究型教师"。王安石有言："欲变学究为秀才，不谓变秀才为学究。"套他这句话，对于"学究型教师"来说，便是"欲变学究为教师，不谓变教师为学究"了。不过，还是"变教师为学究"易，"变学究为教师"难。

教师如果对同他执教课程相关的学术领域，有所探求，固然甚好。不过，教师所传的"知"，不一定都得自己去发现。即使不求发现真知，教师也并非知识越多越好。因为教师的工作对知识的需要毕竟有限，教师本人的精力有限。教师中的"学者"，如果不从课程需要出发，不以相当多的时间与精力去研究学生，接近学生，确有可能成为"糟糕透顶的老师"。故在"学者"与"教师"的严格意义上说，在中小学，这两者之间的关联不算太大。

话虽如此，确有真才实学的教师，即使教学效果未必佳，倒可能受到学生倍加敬重。这种教师的"学者风范"是中小学中不易见到的人文景观。"学者型教师"作为楷模，甚至可能对有为青年、有志少年的人生抉择，产生意想不到的影响。

韦伯提到大学教师具有"学者"与"教师"两重性。此话对于现在中国的大学，不知是否过时？因为如今学者在不少大学教师中，渐渐失去了吸引力，倒是中小学对学者的兴趣渐渐浓了起来。看来，随着造就"学者型教师"的理想化为现实，中小学倒可望成为未来中国学者的温床。

"专家型教师"平议

　　我国从1999年起，启动了"跨世纪园丁工程"。它以加强中小学骨干教师队伍建设为重点（其中包括由教育部组织重点培训万名骨干教师），力求全面提高教师素养。2002年5月，教育部又发布《中小学教师队伍建设"十五"计划》，提出在第十个"五年计划"期间，将继续实施"跨世纪园丁工程"中的"特级教师计划"，务使骨干教师队伍建设取得"突破性进展"，旨在培养一批"造诣高深的中小学特级教师"，支持和培养一批"在教育界有重大影响的教育专家和名师"。这是一项令人鼓舞的有远见的部署。在此背景下，"专家型教师"的口号应运而生。

　　何谓"专家型教师"？如果把它理解为计划中的"造诣高深的特级教师"和"在教育界有重大影响的教育专家和名师"的简明的概括，那是没有什么问题的。因为在计划中，少不了对特级教师的标准作明确规定。不过，所谓"有重大影响的教育专家"与"名师"，那是创设使人才脱颖而出的环境与条件所可能产生的自然结果，而"专家型教师"则可能作为培养骨干教师的价值取向，影响教师进修与培养教师的抉择。惟其如此，"专家型教师"的含义也就值得研究。

　　"专家型教师"的关键词是"专家"。专家，一般是指对某种学术、技能有特长的人。"专家型教师"主要指"造诣高深的中小学特级教师"，有时也称为"学科专家"。可能发生的歧义，首先，是对"学科专家"的理解。

　　在学术领域，基于专业分工，也采用"学科"概念。如数学学科、物理学科、语言学科等。每个专业、每门学科领域中造诣精深的人，被分别称为数学家、物理学家、语言学家等。人们也把他们泛称为"学科专家"，由于每个教师的职责在于使所执教的学科知识被学生掌握与运用，故"专家型教师"当指"学科教学专家"，或"学科课程专家"。鉴于学者和合格的教师，"两者并不是完全相同的事情"，一个人可以是一名杰出学者，同时却是个"糟糕透顶的老师"。[①] 所以，"学科教学专业"是专业分工中独特的、不可代替的领域。

　　尽管为了区分"学科专家"与"学科教学专家"，可以说"学科教学专业"是独特的、不可代替的，但问题是它的"独特性"何在？据介绍，在"特级教师计划"中，列入了一系列培养特级教师的措施。如：在教育科研规划中列入"特级教师计划"专设课题，组织特级教师讲学团巡回讲学，举办名师教学方法高级研讨班，以及资助特级教师出版教育教学著作，此外还建立一套制度，使特级教师评选、考核与管理制度化、规范化。其中或隐含"学科教学专家"内涵，实际上还属于主要以现有特级教师带动未来的特级教师的计划。至于"学科教学专

---

　① 　马克斯·韦伯.学术与政治 [M].冯克利，译.生活·读书·新知三联书店，1998：21.

家"的特定含义，不是此项工作计划中所要回答的问题。

值得注意的是，《中国教育报》2002年4月21日，曾以整版篇幅告诉人们："教师专业化：我们应该做些什么？"其中顾明远教授提出，对教师专业性问题，国内外有许多研究。归纳起来有几点：（1）有较高的专业知识（所教学科）和技能；（2）经过较长时期的专门职业训练，掌握教育学科的知识和技能，并经过"临床"实习；（3）有较高的职业道德；（4）有不断进取的意识与能力。这种简明扼要的概括，指明了"特级教师"（包括"学科教学专家"）所应具备的必要的条件。就我国教育现状来说，作为中小学教师，具备这些条件虽不算容易，倒也不是不可能达到的。问题是：具备了这些条件，就能成为"学科教学专家"么？退一步说，具备这些条件的教师，都能取得较好的教学成效么？

固然，在日常教学实践中，具备上述条件的教师比在这些方面素养一般的教师可能取得更好的教学效果，可问题在于，每门学科只有把凝结在这门学科中的成年人经验转化为未成年人自己的经验，成为"学生经验的课程"，才算达到预期目标，而在成年人经验（它已经不同于一般成年人经验）与未成年人经验（其中又有儿童、少年、青年经验之别）之间，存在着学科逻辑与心理逻辑之间的鸿沟。按理，在教材中应力求沟通学科逻辑与心理逻辑之间的联系。这是杜威早在一百多年前（1902年）就提出的课题。不过，跨越这种鸿沟又谈何容易？至于我国基础教育课程，很久以前虽曾在这方面作过不少努力，并取得一定成就，而在近半个多世纪以来，实际上早已放弃了这种尝试。这就意味着把沟通学科逻辑与心理逻辑的责任，推给了教师，而一般教师又未必知道有这么一回事。即使知道这回事，你叫他们从何处下手？好在从上到下，都懂得教学要"从学生实际出发"的道理，而今又有使学生成为"主体"的意愿。只是紧迫的教学进度和沉重的课业负担，又迫使教师穷于应付，哪顾得上什么心理逻辑？结果，教师中只有为数不是很多的有心人，因善于接近学生、观察与研究学生而能取得较好的成效。惟这种成效的取得，主要靠自己的经验（如调节课堂氛围，细心分析学生作业，虚心听取学生意见等），即主要靠"摸着石头"从课程的此岸到达彼岸，而非出于对自己执教课程的理性思考。这种教师虽可算是优秀教师，他们若要成为"学科课程专家"，还必须对课程有成熟的理性思考。其中包括明了沟通课程与学生心理联系之道。

我国长期以来实施的基础教育课程，在课程编制的类型上，属于学科课程。如今出台的基础教育课程实施方案，包含打破学科课程局限性的尝试，在课程结构中，纳入综合课程与综合实践活动等新的成分，但仍以学科课程为主体。所谓"学科教学专家"，正是这种课程结构的反映。

惟其如此，我国中小学教师，其中包括多数现有的特级教师与"学科教学专家"，充其量只有所教学科和"学科教育学""学科教学法"的视野，而鲜有"课程理论与技术"的思考与素养。这是什么意思呢？列入课程体系中的各门学科，如数学，在习惯上既称"数学学科"，亦称"数学课程"。叫个什么名目，虽然问题不大，而教学理论与课程理论的观念与思路却迥然有别。前者着眼于教师如何教，而后者主要着眼于学生如何学。依照现代课程观念，传统课程实际上是教程，而现代课程主要是学程。就以在当代英语国家已经不算先进的泰勒的课程理论来说，它早在半个多世纪以前，就以"学习经验"概念代替我国至今仍广泛采用的"教材""教科书"概念。依他所见，"学习经验"这个术语，既不同于一门学程所涉及的内容，也不等同于教师所从事的各种活动，它指的是学习者与他对作出反应的环境中的外部条件之间的相互作用。这是由于学习是通过学生的主动行为而发生的；学生的学习取决于他自己做了些什么，而不是教师做了些什么。[①] 在中国，"课本课本，一课之本"，至今仍是人们深信不疑的教条。"照本宣科"也就成为教学的常态；然而在现代课程观念中，课本只是学生学习环境的组成部分。至于如何教，如何学，便又发生"学习经验"如何组织的问题。其中包括各种不同层面，每个层面又有不同选择。这些，在我国教师听来，仿佛是"天方夜谭"，不可思议，而早在1949年问世的泰勒的《课程与教学的基本原理》一书，作为现代课程理论的奠基之作，已经在若干英语国家课程实践中发生了广泛的影响。尽管我国课程改革不能不从现有社会需要与具体情况出发，对于教师，包括特级教师，也只能以现有条件下合适的和可能达到的标准来衡量与要求。至于"学科教学专家"和所谓"专家型教师"，情况稍有不同。既称"跨世纪的园丁工程"，造就囿于学科教学见闻的专家，

---

① 泰勒.课程与教学的基本原理［M］.施良方，译.北京：人民教育出版社，1994：49.

能有多大实际意义与价值？即使心存"学生主体性""以学生为本"的意愿，若不懂得在所执教的课程中，如何确立可行的课程目标，如何选择与组织"学习经验"，那种善良的意愿也只是意愿而已。

诸如此类问题，相信在列入计划的教育行政部门与全国教育科学规划办公室联合设立的"特级教师计划"专设课题研究中，会取得切实的研究成果。

"智慧型教师"平议

　　如今，教师的"新型号"实在不少。除了经常谈论的"学者型教师""专家型教师""研究型教师"以外，在《江西教育科研》杂志2004年第1—2合期上，又出现了一个更新的型号，叫作"智慧型教师"。

　　何谓"智慧型教师"？尽管作者说得头头是道，只是其中所谈的道理，所作的规定性，对于为数众多的教师究竟意味着什么，看来看去，还是捉摸不定。单是"智慧"这个关键词的解释，就犹如雾里观花。至于在什么前提下实现从"知识型教师"向"智慧型教师"转变，使教师转型的那种前提是否存在，是否可能存在，那就更不知说了些什么和该说些什么了。这倒未必是作者没有说清楚，也可能是我看不明，理不清。由于弄不明白，只得提出一些问题请教了。

一

　　诚如作者所说，"智慧是一个十分复杂的概念"。究竟有多么复杂呢？作者告诉我们："长期以来，我们对智慧的理解比较狭窄，主要将智慧等同于智力……从广义的智慧观出发，智慧是指人们运用知识、能力、技能等主动地解决实际问题和困难的本领，同时它更是人们对历史和现实中个人生存、发展状态的积极审视与观照，以及对当下和未来存在着的事物发展的多种可能性进行明智、果断、勇敢的判断与选择的综合素养和生存方式。"

不仅如此，"智慧具有知识性、主体性、价值性、实践性、综合性等"。

不仅如此，"智慧是一个丰富的整体。在心理学意义上，……在社会学意义上，……在哲学意义上，……"

不明白的是：

1. 这里到底有多少规定性，很难数得清楚。如果都得符合这么多的规定性，才称得上"智慧"，那么中国教师多达千万之数，不知其中究竟有多少教师可以归入"智慧型教师"？假如教师群体中有1%的人可归入此类，亦有十万之众，而此数同占教师总数99%的人相比，够得上成为教师的一种类型么？

2. 照此说法，"智慧型教师"该有"知识性""主体性""价值性""实践性""综合性"。然而这一堆"性"本身是不是还该各有规定性？否则，不禁要问：那些将被取代的"知识型教师"，难道不也具有"知识性""主体性"之类的"性"么？

3. 虽然在心理学、社会学、哲学上可能各自赋予"智慧"以特定的含义，然而这些意义的"智慧"都适用于对教师的定性么？

尽管"智慧"的内涵较为丰富，而它总还不致复杂到令人捉摸不定的程度。依照《辞海》中的解释，智慧是指对事物能认识、辨析、判断和发明创造的能力。不过，这种解释意味着平常人并无多少智慧可言。《辞海》中还解释为"犹言才智、智谋"，又有同义语反复之嫌。洛克曾提到关于"智慧"的一般流行的解释，即："它使得一个人能干并有远见，能很好处理他的事务，并对事务专心致志。这是一种善良的天性、心灵的努力和经验结合的产物。"[①]据此可知"智慧"的要义为：它是在恰当地处理事务中所显示的精明；不仅如此，自古以来就把它作为一种美德。"智慧"作为一个规范词，又是在正当地处理事务中所显示的善意。一个人只要及时正当而又恰当地处理事务，便可显示他的智慧。依此看来，在平凡的人群中，也不乏有智慧的人。然而，由于人们之间的主观条件与价值倾向差别甚大，而每个人在一定场合所面临的实际境况，往往非常特殊，又多有变化，以致在特殊情况下，及时正当而又恰当地处理事务，很不容易。故又可以依据各个人的经常表现，区分出比较富于智慧的人与缺乏智慧的人。

二

教师是一个角色概念。每个教师实际上成为什么样的教师角色，情况虽不尽一致，而一定时代、一定社会中教师角色、地位的一般形态，则是由特定的教育结构所决定的。这种历史

---

① 洛克.教育漫话 [M].傅任敢，译.北京：教育科学出版社，1999：117.

形成的教育结构，不以教师的个人意志而转移。所以，要一般地论定教师属于什么类型，宜从什么类型转向什么类型，不能不以教师职能活动所依托的教育结构为依据。如是，便可分析作者所作的"知识型教师"从"道德型教师"转化而来，又将向"智慧型教师"转化的判断，到底能否成立。

据称古代教师为"道德型教师"。在一定意义上可以这么说。这是由于在近代实证-实验科学形成以前，主要以宗教的或世俗的价值文化为教与学的内容。惟在古代教与学中，不仅文化典籍中充满智慧的结晶，而且实行个别教与学的制度，故古代教师（至少是那时高级的教师）同近代"知识型教师"相比，倒更近于"智慧型教师"。近代，特别是19世纪下半期以来，班级授课成为通行的教与学制度，教与学又以学科课程为主体。这就意味着教师不仅把各不相同的许多学生当作同一个"抽象的学生"进行"批量生产"，而所教与所学的又主要是学科知识，鲜能顾及对各不相同的学生各自在特定情况下处理实际事务的指导。正是这种教育结构，才造就了缺乏智慧的"知识型教师"，尽管有些教师也可能或多或少关注学生，正当而又恰当地处理实际事务。这种情况即使存在，最多也不过是这种教育结构中教师职能活动的一种补充。有些教师在职能活动中，也可能发挥自己的智慧。这种教育智慧的运用，通常称之为"教师机智"或"教育艺术"。它也只是一种补充。

鉴于这种"知识型教师"的缺陷越来越为人们所察觉，不少有关教师新型号的议论遂应运而生。然而，要在总体上改变教师的类型，那就有赖于从根本改变"知识型教师"所由产生的那种教育结构。就我国教育的实际情况看来，从根本上变革现行教育结构以及它所由产生的那种教育管理体制，并触动它所由发生的那种社会-文化根源，那将是猴年马月的事情了。

现今数以千万计的教师，每年每月都忙得不可开交，哪有心思去捉摸那猴年马月的事情呢?

"知识分子型教师"平议

　　《教育参考》杂志2008年第4期发表徐平利君的大作《教师是知识分子吗》，引起争议。徐君的立论大抵是："在教育的根本命题中，理想的教师应当是知识分子。""知识分子即社会良心。""在当今中国城市教育环境中，教师并不具有严格意义上的知识分子特征。"那么现今教师状态一般呈现什么特征呢？据作者考察，"进入教师队伍的一般都是保守求稳者、因循守旧者和怯懦胆小者……"这倒不一定都出于教师的本意。因为"教师们对他们是不是属于知识分子这个问题也在左右为难"。导致如此状态的缘由，在于"无限膨胀的权力中心主义和物质功利主义的荒谬"，而"荒谬者对荒谬生活的认可，又是这种形式主义文化的环境产生的基础"。那么谁是"荒谬者"呢？文中似有所指，又未明确断定，也就给读者留下追寻的空间。

　　在当今中国教育舆论中，这是一篇少见的笔锋犀利的大作。作者正视我国教师状况的现实，一针见血地指出了问题，毫不含糊地表达了自己的见解，似乎显示出作者具有知识分子本应具有的社会责任感和干预社会生活的勇气。尽管其中提出的问题是真是假，其立论能否成立，尚待分辨；即使错了，倒也错得明白，总比许许多多对得糊涂的应景之作，高出一筹。因为它能激发人们思考这个话题的动机。

惟其如此，这篇大作很快就激起了小小的波澜。尽管论争双方争论的话题枝叶扶疏，其中关键问题在于何谓"知识分子"。文中所指的"知识分子"是何等人物，所指的"教师"是怎样的角色，有什么理由期待（或要求）如此教师成为如此知识分子，就有不少可议之点。

一

何谓"知识分子"？

据称知识分子有三个主要特征：（1）有专业知识和专业技能，矢志不渝地追求自己所热爱的事业；（2）坚持真理，维护正义，不因私欲而损害公众利益；（3）内心自由，人格独立，不因外部依附而丧失精神尊严。

姑且这么界定吧！只是对这个界定还须加以分析。

1. 关于知识分子的"知识"与"技能"。固然，知识分子通常都具有相当深厚的专业教养，但无须把跨越专业的学术渊博的通才排斥在外。此外，专才或通才是不是都得"矢志不渝地追求自己热爱的事业"，那只能说若不如此，便难以成为有建树的专才或通才。至于他们是把自己的职业只作为谋生手段还是自己的事业，那是各人自己的事情。社会关注的主要是这类人物是否有真才实学。何况把所从事的职业作为自己的事业的人，倒也不限于知识分子。

2. 同样，"独立人格"不见得是知识分子特有的性格特征。芸芸众生中，也不乏具有独立人格的人物，而公认的专才或通才倒未必都有独立人格。只是社会有理由要求这类人才具有独立的人格。因为，他们既然成为专才或通才，就表示他们对于一定的事物比一般人懂得更多，认识更深刻，能耐更大一些。这类人物之所以可能具有独立人格，正由于他们所掌握的一定的真理，能够成为他们的精神支柱。他们既然掌握一定的真理，若不坚持与捍卫自己掌握的真理，将因丧失独立人格而不成其为知识分子。

3. "知识分子即社会良心"么？有高深知识与独立个性的人物，不见得都有"社会良心"。如果把"社会良心"理解为关注公共利益，勇于承担社会责任，那么芸芸众生中，也不乏这种热心公益的人才。"社会良心"恐怕更重要的是指维护一般人易于忽视的多数人根本的与长远的利益，而有较为深厚的专业教养与普通教养的人士，则可能比一般人更加懂得这种社会利益，更易察觉表面文章及狭隘功利的局限性。社会既然赋予精英以较高的社会地位与待遇，也就有理由要求他们担相应的社会责任。他们如无回报社会的良心，也就愧对社会对他们的尊重与信任。

以上论述系以徐君认定的知识分子特征为前提，对这个前提的分析无非是说明，如此界定非基于通常称之为"知识分子"的那些人的实际表现作出的概括，它其实是以"知识分子"自命的人们的自我认定，并以此衡量别人。

二

尽管这种"知识分子"观念尚有可议之处，由于这里争论的焦点不在"知识分子问题"本身，这就转向"教师是知识分子吗"这个本题。

1. 谈到中小学教师是不是符合上述"知识分子特征"，首先要解决的问题，是该不该以此标准衡量中小学教师。退一步说，即使论定"理想的教师应当是知识分子"，还得问：这里所谓"教师"，究竟是单数概念还是复数概念？在为数达千万之众的中小学教师中，究竟有多少教师可能达到此种"理想的教师"标准？如果为数极少，少到同教师总数不成比例，岂不是流于空谈？怎能证明"理想的教师应当是知识分子"这个命题的合理性？单凭想当然而不顾实然状态，毕竟难以断定谁是"荒谬者"。或谓即使是极少数教师可能成为合乎如此理想的教师，也是好事啊！问题是作者已经照此标准，把多数"并不具有严格意义上的知识分子特征"的教师，贬为"不理想的"教师，其合理性何在？还得问一问：用杜撰的高标准苛求教师，算得上是正当的立论么？

2. 这里既然讨论的是中国的中小学教师该不该成为知识分子问题，也就少不得顾及中国的知识分子观念。困难在于我国历史形成的"知识分子"一词指称的对象，既确定又甚模糊。在体力劳动与脑力劳动划分的意义上，中小学教师作为以脑力劳动为主的职业，有别于以体力劳动为主的工人与农民，似可归入知识分子范畴；在社会阶层划分中，中小学教师有时算是"小资产阶级知识分子"，有时连同大学教授都归入"资产阶级"，或"工人阶级"。不管阶级属性如何，总还算是知识分子。不过，在制定或落实知识分子政策时，有些优惠政策并不以中小学教师为调整对象。如今作为知识分子政策的补充，至多确定小学高级教师相当于讲师，中学高级教师相当于副教授，还作教授级特级教师与非教授级特级教师的区分，如此而已。不论我国知识分子如何划分，都同徐君援引的知识分子观念颇有出入。正由于我国这种知识分子政策并不一般地把中小学教师作为调整对象，若以境外的知识分子观念为望远镜或显微镜，来观照我国的中小学教师，如就此说三道四，还有什么公正性可言？

那么，究竟是我国这种知识分子政策与教师标准成问题，还是作者的立论成问题呢？

三

还得从进一步讨论所谓"知识分子特征"入手，看看此种特征是否堪作衡量中小学教师的尺度。

1."知识分子"，顾名思义，是知识相当丰富的分子。惟知识分子是一个现代概念。知识丰富的人，不一定算是知识分子。故现代知识分子同古代士大夫以及带有士大夫习气的现代学者有别。这是由于"知识分子"首先是同专业相关的概念（其中亦涵盖既有专业教养又具有通识的人士）。"专业"，不仅是个人学术水平问题，更是一个学术自主的概念。一定的专业，以本专业学术传统与规范，保持本专业的学术水平与学术声誉，作为专业发展与创新的基础，从而有别于其他专业和非专业性的职业。不过，专业是不是自主，又是一个体制问题。专业不自主，行政对专业范围内的事务不适当的干预，专业失范，是专业发展的阻力。惟其如此，能不能以"知识分子特征"衡量中小学教师，那就牵涉到中小学教师是不是属于专业性职业问题。

社会上的各种职业，有事务性职业与专业性职业之分。一般讲，职能过于简单的职业无需成为专业，否则将成为资源的浪费；反之，职能过于复杂的职业，因可变因数较多，难以从学理上作出确定性的分析与综合，难以形成可靠的理论，也就难以成为专业。中小学教师职业，相对于事务性职业，少不得必需的学科知识和专业化程度有限的教育理论与技术，而中小学教师又不得不承担大量简单的重复的具体事务。这种事务，往往在理论上无法解释，而不用理论指导单凭经验也能解决问题。故这种职业充其量只能算是"半专业"。在职业偏见流行的社会里，仿佛"专业"比"半专业"更高贵，其实，高明的专业人士未必能胜任中小学教学。加之社会需要的中小学教师，比各种专业人员的总和还要多，故在知识分子政策中，不得不把中小学教师与专业人员加以区别。至于我国正在甚嚣尘上的"教师专业化"一说，其实是一个鼓励与督促中小学教师提高专业水平的实践口号，并不表示我国中小学教师已经达到专业水平。至于在学理上考察中小学教师究竟能不能成为专业，在我国这种社会环境与学术氛围中，关注这个问题，未免太不知趣了。还不如大谈特谈"教师专业化"，总还讨喜一些。如再通过"论证"，使中小学教师挂靠知识分子，那就更上了一层楼。

2."人格"，是"个性"的同义语。心理学意义的人格（即个性）是个中性概念。在总体上有是否正常、是否健全之分。正常的人格，有这种特征或那种特征，无所谓对错。社会学意义上的个性，是个体社会化过程中显示出的不同人格之间的差异。尽管人格是个中性概念，而由于人格总不免在社会行为中表现出来，而个人的行为可能对别人或群体产生积极或消极影响，也就不得不接受社会评价，这才有对错之分。

人格独立属于有自主意识问题。知识分子既然有一定的教养，涉及专业事务，能否坚持独立见解，与是否明辨是非、坚持真理相关。如不涉及专业范围内的是非，人格是否独立，与一般人无异，同是不是知识分子不相干。

或谓知识分子"具有强烈的抗争意识，从不停止对各种社会现象提出疑问"，这是一说。该抗争，决不妥协；该合作，也不逃避。以可靠的理论与通行的规范为依据，存疑才疑，可信则信。其中包括对原有的理论与规范，或疑或信，都得言之成理，持之有故，并有可能接受别人的检验，才算得上是知识分子应有的理性判断力。只会说"不"，只会"对着干"，目空一切，怀疑一切，算得上是什么知识分子吗？孤芳自赏，恃才傲物，或消极避世，或飞扬跋扈，那是士大夫的遗风。在现代社会里，为突出个人而独立，以矫情显示个人独立，其人格似乎独立之至，焉知不是人格的缺陷？

现代学校在性质上属于公共教育机构。公立学校、私立学校都是如此。教师职业行为不单纯是个人行为，还得反映社会意志，并受到一定的规范约束。教师的个性，如属教养与智慧的自然流露，可能具有人格的魅力。"是真名士自风流"，此之谓也。不过，不管教师的个性如何，课堂并非教师任意张扬个性的地方。教师的职业行为，主要以其教学教育的成效衡量，并受到一定规范的约束。有独立见识的教师，可能对不适当的规范表示怀疑，在可能的情况下，不妨机智地规避不合理的规范。其前提是出于公心，而非逞能。正如知识分子不能单以人格是否独立认定一样，也不应该单以独立人格，区分理想的教师与不理想的教师。

3. 知识分子作为公众人物，理应成为"社会良心"。惟他们的"社会良心"主要表现为运用专业知识与理论，洞察社会的根本利益与长期利益所在，并承担维护社会根本利益与长期利益的义务，并不表示他们拥有随意干预社会事务的特权。因为任何专业都是中性概念。专业人员虽有专长，而对本专业以外的事务，则未必比本专业以外的人员高明。专家如因过多介入非专业事务而成为"社会活动家"，即内行人干外行事，将因荒疏专业或在专业上止步不前，而降低甚至丧失知识分子固有的价值。果如是，"社会良心"云乎哉？

同样，中小学教师按照社会分工，主要在本职工作中，作出对社会应尽的义务。已经成为社会活动家的中小学教师，或许也有他们特殊的贡献。至于合格的教师与不合格的教师、理想的教师与不理想的教师，只能以其本职工作衡量，同教师相关的法规正是这样规定的。

四

徐君的大作中，最令人不快、令人恼火的，莫过于断定："进入教师队伍的，一般都是保守求稳者、因循守旧者和怯懦胆小者……"

这就难避在多么神圣的"灵魂工程师"脸上抹黑之嫌。面对如今中小学教师一浪高过一浪的"创新"声浪，特别显得格格不入。这个判断虽然不是此文的要害，倒也不妨冒昧为徐君作点辩解。

每当我们提出一个问题请求回答时，如果这个问题较为敏感，答者通常会反问："你到底要我说真话，还是要我说假话？"这就表明在我们的社会中，既有愿意听真话、敢于说真话的人，也有乐意听假话、喜欢说假话的人。由于真话难听，至少不如假话动听，故说真话需要勇气。徐君或许实话实说，只是他认错了说话的场合。如果换一个场合，由名气比他更大的人，作与此类似的断言，那就不致成为问题了。

且看联合国教科文组织的活动家们，在谈到教育改革时，是如何描述中小学教师心态的。

终身教育倡导者保尔·朗格朗称，以目前方式招聘和培养起来的教师队伍，没有表现出多少想象和革新的热切要求，不管是在哪一级从事教学的教师，从其特点来说，是决不会去参与对话的，他们没有必要使自己平等待人；他们在经过考试以后，便从一种服从的地位转向十足权威的地位。①

---

　　① 保尔·朗格朗.终身教育引论 [M].周南照，陈树清，译.北京：中国对外翻译公司，1985：35.

尔后，让·托马斯（曾任联合国教科文组织副总干事）受国际教育局委托，在1975年发表的《世界重大教育问题》一书中，援引经济合作与发展组织报告中称，教师因为知识水平高，所以比其他人更容易求全责备，对待新思想尤其是如此。他们的对抗不论出现在哪里，似乎都是根深蒂固的：从心理学的角度来说，他们倾向于拒绝威胁他们安全的革新；从实用的角度来说，他们把从外界发起的变革，看作是侵犯了他们权能所及的领域；他们看到业余工作者不向他们请教，也没有预见到将惹起的困难便采取决定而感到恼火。①

菲利普·库姆斯（曾任联合国教科文组织国际教育规划研究所所长）在《世界教育危机》一书中，援引伦敦大学教授约瑟·劳锐思的专题报告。其中指出，只要想一下学校的实际情况，教师的实际情况，胆怯、疲惫、谦虚、不喜抛头露面，顺从类型的操劳过度的人们。当然，他们的内心则充满对面临之境遇的激愤——但他们惧怕对抗，因为对抗需要勇气。他们不会得到当局的支持。当局的浓厚与真正的兴趣，在于终身掌握权力，而不是对他们统治的人民进行道德教育。②

朗格朗与托马斯是就教育"革新"的阻力而论的。他们从教师的处境与自然的心态中，察觉革新的难题和炒作的无效。库姆斯对教师心态的描述，同徐君的描述更为接近。如果说徐君实话实说需要勇气，那么这种顾虑在国际教育活动家那里并

---

① 让·托马斯.世界重大教育问题［M］.华四泉，洪丕熙，张人杰，等，译.上海：华东师范大学教育学系内刊本，［出版年不详］：116.
② 菲利普·库姆斯.世界教育危机［M］.赵宝恒，等，译.北京：人民教育出版社，2001：265.

不存在，其中的缘由是，在中国，"保守"与"封闭"是贬义词，"改革"与"开放"是响当当的褒义词，而在国际教育舆论中，这些都是中性词，对其评价因其实际的含义（概念）与实际指称的事实而定。这就是主要看"保守"什么、如何"保守"，"革新"什么、如何"革新"，无"保守"的"革新"未必比"保守"更好，不"封闭"的"开放"也可能比"封闭"更糟。自然，一味保守、一味封闭的局面也难以维持下去。明乎此，才谈得上面对现实，展望未来。

关于这个问题，在《学会生存》中早有清晰的表达："教育能使自己再现，也能使自己更新。""事实上，教育的基本功能之一就是重复，重复地把上一代从祖先那里继承下来的知识传给每一代。因此，和过去一样，教育体系负有传递传统价值的职责。这是正常的事情。这就说明了为什么教育体系倾向于构成一种时间上和空间上密封的体系，为什么它们主要关心它们自己的生存和成功。"这叫作"教育自我保存的功能"。因此，"体系看起来是内向的和后退的"，所以"教育本身是保守的，我们这样说并不含有蔑视的意思"。①

惟其如此，主张"革新居先"的让·托马斯却看出教育不能忍受太频繁的变革，因为引进一种改革时，却不花时间去观察一下前次改革的结果，这也许是保持人们灵活性的一种手段，但这样做肯定会造成混乱。于是，我们总是要回溯国际委员会的明知灼见：凡是涉及革新的场所，既要避免即兴创作，又要

---

① 联合国教科文组织国际教育委员会，编著.学生生存——教育世界的今天和明天［M］.华东师范大学比较教育研究所，译.北京：教育科学出版社，1996：85.

避免实用主义。这样，恐怕就证明了教师们持怀疑态度是正当的。①换句话说，在无穷无尽的炒作、哗众取宠的形象工程面前，有些（只是有些）教师扮演"保守求稳、因循守旧、怯懦胆小"的角色倒也不无道理。

　　总之，"教师是知识分子吗?"是一个杜撰的疑题。谁是"荒谬者"，也就无须追寻了。但也不必否认，可能会有知识分子从中小学教师中脱颖而出。

---

① 让·托马斯.世界重大教育问题［M］.华四泉，洪丕熙，张人杰，等，译.上海：华东师范大学教育学系内刊本，［出版年不详］：118.

"知识分子型教师"再议

写罢《也问"教师是知识分子吗"》，行将寄出之际，忽萌生一个念头，何不看看别人对徐君《教师是知识分子吗》一文的评论，也算是对自己认识的检验。于是，认真拜读柯政君的大作《谁是知识分子》(《教育参考》杂志2008年第6期)。读罢，真是喜出望外。这倒不是因为此文作者同本人属于"同一战壕的战友"，而是由此察觉本人的视线集中在"何谓知识分子"与中小学教师是否属于"专业性职业"上面，不免大而化之。尤其是关于"教师专业化"的议论，既不易为一般教师所理解，更不会讨人喜欢。柯君此文，不仅是对徐君大作的平议，也可视为在教师问题上以专业思考辨析"业余言论"的范例。

理由是：

1. 教师问题的研究，也像一般教育问题一样，总得从事实出发，分清事情的性质，才可能作出判断。虽然无论表述什么事实，作出什么判断，都少不得以语言表达，而同一语词所指称的对象，往往不尽相同。这是由于各个人基于自己的理解与意图，赋予某个语词的含义（概念的内涵）可能有区别。故在分辨事物时，既不为中听或不中听的言辞所惑，也不玩弄词句，

"想实然"而不是"想当然",才可能进入问题研究领域。

柯君正是如此。他把"保守""求稳"作为中性描述词使用,从公共教育制度与制度化教育的现实中,看出教师保守、求稳的某种合理性,用以指出徐文的不当。他甚至进而断言:"官员显然比教师来得更为保守。"至少本人在此前并无这种印象。作者有此洞察力,正由于他没有为大大小小官员种种"创新"高调及炒作性的工程所惑。

"保守",作为中性词,既不带贬义,也不带褒义。这并不意味着因此就不能对教师的保守行为作出评价。只是这种评价不能脱离这种行为发生的情境。例如,像我国这种"应试教育",早已成为一种"公害"。只是如今教师要同这种"公害"保持一定距离,至少不去推波助澜,虽因此而不能评上"名师",也在所不惜。此种"保守"便至为难得,当属教育良知未泯的显示。反之,如今制度化教育的弊端日趋明显,学生境况日益艰难,教师如明哲保身,见怪不怪,不思进取,一仍旧章,便不值得肯定。

2. 说到"外界对教师的批评",此"外界",当指中小学教师以外的人们,其中包括家长、社会人士,以及关注"教育产业化"、关注"国粹"的这个"家"那个"家",恐怕更不容忽视"教育界"的大小长官、各种教育专家的批评。不过,"外界"的批评有专业水平与业余水平之分。即使是教育专家的批评与建议,恐怕也有这种区分。譬如中国家长以往并不把自己视为学校的消费对象,后来"家长越来越把自己看作是公共服务(包括教育)的消费对象",个中就不能抹杀有些教育专家鼓吹的劳绩。虽然按照市场经济逻辑的推论，或可把家长视为消费者，如把学校视为企业，那就属于"消费主义思维"了。作者明乎此，正是出于"教育专业思维"的运用。

3. 外界对于中小学教师倒不只是批评而已，无论官方还是媒体，还不断为抬高中小学教师地位卖力，其中最讨人喜欢而又最为简便的办法，便是给教师加冕，俗话叫作"戴高帽子"。好在头顶与老天之间的距离很大很大，汉语词汇又非常丰富，也就不缺少把帽子不断加高的空间。其中提出以现代意义的知识分子为理想的教师，迄今为止此种构想可算得上高帽子之最了。因为即使是某些地方教育当局新近出台的"教授级中学教师""教授级小学教师"和"教授级幼儿园教师"，按照徐君罗列的"知识分子特征"，也不见得都称得上是现代意义上的"知识分子"。

好在这种"知识分子"与这种"理想的教师"，说起来似乎很难，做起来倒可能容易之至。譬如，据说知识分子"具有强烈的抗争意识，从不停止对各种社会现象提出疑问"。果如是，这就好办了，任何一个教师，只要胆大，怀疑一切，只会说"不"，当个这样的"知识分子"有何难哉！

毕竟赞扬总比批评使人愉快，以致多年来，教师头上的"高帽子"不断翻新，节节升高。不过，人们在喜滋滋、甜蜜蜜、昂首翘望、热切期待之余，却甚少像柯君这样，洞察其中的奥秘。这就是："先树立一个理想的教师放在'神坛'，然后对照那些强加的高要求，一条一条地拷问教师，最后把教师狠狠地摔在地上。"把这种伎俩称为"诋毁教师形象的技术"，言重了，实在言重了。当事者的心田或许还不致如此灰暗。此类举动无非是为了给教师加压、再加压制造理由而已。即使如此，倒也不能不承认，柯君有多么深刻的洞察力。

中小学教师是不是属于"专业性职业"，能不能成为这种性质的职业是一回事，"教育专业"则是另外一回事。不论我国教育专业化的程度如何，对教育问题的专业思考与业余思考应当是可以区分的。否则，公说婆无理，婆说公无理，谁是谁非，难道只能随阴阳盛衰而定么？自然，通常以官位或学衔高低定夺。只是这种裁决，不见得同专业思考相关。一旦专业标准缺失，恐怕就连"范跑跑"临难开溜，也还有理可辩，更不用说类似"教师是知识分子吗"这样的问题，还将不断提出来。这样，似有建立教育专业组织的必要。

中国现今有教育专业组织么？这个问题大家心里明白，姑且不说它了。

"特级教师" 平议

在一次随意交谈中，有一位年轻朋友问道："特级教师算是什么？"我随口一说："特级教师是中小学教师的最高级别。"说是这么说，心里不踏实。回到家里，查一查教师法、教育部有关特级教师的规定以及其他相关资料，不禁脸红。因为自己随口说的是外行话，有双重错误。首先，我国现行教师任用制度（其中包括教师资格制度、职务制度和聘用制度）中，都无"特级教师"一说。法定中小学教师职务的最高级别，是高级教师。其次，如今在"特级教师"之上，还有所谓"教授级特级教师"，即"特"而又"特"的教师。另从我国教育主管当局1993年有关特级教师的专项调查中获悉，关于特级教师"算是什么"，其实是在许多中小学教师中存在的疑问。加之，据《文汇报》2007年11月23日报道，如今特级教师"真正在第一线授课的并不多"。尽管本人对现今报纸上的这种说法并不尽信，而关于"特级教师"的疑团，倒仿佛越滚越大，也就有兴致探究一番。

一

按照我国现行中小学教师职务条例，中小学教师职务的最高级别为高级教师。然而，事实上从1987年开始，还几度评定出数以千计的特级教师。所谓"特级教师"，到底是怎么一回事？它不是一种教师职务，它算什么呢？

增设特级教师，原出于邓小平的建议。他于1978年4月22日在全国教育工作会议上，在谈到中小学教师工资制度时提出：特别优秀的教师，可以定为特级教师。不到一个星期，北京景山学校即经教育部批准，于4月28日把马淑珍、郑俊选、方碧辉三位小学低年级教师，提升为特级教师。

全国性特级教师评审过程是：

1. 1978年12月17日，教育部和国家计划委员会，经国务院批准，发布《关于评选特级教师的暂行规定》。其中规定评选目的、评选对象、评选面（北京、上海、天津等大城市控制在5‰以内，其他地区低于这个比例）、奖励办法（如颁发特级教师证书，小学教师每月补贴20元，中学教师30元），以及评选办法和审批手续。由地（市）县（区）教育行政机构审定，省、市、自治区政府批准，报教育部备案。确定每隔3—5年评选一次。[①]到1982年1月，全国有26个省、自治区、直辖市共评选出首批特级教师1 113名。此后又陆续评选出500多名。

---

① 《中国教育年鉴》编辑部，编.中国教育年鉴（1949—1981）[M].北京：中国大百科全书出版社，1984：741.

2. 1988年4月，国家教育委员会发布《关于〈今年内评选一批特级教师的意见〉的通知》，部署第二批特级教师评选事宜。把评选特级教师的控制数字，从占教师总数5‰增至10‰。当年有10个省市评选出特级教师1 459人。连同第一批特级教师，总数已达3 137名，占教师总数3.7‰。①

3. 1993年，国家教育委员会曾就有关特级教师的情况作了调查。从中发现的问题为：各地很少有计划地组织特级教师开展活动。特级教师只能参与群众性的学术团体活动；特级教师在社会上的知名度和地位，远未达到应有的高度；特级教师评选工作尚未形成制度，且评选数量少，各地情况又不平衡。到1993年止，共评选出特级教师7 000余名，占教师总数7‰。特级教师负担太重，有的特级教师兼职多，甚至妨碍正常教学任务的完成。1978年以来，特级教师的补贴没有增加。此外，在实行教师聘任制以后，各地对特级教师性质的认识颇不一致。②

针对上述情况，国家教育委员会、人事部、财政部于1993年6月10日，发布《关于评选特级教师的暂行规定》。③此项规定与1978年规定的区别是：

1. 关于特级教师的性质，明确规定：它是国家为了表彰特别优秀的中小学教师而特设的一种既具有先进性又有专业性的荣誉称号；

---

① 《中国教育年鉴》编辑部，编.中国教育年鉴（1989）[M].北京：人民教育出版社，1990：160.

② 《中国教育年鉴》编辑部，编.中国教育年鉴（1994）[M].北京：人民教育出版社，1995：284.

③ 同上：846—847.

2. 把每隔3—5年评选一次，改为"有计划、经常地进行"；

3. 把对特级教师数量的控制，从1978年的5‰、1988年的10‰，增至15‰；[1]

4. 把特级教师的月补贴，从20元与30元，增至80元（按：从2008年1月1日起又从80元增至300元）；

明乎此，这个问题的底细也就不难明白了。

二

原来在1978年，邓小平鉴于我国知识分子，其中包括大学教师以及中小学教师工资待遇比较低，其中不少优秀分子还曾受到过冲击，正在落实政策，由于国家财力有限，不可能一下子普遍提高教师待遇，故在谈到中小学教师工资待遇时，提议把"特别优秀的教师"定为"特级教师"，给予适当补贴（20—30元）。与此相关，政府还给予"为发展我国高等教育作出突出贡献"的大学教师以"政府特殊津贴"（50元、100元，后来改为一次性5 000元）。可见，这只是一种奖励制度，而不是一种职务制度，是对得到这种津贴的教师"已经作出的贡献"的肯定。然而，这种无终期的奖励，实际上演变成固定的荣誉称号和特殊身份。随着教师工资普遍提高和物价的上涨，原定津贴早就不再有原先那种吸引力了，而在中国这种特别注重名分的国度，这种荣誉称号委实了不得，似乎标志着所有曾经先进

---

[1] 1993年单单小学教师及普通中学教师总数就达8 718 400人。依照此比例，可评选的特级教师将达13 000多人。

的教师永远会先进。不过，这种奖励措施在中小学的运用与大学不同。在中小学早就把这种奖励措施变成一种特殊的荣誉称号，叫作"特级教师"；而在大学，获得这种奖励的人，并不表示一种特殊身份。尽管有两块牌子标将起来，一是"享受国务院政府特殊津贴专家"，一是"对发展高等教育作出特殊贡献的专家"，而其实，也就是每月多拿100元或一次性5 000元津贴而已。比它更值钱、更硬的牌子还多得很。可见如今所谓"特级教师"同邓小平当年的建议，已经没有多大干系。无论在大学还是在中小学，获此类殊荣的教师，态度与表现倒也不尽相同。一般说来，多数人珍惜的是这份荣誉，也就把它化为责任，然而，只看重这种称号，并且"名至"而望"实归"者，亦大有人在。

三

如上所述，特级教师原是我国特殊情况下的变通之举，也就未把此举纳入教师法及教师职务制度之中。不过，正由于它既不属于教师职务，而实际上又未把它只看成是一种荣誉称号，它就成为一个模糊概念。由此也就衍生出形形色色的模糊状态。

尽管关于评定特级教师条件的规定，头头是道。只是在中国现实条件下，一个教师若不以学生升学率特高见长，即使教学非常出色，恐怕还难以评得上特级教师。即使侥幸评上了特级教师，其声望也未必能"达到应有的高度"。只是这"应有的高度"，到底有多高，还未见标出来。

有些特级教师兼职过多，社会工作负担过重，甚至妨碍教学任务的完成。这种情况如不扭转，特级教师将失去作为教师所应有的品格。其中有些特级教师，如果继续不务正业，热衷于开会、活动、到处宣讲、编造应试辅导书，"墙内开花墙外红"，尽管知名度甚高，还称得上教师么？他们其实是"特级社会活动家"。

或谓现在特级教师"真正在一线授课的并不多"，他们中有的"弃教从政"，"走上了领导岗位"；有的年龄偏大，已退到二线。据《文汇报》2007年11月23日的一则调查报道，上海市一个区的"名师""名校"利用率不高。其中，"充分利用的仅为4.6%"，"较好利用的为22.2%"，"有些利用的高达50%"。这种状况并不奇怪。因为"特级教师"也者，原本是"为了表彰特别优秀的中小学教师"而特设的荣誉称号，而不是一种教师职务。其作用主要不在于特级教师本身如何，而在于激励尚未获得这种称号的教师，去争这种称号。一旦争得这种称号，是不是"真正在第一线授课"，往往并不介意。

因为在教师职务制度以外，增设特级教师，遂使这种制度以内的高级教师矮了下去，一级教师退为事实上的二级教师。至于特级教师本身，已经数以千计，要有多大的知名度，也不容易。表明称号虽然标高了，名声还不够响。既然看重的是知名度，何妨叫得更响？于是，各地又纷纷开展"名师工程"，打造"教授级特级教师""学科带头人""首席教师""星级教师""教育专家"。照此势头演化下去，似可以设想，有朝一日，一旦这类教师成为满天星斗，还可望有"太阴级教师""太阳级教师"在神州闪亮登场。不过，且不说汉字虽然丰富，我们这一代人总不能把又高又妙的称号用光。现实的问题倒是，这样一来，不免又使许多同别人较劲争得的"特级教师"或"星级教师"光彩减色。

由此，才懂得，特级教师这个"既具有先进性，又有专业性的荣誉称号"，同这类教师中许多人现实的"先进性""专业性"并不完全是一回事。至于其中有些曾经先进又堪称专业的教师，如今也未必不再"先进"，不再"专业"，只是这种"先进性""专业性"，如主要在课堂以外、学校以外大放光芒，同教师本职也就没有多大干系了。

四

尽管按照正规说法，"特级教师"只是一种荣誉称号，问题在于这种教师毕竟是比高级教师还要高级的教师。至于为什么会把一种称号当成一种顶级职务，说起来或许还同我们的特殊国情相关。且从一件往事谈起。

20世纪初，杜威曾在中国讲学长达两年之久（1919—1921）。他在即将离开中国之际，于1921年6月22日，在北京高等师范学校作题为"教师职业之现在机会"的演讲。其中提到，根据他在中国的观察，在中国教师中，有两个障碍妨碍教师职业的发展：一是"教师对于他们的领袖的利害、幸福看得非常重要，而对于学校中重要的、应当注意的部分（指对学校前途的责任心），反而漠然视之"；一是学校与学校之间、教师与教师之间"竞争太甚","此心一动,则学校与学校、教师与教师间联络的精神,往往因之破坏"。① 这就是说,教师过于关注不该关注的事(如上级动态如何,或同别的教师较劲),而对应当关注的事情(如学生的成长、学校的前途与改革),反而漠然视之。

这个杜威,学问虽然不小,又对中国社会与教育实地考察甚久,不过,他毕竟不是"名教中人"。不懂得在一个"名教"之邦,"一举成名""名至实归",才是一个硬道理。他更不懂得,在这里,单靠个人的本事与勤奋,默默奉献,是没有太大出息的。要一举成名,还须博得上峰青睐,更得和同事较劲。中国的聪明人就懂得,只有让教师出人头地,才是推动教师长进的动力。此中道理,只要看看各地教育当局频频出招,看看许许多多教师在各种此起彼伏、彼伏此起的评比、竞赛中的那种冲劲,便不难明白。这未必是这个教师或那个教师的问题,或许是绵延千年的"名教"在发酵。至于学生的兴趣与需要如何、学校的前途怎样,多数教师倒未必全不关心。只是一般教师不见得相信,自己人微言轻,单靠些微之权、绵薄之力,究竟能够解决多大问题。何况名分又何等重要。五四时期曾对"名教"大张挞伐,如今它倒委实是香喷喷的行货。

说到少数特级教师(姑且这么说),虽列入学校人员编制,但职有旁骛。这也难怪。因为"特级教师"也者,原非教师职务,其职能活动也就有较大的解释空间。何况既然讲求的是知

---

① 袁刚,等,编.民治主义与现代社会——杜威在华讲演集 [M].北京:北京大学出版社,2004:578.

名度，若不投身广阔的天地纵横驰骋，起码在上峰面前混个脸熟、耳熟，知名度何来？更何况我国现在虽有"专任教师"一说，它只是一种有别于学校中职员与工人的称谓，而在现行教师任用制度中，"专任教师"尚未成为一种制度。

所谓"专任教师制度"，是指教师达到一定的教学工作量，才能算是所在学校的专任教师。例如，民国时期按照1932年11月的规定：初级中学教师每周教学工作量达到22—26学时，高级中学教师每周教学工作量达到20—24学时，才算是专任教员。校长的教学工作量，如果少于专任教师最低教学工作量的1/2，对不起，实在对不起，也不能算是这所学校的"专任教员"。①撇开法定教师工作量多少不谈，重要的是有最低限度教学工作量的规定，才能把专任教师与非专任教师区别开来，把忠于职守的教师与不务正业的教师区别开来。即使降低教学工作量的下限，总还能从制度上保证教师名副其实，防止教师中的聪明人不务正业。如果建立专任教师制度，哪怕是评选"院士级教师"，也不至于有负面影响。不过，天下事不可一概而论。建立专任教师制度，是一种价值选择；偏偏不建立这种制度，也不失为一种价值选择。因为在我国现实情况下，教师承担较多校内、校外非教学事务，属普遍现象。由于校内、校外非教学事务，多属官派的，这类非教学事务，便成为非正业的正业，它甚至比正业更加重要。本来，教学工作量的规定，带有教育主管当局同教师之间合同的性质，教师既有完成一定教学工作量

---

① 国民政府教育部.中等学校教职员服务及待遇办法大纲（1932）[M]//宋恩荣，章咸，主编.中华民国教育法规选编.南京：江苏教育出版社，1990：672.

的义务，又有拒绝非教学事务的权利。问题在于教师虽未必是"名教中人"，又难以挣脱"名教"的影响。敢忤上峰意志的教师（人道是"不跪着教书"）或许有，毕竟算不上聪明。何况果建立专任教师制度，不仅不少特级教师的专任教师资格成为问题，就连为数众多的校长，也将玩不转。除非他们不想当专任教师。可见，我国如今不建立专任教师制度，亦属社会转型期的国情使然。正由于如今教师的"正业"是个较为模糊的概念，有些是非、对错也就难以分辨。不管怎么说，获得这种荣誉称号的人，都是值得尊敬的老师。即使其中有些特级教师落得个"不务正业"的名声，也属冤哉枉哉。

话说教师隐喻

　　所谓教师的隐喻，指的是借同教师有某种类似点的有价值的人或事物，显示教师职能的意义与价值。在把教师职能活动与某种人或事物比较时，以教师为本体；用于同它作比较的人或事物，称为喻体。关于教师职能，历来有不少隐喻。从教师隐喻的变化（喻体更迭）中，或多或少反映教师职能活动的意义与价值的变化。

一

（一）桐子隐喻

　　汉代扬雄称："师哉！师哉！桐子之命也。"（《法言·学行》）"桐"与"童"谐音，系以"桐子"比喻儿童，说明教师同儿童的命运相关。这是一个古老的教师隐喻。或许由于"桐子"并非到处都有，故这个隐喻并不流行。

（二）园丁隐喻

　　这是自农业时代以来一直流行的教师隐喻。它的喻义是，教师像园丁一样，对自己培植的对象，倍加爱护，辛勤地耕耘，精心地护理，使其茁壮成长。如诗人赵朴初在献给教师的散曲《金缕曲》中，即采用了这一隐喻。曲云："幼苗茁壮园丁喜，几人知平时辛苦晚眠早起。燥湿寒温荣与悴，都在心头眼底，费尽了千方百计，他日良材承大厦，赖今朝血汗番番滴。光和热，无穷际。"（《文汇报》1979年8月21日）由于教师工作的对象毕竟与园丁不同，故现代运用园丁隐喻时，有人强调儿童自身的努力。如曾任联邦德国笔会主席的作家凯斯特勒对学生说，教师不是一个魔术家，而是一个园丁。他可以并且将抚育和培植你们，但成长全靠你们自己。

（三）蜡烛隐喻

如意大利一位著名人士路费尼说，教师就像蜡烛，点燃了自己，启发了学生。这个隐喻突出了教师无私奉献的牺牲精神：像蜡烛一样，照亮了别人，即使消耗了自己也在所不惜。《中国教育报》曾进行过一次有关"当今中小学教师心态及行为"的问卷调查。在问卷中列入的问题有66个之多。其中第一个问题便是"我认为教师是蜡烛，燃烧自己，照亮别人"（"××是蜡烛"，是不礼貌的用语，意思是"不点不亮"，应改为"教师工作像是蜡烛"）。据该报于2002年9月20日公布的调查结果，在1 596份有效答卷中，对这个问题回答的情况是：完全不符合，占2.3%；不符合，占9.7%；一般，占17.5%；符合，占39.5%，非常符合，占31.0%。另据该报于次日就此项调查所作的报道中称，对这个问题的回答存在大、中、小城市及县城教师与乡村教师之间的差异，"乡村教师的认可程度最高"。此外还存在中学教师与小学教师之间的差异，"小学教师的认可程度远远高于中学教师"。据分析，这反映乡村教师的工作更辛苦，小学教师的劳动强度比中学教师更大，并且比较起来，农村小学教师更加默默无闻。

（四）工程师隐喻

工业化时代，工程师是年轻人仰慕的职称，遂产生"工程师"隐喻，即"教师是人类灵魂的工程师"。关于这个比喻，以往误以为是斯大林的提法，故一向被视为权威判断。其实这是加里宁的话，但同斯大林的说法相关。事实是，20世纪30年代，有一天斯大林在高尔基家里会见作家。他在谈到文学的社会功能时，曾称作家是"人类灵魂的工程师"。据当时在场的作家列甫·尼古林回忆："我记得那在高尔基家里消磨的有名的一晚（原译文如此），那关于文学的活跃的辩论，那像交叉的火网似的询问和回答，那诙谐，那笑声，那因之而来的很深的沉默。在这次安静而友爱的谈话里，进行着关于文学在革命中间的地位和意义的讨论，并且听见了斯大林的称呼作家的著名的话——'人类灵魂工程师'……"[①]1939年7月，加里宁谈到，教员们往往不大注意教育工作，其实教育工作在培养学生们的性格和道德方面有极重大的意义。"很多教师常常忘记他们应当

---

① 尼古林.到南方的大道（1938—1939）[M].曹葆华，译.//罗可拉夫，编.斯大林与文化.北京：人民出版社，1951：69.

是教育家,而教育家也就是人类心灵的工程师。"[1]其中所谓"教育",是这个词的狭义,专指对性格、道德的影响。

据上述关于"当今中小学教师心态及行为"调查,对于"我认为教师是工程师,去努力塑造人的灵魂"问题的回答是:完全不符合,占0.8%;不符合,占2.2%;一般,占10.9%;符合,占39.3%;非常符合,占42.8%。表示迄今多数教师仍然认同这一隐喻。

<h2 style="text-align:center">二</h2>

园丁、蜡烛、工程师等,作为教师的喻体,是由于它们同隐喻的本体(教师)的功能有某种类似点。其喻义或多或少能显示教师职能的意义与价值。不过,每个隐喻都既可能被正当地运用,也可能被歪曲地运用,从而同隐喻的本义大相径庭。关于"灵魂工程师"隐喻的不同运用,本人以往曾作过具体分析。[2]这里不妨以"蜡烛"隐喻为例。

这个隐喻既有其本义,从中又可派生出几种不同的引申义:

1. 教师以外的人(如教育行政人员)对教师以外的人说,教师工作像是蜡烛,他们点燃了自己,照亮了别人。他们应当得到全社会的尊重与关怀。

2. 教师以外的人(如教育行政人员)对教师说,教师工

---

① 加里宁.论共产主义教育和教学(1924—1945年论文和讲演集)[M].陈昌浩,沈颖,译.北京:人民教育出版社,1957:186.

② 陈桂生."教育学视界"辨析[M].上海:华东师范大学出版社,1997:411—412.

作本来就像蜡烛一样，你们有什么可以计较的？你们不想点燃自己，干脆别做教师好了。当歌手，当球星，岂不是更有出息么？既当教师，就得默默奉献。

3. 教师对自己或别人说，教师工作尽管繁重，只要能像蜡烛一样"照亮了别人"，也就问心无愧了。

4. 教师对自己或别人说，这种工作照亮了学生，学生毕业后各奔前程，自己却仍然辛辛苦苦，默默无闻，能有多大意思？

其中第一点为本义，其余三点为引申义。所以在关于这个隐喻的调查中，即使是都认定它"非常符合"教师实际情况的众多回答者，或都认为它"完全不符合"教师实际情况的许多回答者，各人理解的喻义不尽相同。

隐喻的误用，单从认识的角度来说，是由于不懂得作为修辞学上的一种辞格的比喻，只就本体与喻体之间的类似点表达某种喻义，而本体不等于喻体，即教师既不是园丁、工程师，更不是蜡烛。故不宜把隐喻当作紧箍咒，按园丁、工程师的标准要求教师，更不该把教师当蜡烛对待。何况教师，即使是农村小学教师，哪里都是白白牺牲自己？多少都有一定报酬，并得到学生与家长的尊重。如果敬业，并且真正"照亮了学生"，亦能从工作本身得到乐趣。只是教师所得与精力、时间的投入往往不相称，所以才会有蜡烛隐喻昭示人们，唤醒人们的良知。

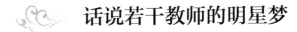

话说若干教师的明星梦

　　以往，通常以园丁或蜡烛为喻体，张扬教师职业（本体）的价值，颇得到教师和公众的广泛认同。其中园丁隐喻揭示教师像园丁培育花朵那样精心培育学生的辛勤劳作；蜡烛隐喻凸显教师燃烧自己、照亮别人的献身精神，借以彰显教师职业的崇高。

　　进入工业化时代，一座又一座高楼大厦、一批又一批工厂拔地而起，道路、桥梁四通八达，昭示工程师设计计算或指导施工的劳绩。工程师遂成为公众羡慕的职业。于是，在教师中又以工程师为喻体，流行"人类灵魂工程师"隐喻。谁都知道，人类精神的塑造，既比改造物质世界艰巨，似乎又比改造物质世界的工程师更加崇高，故这个教师隐喻一度比园丁隐喻、蜡烛隐喻更有魅力。然而，随着星移斗转，教师价值观念在变化中。以往那些教师隐喻已经渐渐失去原先那种吸引力。代之而起的，是新的教师比喻迅速流传。

　　原先那些教师隐喻为什么趋于失色呢？

　　教师劳作原不像园丁那样容易得到可见成效的反馈。何况在现代一师多生、一生多师格局中，师生之间一对一的影响已经较为模糊。

教师点燃了自己，如果确知照亮了学生，倒也甘心。若是很难从学生身上察觉自己发出的亮光，有些教师也就难免对一味点燃自己是否值得发生怀疑。

如今，工程师不过是中级职称，并不比教师职业更加令人羡慕。工程师之于教师，也就不再具有喻体的意义。

那么，现如今更加动人的喻体是什么呢？

这年头，歌星、球星、笑星、影视明星以及名嘴，借助于媒体的商业化炒作迅速走红。其中有的红得发紫，有的紫得发黑。就连专家、教授也不甘寂寞。其中"新说书"的名嘴，人称"学术快男超女"或"学术明星"，更名噪一时。在如痴如狂的热闹场边，教师中默默奉献的园丁当不在少数，在塑造学生灵魂的大工程中，烛影摇红的教师更是大有人在。只怕相信此道的人将越来越少，其中的追星族或越来越壮大。教师虽然不一定像自己的学生那样，追逐什么歌星、球星，而是追逐教师中的明星，并使自己成为所谓"名师"，自然可以理解，以致风靡教育界的"名师工程"应运而生。

"名师"也者，教师明星是也。这不是教师隐喻，而属教师明喻。原来比喻有两类：用在形式上和本体相合的事物，作为喻体，借以揭开本体的意义与价值，称为隐喻（如园丁隐喻、蜡烛隐喻）；用在形式上和本体（教师）相似的人物（如歌星、球星），作为喻体，借以张扬本体的意义与价值，是为明喻。名师便是以明星为喻体的教师明喻，同时又是一种荣誉称号。"一举成名天下知"，岂不快哉？

现如今，年轻教师见到涉足娱乐圈、竞技圈中的那些当红的同龄人，一个个在"星光大道"上声名鹊起。其中有某种背景的幸运儿，甚至一夜成名，身价陡然大翻N番。尽管为人师者也许对某种低俗不屑一顾，然而，有些年轻教师如就学历、教养、勤奋，甚至才华，同其中一些人比上一比，即使不在乎"出场费"，单看名气上的悬殊，心理上就可能失去平衡。依此看来，如今教育主管当局中的能人，刻意打造名师，看起来既顺应人心所向，又紧追了大势所趋。

本来，教师中间历来讲求清高，总怕担迫名逐利之嫌。如今"名校"共"名校长"一色，"名师"与明星齐飞，合为响当当的"三名工程"。这样，为"名校"打造"名师"，为"名校"争当"名师"，既顺理成章，又心安理得。这种史无先例世无前例的高招，堪称一绝。

困难在于，在称作学校的这种职场，同娱乐圈、竞技圈之类的名利场，职业环境不同，职业活动异趣。

学校虽然也属于公共教育机构，但它同医院、影院、剧场、体育场开放程度有别，同各种传播媒体的开放程度更无法相比。这是由于在学校中，教师作为服务主体，为列入编制的人员，其服务对象为具有学籍的学生。故在一定教学周期，教师和学生之间的关系相对固定。单就正常的教学关系来说，教师也就不可能像各路明星那样，粉丝如潮。惟各类明星虽能招少男少女如痴如醉，他们同其服务对象之间的联系，毕竟是暂时的、松散的、不稳定的，甚至转瞬即逝。然而，即使是普普通通的教师，只要尽职，都具有社会公认的理应受到学生尊重的身份。至于各路明星，人们只对其中星光更加炫目者，才谬称（或不算谬称）其为

"老师"。

各路明星提供的，是受众选择性的服务。教师提供的，才是学生成长必不可少的服务。只是各路明星的表演或表现，虽可能得到喝倒彩的待遇，倒经常能够获得满堂彩。而教师服务的成效却很难立竿见影。这是由于学生的成长，既是各种复杂动因所致，又是一个较长时期的过程。自然，当事人（包括同事和学生）也能凭直觉或经验从不同教师的比较中，区分教师职能活动的成效。只是教师要使其影响像各路明星那样扩大，恐怕除了在正常职能活动以外另辟蹊径之外，只有苦苦等待幸运的降临了。

这是由于教师毕竟受职业环境和职能活动特点的限制。即使是非常出色的教师如果无法招惹官府视听，不善于投合书商口味，未经各路媒体放大，很可能同"名师"失之交臂。世事如此，尽管如今的"名师工程"为有出息的教师铺了进身之阶，有些非常敬业、非常出色的教师，如果未能发出星光，恐怕也得反省自己。不去吸引别人的眼球，怎么博得众粉丝的青睐？

在影视界，有明星，也有演员，还有艺术家。我这个外行，原来以为明星都堪称演员，最近在《风言锋语》节目中，据上海戏剧学院表演系人士称，这所学院"只培养演员，不培养明星"，语气非常坚定。也算是开了眼界。由此触类旁通，明白我国教育界，除了少数冲出课堂，冲出学校，冲向官场、商场的名师以外，还有教师，还有校长，很可能还有教育家。

不管世道如何变迁，"老师"毕竟总是尊称。老师，敬业的老师，有必要放低自己的身段么？

教师就是教师

现时代，"教师"为有别于其他职业的从业人员，为以向学生授业为专职者的名称。那么何以会出现那么多虚虚实实的教师名目呢？这或同我国自古以来就一以贯之的尊师传统不无干系。不过在众多教师名目中，又有尊师名目与不尊师名目之分。

尊师名目是怎么一回事呢？如明代学者黄宗羲有感于当时盛行的科举制度导致教师变质的弊端，遂把无志于传道、授业、解惑的所谓"名师"，用"应试之师""分房之师""荐举之师"之类名目称之。这便是在尊重传道、授业、解惑的意义上指其为变质之师，在哪怕是其中的"名师"头上，扣上的帽子。

而今在教师头上添加那么多帽子是怎么一回事呢？无非是在众多教师中作名师与无名师、学者型教师与非学者型教师、专家型教师与非专家型教师甚至知识分子型教师与非知识分子型教师之分。问题在于，在诸如此类区分中，忽视了教师固有的传道、授业、解惑的基本职能。固然，如今所谓"名师"往往也是从传道、授业、解惑中攀上来的。问题在于好汉津津于当年的勇，有什么趣味呢？

把别人当作谈话资料，如少想而作之，也未必有什么意思。

说说什么，还不如说说传道、授业、解惑之师。

跋

中国师资文化的价值何在？

　　本书中收入的大部分短作，为2000—2004年间撰写的另一部分教育随笔。可以说，本书算是《教育实话》的姊妹篇。在选编这本"妹篇"时，很自然地受到那本"姊篇"的影响，即旧作的选编怎样以新面貌出现？也就是赋予这批旧作以什么生命力。那么赋予旧作的是什么生命力呢？

　　简单地说，便是不仅以个人如今对教育的理解和教育研究的价值取向，来决定旧作的取舍，重要的是在本书序和跋、各编引言，以及少量新作中，反映个人现今对教育的理解，以及教育研究的价值取向。关于自己对教育的认识及教育研究取向的变化，说来话长，简要介绍如下：

　　1. 1956年，我在大学初学教育学时，恩师萧承慎教授就在"绪论课"上介绍：凯洛夫《教育学》（1948）绪论中提到：广义"教育"的基本概念为"教育"（狭义）、"教养"和"教学"。我当时是教育学的课代表，老师在对我个别指导时，似乎不经意地说了一句题外话：我国所谓"普通教育""职业教育""综合技术教育"，在国外分别称之为几种不同的"教养"。他的指导虽然一直记忆犹新，可是个人多年来的教育研究中，其实对"教育"的理解若明若暗，即虽知教育的基本成分的区分，却并不把如此区分看得何等重要，例如在《普通教育学纲要》中，

338

曾在"善"与"完善"的意义上，把"教养"作为"教育"的转义（或第二义）。

2. 原先也知"教育"为 education 的中译，"教育学"为 Pädagogik 的中译，而在自己多年的教育研究中，实际上对此并不怎么介意。直到 2019 年才促成对此认真的思考。如考虑我国教育是怎么一回事，外界的 education 究竟是怎么一回事，这才觉察原先所知"教育"与"教养"的区别是这两者语义的不同，而不一定是这两个基本概念的区别。由于概念的内涵是透过同一事物普遍现象概括出的这一事物内在的本质属性，不同概念的界定，是不同事物内在的本质属性规定性。虽然凭常识也知"教育"与"教养"不同，但明了"教育"（狭义）概念和"教养"概念，才知它们指称两种性质不同的事情。

3. 虽然早就知道我国古代汉语中多为单音词，"教"一字两音，一词两义，去声"教"字（音叫），指称"教育"，平声"教"（音交），指称"教学"，不过原先只知这一字的两种语义的区别，在彼得斯指出传授之类活动同"教育"的区别之后，才意识到称之为"教学"的教-学活动，同教育-教养的性质不同。由于"教学"表示的教-学活动是中性的活动，即同"教育"或"教养"若即若离的活动。或即或离，都有待具体分析。尽管依照习惯，把教-学活动纳入广义"教育"范围，明乎此，至少不再把教-学活动当作教育（狭义）或教养，也不再把教育或教养本身当作活动。虽然如不介意如此计较，可把如此计较当作"死抠字眼"而已，岂不知若无如此计较，即不讲求逻辑论证，"教育理论"云乎哉？

进一步考虑，不仅"教育""教养""教学"为中译词，"课程""道德"也是此类专业概念中的中译词。其中存在语义与概念的区别。

4. 我们的"教育"观念是在本国舆论中形成的，我们些微的"教育学"知识大都是西学东渐中的产物，并且或多或少形成我们的价值判断、思维定式和研究习惯，包括低估我国师资文化的习惯。由于开始关注不同"教育理论"的区别，加之我国同世界大学实力对比逐渐发生有利于我国的变化，这些促成自己从2014年起，把研究的重心转向有本国特色的师资文化研究。

至于师资文化的价值何在，如在本书《"师说"别解》一文中提到的，就连杜威也知道，没有教师思考和职业行为资源的教育学，不成其为"教育学"，而犹如心理学、社会学或其他什么学。反之，又如另一位美国学者库姆斯断言，那里自20世纪60年代初期开始，几十年来教育改革并不成功。其首要原因在于注重的是广义的"物质性质"的建树，而忽视对教师本身的价值需求的关注。

既然如此，怎么好意思让近二十年前的一批短作重新面世呢？好在那批短作，不仅就事论事，并且未见其中专业用语的"语义"不当。

本书的出版，承本书责任编辑董洪硕士大力支持，在编辑过程中又得到胡惠闵博士指导的硕士研究生王厚红君的多方协助，顺致真诚的谢意。

陈桂生
2020年11月30日

图书在版编目（CIP）数据

中国师资文化的历史特点与现实问题 / 陈桂生著. —
上海：上海教育出版社，2023.9
ISBN 978-7-5720-2230-2

Ⅰ.①中… Ⅱ.①陈… Ⅲ.①教师－职业－研究－中
国 Ⅳ.①G451

中国国家版本馆CIP数据核字(2023)第156290号

责任编辑　董　洪
书籍设计　陆　弦

ZHONGGUO SHIZI WENHUA DE LISHI TEDIAN YU XIANSHI WENTI
中国师资文化的历史特点与现实问题
陈桂生　著

出版发行　上海教育出版社有限公司
官　　网　www.seph.com.cn
地　　址　上海市闵行区号景路159弄C座
邮　　编　201101
印　　刷　上海展强印刷有限公司
开　　本　890×1240　1/32　印张 11　插页 5
字　　数　230 千字
版　　次　2023年9月第1版
印　　次　2023年9月第1次印刷
印　　数　1—3,000 册
书　　号　ISBN 978-7-5720-2230-2/G·1986
定　　价　79.00 元

如发现质量问题，读者可向本社调换　电话：021-64373213